「一本书学会新闻采写」系列丛书

一本书学会新闻写作（第二版）

刘建华 / 主编

卞丽敏 李炜 / 著

人民日报出版社
北京

图书在版编目（CIP）数据

一本书学会新闻写作 / 刘建华主编；卞丽敏，李炜著 . — 2 版 . — 北京：人民日报出版社，2021.5
ISBN 978-7-5115-7048-2

Ⅰ . ①一… Ⅱ . ①刘… ②卞… ③李… Ⅲ . ①新闻写作—通俗读物 Ⅳ . ① G212.2-49

中国版本图书馆 CIP 数据核字（2021）第 104306 号

书　　名：一本书学会新闻写作
YIBENSHU XUEHUI XINWEN XIEZUO

主　　编：刘建华
著　　者：卞丽敏　李　炜

出 版 人：刘华新
责任编辑：梁雪云
版式设计：九章文化

出版发行：人民日报出版社
社　　址：北京金台西路 2 号
邮政编码：100733
发行热线：（010）65369509　65369527　65369846　65369512
邮购热线：（010）65369530　65363527
编辑热线：（010）65369526
网　　址：www.peopledailypress.com
经　　销：新华书店
印　　刷：河北大厂回族自治县彩虹印刷有限公司
法律顾问：北京科宇律师事务所　010-83622312

开　　本：710mm×1000mm　1/16
字　　数：236 千字
印　　张：17
版次印次：2021 年 7 月第 2 版　2024 年 4 月第 9 次印刷

书　　号：ISBN 978-7-5115-7048-2
定　　价：49.00 元

"一本书学会新闻采写"系列丛书

学术顾问

（按姓氏拼音排序）

蔡 雯	陈力丹	高 钢	郝振省	胡百精	黄晓新	林如鹏
倪 宁	孙月沐	单晓红	涂光晋	韦 路	魏玉山	武宝瑞
喻国明	张晓明	郑保卫	郑思礼	支庭荣	钟 新	周德仓
周小普	周蔚华					

主 编

刘建华

编 委

（按姓氏拼音排序）

安 平	卞丽敏	曹云雯	高 岩	巩昕顿	韩 潇	杭丽芳
郝天韵	李康乐	李 炜	李文竹	李玉洁	林 刚	刘建强
刘 盼	刘小三	刘晓雪	刘新利	刘艳婧	马海燕	宋 婧
申玲玲	谭云明	王樊一婧	王更喜	王 晶	吴惠凡	许丽华
胥琳佳	闫伟华	杨青山	杨晓芳	张 勤	张文飞	郑 雷
周 皓	周树雨	周咏缙	朱静雅			

★《获奖评论赏析》
  曹云雯 编著
★《获奖消息赏析》
  杨青山 杭丽芳 编著
★《获奖通讯赏析》
  刘建华 郝天韵 编著
★《一本书学会社会新闻写作》
  吴惠凡 著
★《一本书学会自媒体新闻写作》
  闫伟华 申玲玲 郑雷 著
★《一本书学会软新闻写作》
  周皓 杭丽芳 著
★《一本书学会经济新闻写作》
  李炜 著
★《一本书学会新闻采访》
  杨青山 朱静雅 著
★《一本书学会新闻写作》
  卞丽敏 李炜 著

第二版前言

"一本书学会新闻采写"系列丛书共计6册,2010年开始策划并组织撰稿,2011年率先出版《一本书学会新闻写作》《一本书学会新闻采访》,此后陆续推出了《一本书学会经济新闻写作》《一本书学会软新闻写作》《一本书学会自媒体新闻写作》《一本书学会社会新闻写作》。丛书出版以来,广受读者和专家的喜爱与好评,借本书修订机会,特向全体作者、学术顾问、丛书编委与广大读者表示诚挚感谢。本丛书每册都是严格按照我的研究宗旨与框架设想进行撰稿的,如果本丛书能够给读者带来收获,功劳是属于作者的;如果本丛书存在不足和谬误,责任是我的。十多年来,我收到读者与专家关于本丛书诸多良好的改进建议,促使我不断思考如何完善这套丛书。我终于下决心抽空对本书进行了认真审读与修改,希望此书以更好的内容与形式面世,不负广大读者及专家的厚爱与期盼。

本书修订主要涉及以下三方面。

一是概念界定与理论分类问题。本书初版在某些专业概念的界定与理论分类方面存在瑕疵。譬如新闻体裁,初版的概念界定有点模糊,读者会有无所适从的感觉。在新媒体即时性、互动性、个性化、碎片化传播的背景下,我们应该给新闻体裁做减法,也就是说,当前不论是传统媒体还是新兴媒体,最常用最实用最有效的新闻文体不外乎消息、深度报道与新闻评论。消息与新闻评论容易辨认。消息主要着重对新闻事件的第一时间传播,是对社会新近发生或发现的重要事实迅速及时、简明扼要的报道。新闻评论主要着重对新闻事件的观点阐明与思想导向，包括传统媒体新闻评论与新媒体新闻评论等文本形态。除此两者之外的都可以称为深度报道，深度报道主要着重对新闻事件的深入挖掘与深度解析，包括通讯、特写、特稿、连续报道、系列报道、调查报道、专访、直播、访谈等。本书第二版还对其他专业概念与理论分类进行了详细梳理与科学审定，为本丛书的基本价值取向奠定了坚实而又科学的理论基础。

二是全书系统结构与章节逻辑问题。在本书第二版对基础理论概念进行科学界定的基础上，某些章节与全书其他内容就显得有点自相矛盾。譬如深度报道这一章，把它与特稿、人物通讯、连续报道与系列报道放在一起，存在明显的逻辑问题，深度报道与其他三者是种属关系，在第二版中，只有忍痛拿掉这一章节。再如分类新闻写作，这不是以新闻体裁，而是以社会行业为标准划分的新闻报道类型，它们分属消息、深度报道与评论这三大体裁。在本书的结构安排中，没有考虑新闻评论（这一体裁将独立成书另行出版），主要是消息与深度报道（包括特稿、人特通讯、系列报道等）两种体裁，分类新闻写作作为一种补充，是为了方便读者进一步学会如何按行业进行新闻报道。消息、深度报道、分类新闻写作就是本书的一个总体布局，分类新闻写作自然也就排在最后面，体现了本书行文的内在逻辑。

三是案例范文问题。丰富鲜活的案例是本书的最大亮点，案例几乎占了本书全部内容的一半。除了个别案例，第二版对原有案例进行了大换血，成功实现了更新。这个"更新"主要表现在两方面：一是选取反映时代前沿热点与未来趋势的最新报道，如关于5G技术的报道、关于精准扶贫的报道等；二是选取经受岁月洗礼与历史沉淀的经典报道，如《人民解放军百万雄师横渡长江》《县委书记的榜样焦裕禄》《东方风来满眼春》等。

最后，期待本书第二版能给读者带来新的体验和收获，也期待广大读者一如既往地鼓励与支持。

刘建华
于京华三路居
2021年6月

第一版总序

自媒体时代的全民专业报道

  传播是人类与生俱来的需求与能力，而媒体却是一个历史性的产物。当号子、烽火狼烟、鱼肚尺素、鸿雁传书、招幌等古老媒体成为美好记忆的时候，当报刊、广播、电视等现代媒体让人颇为倾心的时候，数字技术与网络技术却把人们对新事物的欣喜若狂搅得天翻地覆了。手机App、微信、微博、QQ、博客、播客等自媒体的迅猛发展，人工智能、5G、区块链、大数据、云计算、物联网、数字宇宙等新概念的层出不穷，令人目不暇接。我们不得不说：媒介真的就是信息！

  历史上，人们的需求似乎都不是自己真实的需求，正如消费社会，太多的需求是被他人创造和培养出来的一样。其实，人们对媒体的接近权与传播权也是被提醒的权利。在生产力极其低下的时代，人们绝不会想去拥有媒体接近权与传播权的。只有在技术进步、经济水平提高、物质产品丰富、精神需求扩大的情况下，一些政治家与学者才会突然告诉人们，"传播权是与生俱来的权利"。于是，对媒体接近权与传播权的奋争，似乎成为人类政治变革中的重要主题，也必然是民主平等应有之义。因此，自西方资产阶级民主革命以来，媒体便成为一个重要的武器，不断地变换角色，不断地改弦易张，不断地进退自若，成为极具魔力的法杖，令人们对之心神俱醉。

媒体接近权与传播权，从此，成为一代代人追求的目标！

自媒体时代的到来，使得一代代人追求的媒体接近权与传播权梦想成真，如同中国古人的飞天传说随着嫦娥卫星的成功发射成为现实一样。

"自媒体"这一概念最早出现在2002年美国硅谷著名IT专栏作家丹·吉尔默（Dan·Gillmor）对其"新闻媒体3.0"概念的定义中，"1.0"指传统媒体或旧媒体（Old Media），"2.0"指新媒体（New Media），"3.0"指自媒体（We Media）。2003年7月，谢因波曼与克里斯威理斯对自媒体进行如此界定：We Media是普通大众经由数字科技强化、与全球知识体系相连之后，一种开始理解普通大众如何提供与分享他们本身的事实、他们本身的新闻的途径。丹·吉尔默专著书名——《自媒体：草根新闻，源于大众，为了大众》(*We the Media*：*Grassroots Journalism by the People*, *for the People*)，充分体现了自媒体的特点：全民新闻报道，全民受众即时接收全民生产者新闻。在自媒体时代，个体提供信息生产、积累、共享、传播内容兼具私密性和公开性的信息传播方式，多元声音来自多元世界，自媒体有别于由专业媒体机构主导的信息传播，它是由普通大众主导的信息传播活动，由传统的"点到面"的传播，转化为"点到点"的一种对等的传播概念。总之，自媒体的特点是平民化、个性化、简易化、快捷性、交互性，人人随时接近媒体，人人随时传播信息。

似乎，这的确是一个最好的时代。

然而，自媒体时代的全民报道也存在明显缺陷与诸多困惑。首先，新闻真实性受到严重挑战。丹·吉尔默提出"自媒体"概念时，就曾指出，"草根新闻的兴起伴随着严重的道德问题，包括真实性和公然欺骗"。这一方面是大众没有受过专业训练，新闻报道的标准意识不强，随心所欲发布信息，不加甄别；另一方面是技术突破了惯常的新闻监管体系，新闻不论真实与否，只能在事后加以控制；更重要的是接受者成为虚假信息的二手传播者，转发信息时缺乏责任意识。其次，媒体可信度较低。由于新闻真实性存疑，加之报道者的草根身份，无法让自媒体在严肃的政治、经济、文化、社会生活信息传播中，成为民众信息获得的依靠与必然选择，因而造成自媒体公信力降低，其成功的商业运作模式也是迄今仍在艰难探索的问题。最后，由于自媒体完全解放了人们的媒体接近权与传播权，使媒体从政党或组织派别争论的平台演变为众声喧哗的油锅。

似乎，这又是一个最坏的时代。

"一本书学会新闻采写"系列丛书，正是应时之作，为这个最好的时代与最坏的时代献上最有力的抓手，让自媒体时代的草根新闻，变成媒体接近权与传播权大放异彩的全民专业报道。如同喻国明教授的形象比喻：全民DIY应该是专业、标准、科学、有效的DIY。

本丛书是以新闻采写为研究对象，采取旅游全攻略的架构，利用工程技术的思路，兼撷专业新闻理念与业余记者思维精粹，接轨不同行业与类型新闻采写方略，引领非专业人员进入新闻采写的奇峰异洞，细语全民专业报道中的在哪做、做什么、如何做，形塑全民DIY时代非科班出身的合格记者。

我们正在尽力去做，而做的结果却只能任由众人评判。尽管心有余，却力有不逮。但为这个瞬息万变时代的众人，奉上有用且高效的抓手，是而且一直将是我们的使命与图腾！

刘建华
2011年10月于中国人民大学品园
2021年5月修订于京华三路居
（作者系中国新闻出版研究院传媒研究所执行所长、研究员）

目录

第一章 消息写作 1

第一节 消息及其文本格式 3

第二节 消息写作 4

第三节 倒金字塔结构 15

第四节 消息结尾 20

第二章 导语的写作 21

第一节 小故事导语 23

第二节 引语式导语 24

第三节 描述式导语 24

第四节 提问式导语 25

第五节 其他类型的导语 26

第三章 新闻报道的其他结构类型 27

第一节 金字塔结构 29

第二节 沙漏式结构 32

第三节 华尔街日报体 37

第四章 报道角度 45

第一节 选择报道角度 47

第二节 一事一报 49

第五章 新闻背景 55

第一节 什么是新闻背景 57

第二节 如何使用新闻背景 58

第六章 引语使用 65

第一节 引语 67

第二节 如何选择直接引语 74

第三节 如何使用直接引语 79

第七章 新闻语言的使用 83

第一节 新闻语言运用的基本要求 85

第二节 新闻报道如何遣词 87

第三节 新闻报道如何构句 90

第四节 新闻报道构建段落技巧 93

第八章 新闻的表达方式 97

第一节 描写细节、展示场景 99

第二节 叙述故事用事实说话 102

第九章 特稿写作 113

第一节 什么是特稿 115

第二节 如何组织特稿素材 115

第三节　特稿如何开头 117

第四节　特稿的主体结构 119

第五节　特稿的结尾 154

第十章　人物报道写作 157

第一节　人物报道 159

第二节　人物报道如何选材 160

第三节　如何写人物报道 182

第十一章　连续报道和系列报道写作 199

第一节　如何写连续报道 201

第二节　如何写系列报道 213

第十二章　调查性报道写作 215

第一节　调查性报道及线索来源 217

第二节　调查性报道如何进行调查 222

第三节　调查性报道写作步骤 226

第十三章　分类新闻写作 229

第一节　会议新闻写作 231

第二节　科技新闻写作 233

第三节　财经新闻写作 238

第四节　体育新闻写作 247

第五节　事故与灾难新闻写作 248

第六节　刑事犯罪新闻写作 250

第七节　司法新闻写作 253

第八节　医疗卫生新闻写作 254

第一章
消息写作

第一节　消息及其文本格式

一、消息

媒介技术的不断革新带来媒介形态的不断变化，不论是传统媒体还是新兴媒体，职责功能依然是传播信息与知识，发挥舆论引导和社会服务的作用。为了更好地为人们提供信息与知识，新闻媒介会通过不同的文体形式进行传播。一般来说，新闻文体包括新闻报道、新闻评论与副刊文章三大类型。在数字技术、网络技术、移动技术与人工智能背景下，从信息传播角度而言，新闻文体主要是指消息、深度报道与新闻评论。深度报道主要着重对新闻事件的深入挖掘与深度解析，包括通讯、特写、特稿、连续报道、系列报道、调查报道、专访、直播、访谈等文本形态；新闻评论主要着重对新闻事件的观点阐明与思想导向，包括传统媒体新闻评论与新媒体新闻评论等文本形态。我们在不同类型媒介上看到的与信息相关的文本都可以归入这三种类型，它们都可以由文字、图片、音频、视频等不同的表达符号组成。

消息着重对新闻事件的第一时间传播，是对社会新近发生或发现的重要事实迅速及时、简明扼要的报道。它通常以最快的速度告诉受众，什么时间发生了什么事情，报道最紧要的新闻事实，概述其他内容，忽略细节。在媒体融合发展、自媒体广为传播的背景下，消息的时效性从以周计、天计、小时计，到当前的以分钟计、秒计，瞬时传播已成为现实。

二、消息的文本格式

消息在新闻报道中的作用和新闻报道文体中的地位，决定了它有以下特点：集中报道最重要的新闻事实、简洁快速报道动态新闻、具有相对固定的文体结构。

消息通常由以下四部分构成：标题、讯头、导语、主体。

第二节　消息写作

一、讯头

讯头是任何新闻消息的起头第一笔，是消息这种新闻文体的标识，是新闻消息的外在特征，也称为消息头，是消息正文新闻来源、发稿单位名称、发稿时间、地点、类别的交代，这是消息体裁的标志，其作用在于明确表明某条消息的版权关系，强调其新闻价值。讯头的表现形式一般为"某某社某某地某某日（时）电"。由本报记者采访、写作、编辑、播发的稿件，其消息头可直接用"本报讯"。

讯头用于"本报"发稿，其最常见的格式是"本报讯"，并衍生出"本报今天消息""本报某地讯""本报某地某时讯""本报记者某地某时报道"等格式。电头则用于通讯社发稿，其基本格式是"某通讯社某地某时电"，并衍生出"某通讯社某地某场所某日某时电"等强调性格式。报纸的外地稿源，也多以电头形式处理，如"本报某地某时电"。

小贴士 讯头是消息的体裁标志，写作消息首先要写讯头，它的形式主要有"本报讯""××社××地××日×时电"及"本台消息""××网电"等。

二、导语

1. 导语及其作用

导语，消息文本的开首部分，新闻信息和新闻价值的集中表现的部分。

导语的作用：揭示事实内容、吸引读者、展开报道的逻辑顺序与结构关系。

2. 概括式导语

概括式导语，也被称为直接式导语或硬新闻导语，第一句话就开始集中描述新闻事件的主题，交代最重要的新闻要素。

当重大新闻事件发生时，记者的第一条新闻需要概括地告诉读者发生了什么，涉及什么人，在哪里，什么时候，为什么和怎么样。此后才会有深入的与事件和当事人相关的翔实的新闻报道。这类硬新闻通常会使用概括式导语，简明地提供新闻报道的要旨。概括式导语一般都比较简短，更详细的内容在主体部分展开。

路透社（1963年）11月22日电 肯尼迪总统今天遭到刺客枪击身亡。

新华社（2019年）7月31日电 记者从文化和旅游部获悉，文化和旅游部对山西省晋中市乔家大院等7家质量严重不达标或存在严重问题的5A级旅游景区予以处理。

环球网报道（2019年8月1日） 当地时间31日，美国海军空中部队的一架F-18"超级大黄蜂"战斗机在加利福尼亚州死谷国家公园内一处被称为"星战谷"的地方坠毁，该地点位于一处军事设施附近。目前救援工作正在进行中，飞行员的情况尚不清楚，但公园发言人表示有7名游客因此受伤。

以上导语都是概括式导语，这种导语也是消息中使用最多的形式。概括式导语非常适合硬新闻，即关系到国计民生以及人们切身利益的新闻，也就是一切重要的新闻，比如重要会议的报道、重要政策的颁布、社会生活发生的重要变动、灾难、战争、重要的事件新闻，这类新闻一般时效性较强，受众需要快速了解新闻信息。

> **小贴士** 概括式导语是最常用的导语形式，要简洁，一般是一句话快速结束导语，将更详细的新闻要素放在主体中。

3. 概括式导语的写作步骤

第一步，找出最值得关注的要素。在将要报道的新闻中应明确这些问题：哪些要素最重要？哪些与媒体的目标读者接近？哪些是特异的？哪些是有趣味的？事件是否有不同寻常之处？是否有可能影响非常大的内容？此外，这里需要考虑新闻的5个"W"和一个"H"：谁？什么时间？什么地点？发生了什么？为什么发生？怎么发生的？这6个问题能够满足读者对重要信息的获知要求，但在导语中要与上面提到的问题结合，将最有新闻价值的要素写进导语里。

第二步，列关键词。将以上问题的答案或者部分问题的答案作为关键词列出。

第三步，判断事件和谁有关。事件的当事者是谁？对谁可能产生影响？

第四步，选择合适的导语形式。根据新闻报道自身的特点，选择使用概括式导语还是其他类型的导语。

第五步，组织导语句子。将关键词，加上新闻发生的时间、地点等要素，组织成句子。导语一般使用的是主语—谓语—宾语的主动语态结构，但还是要根据具体的新闻事件，以将新闻中的重要因素表达清楚为原则。

第六步，阅读导语。最后将写好的导语读一遍，看看句子是否通顺、流畅，写得是否吸引人。

下面是一条关于枪击案的消息。

美墨边境城市埃尔帕索发生大规模枪击案至少19人死亡

人民日报海外网（2019年）8月4日电 据美国有线电视新闻网CNN消息，当地时间周六得克萨斯州边境城镇埃尔帕索发生枪击案，造成多人死亡。哥伦比亚广播公司CBS援引警方消息称，周六一名枪手在一家购物中心开枪，造成至少19人死亡，40人受伤，1人被拘留。

另据得克萨斯州当地电视台KTSM报道，现场的一名警官称，沃尔玛超市埃尔帕索枪击案造成18人死亡，多人受伤。但当地警方尚未提供最新的受伤人数。埃尔帕索警方证实有多人死亡，但表示不能立即透露死亡人数。德尔索尔医院的一位发言人证实，他们总共接收了11名受害者，年龄从35岁到82岁不等。其中2名患者病情稳定，9名患者情况危急。

KTSM表示，可以通过执法部门的消息来源确认，这张照片是枪手今天上午10点左右进入西洛维斯塔购物中心的沃尔玛商场时被拍到的。

警方在下午早些时候对西洛维斯塔购物中心（Cielo Vista Mall）的枪击现场做出了回应，并建议人们远离该地区。西洛维斯塔购物中心位于该市东侧10号州际公路附近。

埃尔帕索警察局长恩里克·卡斯蒂略对记者说，已有几人被送往医院，当局不认为有持续的威胁。一名执法部门的消息人士告诉CBS新闻，初步消息显示，有两名携带AK-47式武器的男性枪手。早些时候，埃尔帕索警方在推特上说，他们收到了"多名枪手"的报告。

埃尔帕索市长迪·马戈告诉CNN记者，三名嫌疑人已被拘留。此前迪·马戈曾向KTSM证实，今天发生在沃尔玛的枪击案造成多人死亡。马戈说，据信涉案的三名嫌疑人已被拘留。

另据英国广播公司BBC报道，美国海关与边境保护局（CBP）局长凯文·麦卡南在3月底的一场新闻发布会上表示，在美墨边境——得克萨斯州的埃尔帕索，已经有13000名移民在非法跨境时被拘禁，美墨边境收容设施的容量接近"崩溃点"。这些移民多来自洪都拉斯、萨尔瓦多和危地马拉等地区，为了避免暴力和贫困而来，希望在美国重新开始或与亲属取得联系。

美国海关与边境保护局暂时关闭了埃尔帕索地区268英里边界沿线的所有高速公路检查站，试图遏制非法入境人数的激增。

埃尔帕索，是美国第十九大城市，位于美墨边境，号称是世界上最大的边境城市。

第一步，找出最关键的新闻要素，然后列出关键词：埃尔帕索、购物中心、1名枪手、19人死亡、40人受伤、1人拘留。这样的硬新闻选择使用概括式导语，将关键词加上新闻时间、地点、人物的要素，组成句子，可以写成：美国埃尔帕索镇1名枪手在购物中心开枪，造成19人死亡，40人受伤。最后阅读、修正导语，力求流畅。

> 小贴士 写作概括式导语最重要的是找出新闻事实的核心要素，列出关键词。

4. 导语的长度

导语必须简洁。美国的新闻教科书《当代媒体新闻写作与报道》中指出，概括式导语的长度一般不超过35个词，通常是一个简单句。

导语只需要写出最重要的新闻要素。导语简洁不仅要词句简洁，更重要的是要在导语中去掉不必要的内容和要素，这其中包括详细的信息来源，以及对新闻事件或者事实细节的详细表述。

例如：本报讯（记者×××）一持刀歹徒明目张胆地在大街上紧追一名"的姐"实施抢劫时，被正在值勤的××交警大队三中队3名民警发现。危急时刻，他们挺身而出见义勇为，赤手空拳与穷凶极恶的歹徒展开了围追堵截和生死搏斗，最终将负案在追的嫌犯当场抓获归案，这是7月27日发生在××市区××立交桥附近惊心动魄的感人一幕。

将多余的形容词和副词删掉后变为：本报讯（记者×××）一持刀歹徒在大街上紧追一名"的姐"实施抢劫时，被正在值勤的××交警大队三中队3名民警发现。他们挺身而出，与歹徒展开了搏斗，最终将负案在追的嫌犯当场抓获，这是7月27日发生在××市区××立交桥附近的一幕。

导语的长度仍然较长，原因是导语中交代的要素过多，导语应只将最核心、最重要的新闻要素表述交代，详细的内容放到主体中进一步说明，从而保证导语的简洁。删除详细的内容，导语变为：本报讯（记者×××）7月27日下午5时许，一歹徒身携匕首在大街上紧追一"的姐"欲抢劫时，被正在值勤的××交警大队三中队3名民警当场抓获。

> 小贴士 概括式导语要简洁，就不要在导语中放入过多内容，谨慎使用形容词和副词。

三、主体

主体，是消息的主干部分，是导语之后对新闻事实进行全面、详细报道的部分。主体对导语起到补充、说明的作用，使得新闻报道可以更加全面、更加详尽、更加精确地表述新闻事实。

1. 主体如何展开

（1）说明导语中概括的内容。例如：

《哪吒》票房超 18 亿元：成中国动画电影票房冠军

环球网（2019 年 8 月 3 日） 据猫眼专业版数据，8 月 3 日零点，《哪吒之魔童降世》总票房破 17 亿，创国产动画电影之最。这一次成绩也超过《疯狂动物城》，正式成为中国动画电影票房榜新冠。

而仅仅过了 12 个小时，@电影哪吒之魔童降世就宣布，该片牌已经突破 18 亿。

目前，该片猫眼评分 9.7，淘票票评分 9.5，豆瓣评分 8.6，大 V 推荐度 92%，同样创造国产动画电影口碑巅峰。

据悉，《哪吒》票房达到 17 亿元只用了 8 天，其票房走势依然强劲，猫眼专业版预测，其内地票房将达到 44.93 亿元。

中国内地的动画电影票房榜，多年来一直都被好莱坞动画占据着。4 年前，《西游记之大圣归来》曾一度成功突围，但很快又被《功夫熊猫 3》《神偷奶爸 3》《寻梦环游记》《疯狂动物城》超越。

此次《哪吒》上映以来创造了多项票房纪录，算是为国产动画电影正名。

《哪吒之魔童降世》由饺子执导、编剧，改编自中国神话故事，讲述了哪吒虽"生而为魔"却"逆天而行斗到底"的成长经历的故事。

你去看了吗？

消息的导语概括了消息的内容，"《哪吒》成中国动画电影票房冠军"，主体解释说明详细的情况，是如何成为冠军的。票房 8 天就达到 18 亿，专业机构的高评分，与国外动画电影的比较，超越《疯狂动物城》等，用权威翔实的数据对主要信息加以说明。

（2）对导语的核心要素进行补充，交代新闻事实中次重要的新闻要素。例如：

城乡居民同病同保障

本报讯 我省将打破城乡地域、身份限制，实现城乡居民同病同保障，大病保险待遇稳步提高。5月28日，省政府办公厅公布《安徽省统一城乡居民基本医疗保险和大病保险保障待遇实施方案（试行）》。7月1日起，我省将实施统一的城乡居民基本医疗保险和大病保险制度，城乡居民医保待遇不再有差别。

"城镇居民医保与新农合整合后，门诊待遇局部调整，住院待遇总体持平，大病保险待遇稳步提高。"省医保局有关负责人表示，如门诊待遇方面，常见慢性病、特殊慢性病种，较未整合地区城镇居民医保大幅扩容；大病保险待遇方面，整合后待遇提高，如整合前新农合5万元以内段报销55%，城镇居民医保0元至2万元段报销50%、2万元至10万元段报销60%，整合后5万元以内段统一报销60%。

具体而言，门诊待遇方面，参保人员普通门诊合规费用报销55%，高血压（Ⅱ级、Ⅲ级）等30种常见慢性病门诊合规费用报销60%，白血病等17种特殊慢性病门诊合规费用参照住院待遇报销。

住院待遇方面，医院分"一级及以下""二级和县级""三级（市属）""三级（省属）"和"省外医院"5个类别，起付线分别为200元、500元、700元、1000元和当次住院总费用的20%（低于2000元的按2000元计算，最高不超过1万元），报销比例分别为85%、80%、75%、70%和60%。跨市域、跨省住院起付线会提高，报销比例有所下降。基本医保报销封顶线为20万元至30万元。

大病保险待遇方面，起付线1万元至2万元；起付线以上至5万元以内、5万元至10万元、10万元至20万元和20万元以上费用段，报销比例分别为60%、65%、75%和80%；省内医院大病保险封顶线20万元至30万元，省外医院大病保险封顶线15万元至20万元。

"城乡居民基本医保'并轨'，在医疗卫生服务上进一步体现公平。"安徽医科大学公共卫生学院院长、博士生导师江启成表示，在不同的基本医疗保险制度下，城乡居民过去在基本药物目录、报销比例等方面存在差别，医生对不同人群就医用药服务要考虑药物目录、费用负担等因素影响。城乡居民基本医保统一，破解了待遇差距难题，有助于居民公平享有基本医疗保险权益，提高医疗服务效率。

省医保局有关负责人表示，从省级层面统一城乡居民医疗保障待遇，是完善城乡居民医保制度的重要举措，将推动保障更加公平、管理更加规范、医疗资源利用更加高效。(《安徽日报》2019年5月29日)

上面这篇消息获得第三十届中国新闻奖二等奖。城乡居民医保"并轨"，是推进医药卫生体制改革、促进社会公平正义、减轻患者就医负担、增进人民福祉的重大制度变革，是彻底破除城乡居民"同病不同治、同治不同药"积弊的"良方"，社会长期呼吁，群众热切期盼。消息的导语部分交代了新闻的核心内容"城乡居民医保待遇不再有差别"，主体部分从"门诊待遇""住院待遇""大病保险待遇"三方面补充解释了调整之后的具体报销标准。

（3）主体部分说明导语中的概括内容后，再做相对应的补充。例如：

中国处于5G研发第一阵营 已开始着手研究6G发展

IT大视界腾讯大渝网（2019年6月18日） 6月6日，工信部向中国移动等4家企业发放了5G商用牌照，标志着中国5G商用元年开启。商用移动通信网络每10年更新一代，5G的商用也意味着下一代技术研发的开始。

2018年7月，国际电信联盟成立了2030网络技术的研究组。目前，美国、中国、日本、韩国、芬兰等国家，都已踏上6G研发赛道。今年2月，美国总统唐纳德·特朗普连发推特称：我想要5G，甚至6G尽快进入美国。此后不到1个月，美国开始部署6G的研究。

对各国而言，移动通信技术早已不仅是便利人们沟通的桥梁，更是国家科技竞争力乃至国家实力的体现。6G是什么，离我们有多远？

6G，"6"在哪儿？

对普通用户来说，网速是衡量每一代网络性能的KPI。4G时代，每秒数据的传输量为几十兆比特，到了5G，数据传输速率将提高10倍以上，最高可达1Gbit/s（千兆比特每秒），而当6G开启，网速将迎来新的飞跃。电子科技大学教授、通信抗干扰国家级重点实验室主任李少谦在接受《中国新闻周刊》采访时称，从技术指标设定来说，每一代网络的速率都要比上一代提升一个数量级，"（如果）再高，就超越了技术，是达不到的"，因此，一般场景下，6G的网速大致会是5G网速的10倍。

  大带宽、高速率能做什么？除了满足超高清网络电视、虚拟现实游戏等常见需求，全息技术成为业界看好的方向。国际电信联盟也将其列入了《2030年及之后新型网络技术展望》的白皮书中。

  所谓全息技术，就是指不光能看到图像、听到声音，还能实现触觉、味觉等五官全方位感知的技术。举个例子，通过全息影像，足不出户，就可以置身千万里之外的热带雨林，不仅能看到瀑布、听到水流声，还能感受到当地的温度、湿度，闻到泥土的芬芳。再如，全息远程会议，可以触摸到对方，全息手术，远端医生如同在现场。

  这一技术对传感器数量、数据传输速率有着较高要求。国际电信联盟2030网络技术研究组主席、华为美国总部未来网络首席科学家Richard Li在一份报告中提到，如果要实现对一个人高清晰度全息投影，传输速率要达到4.62Tbit/s（太比特每秒），相当于5G网速的成百上千倍，这对6G网速也是个挑战。

  6G更大的神通还将在于建立物和物的连接。事实上，关于5G，业内就提出了高速率大带宽、超可靠低时延通信、海量机器连接三大应用场景。5G的理论延时要从4G的50毫秒降至1毫秒。海量机器连接则是指每平方公里接入的传感器数量达到100万个。

  北京邮电大学信息与通信工程学院教授、网络与交换技术国家重点实验室主任张平分析说，过去，从1G升级到4G，只强调高速率这一个维度，5G首次提出了三个目标，但就目前而言，只有第一类场景达成了国际统一的技术标准，5G商用满足的依然也只是这一场景。"超可靠低时延通信到现在为止国际上都没有标准化，要等到明年3月才定"，而实际部署后，运行效果如何也尚不得而知。海量机器连接标准化的优先级则更低。当下，国内采用的是依然 4G 时代速率较低的窄带物联网等作为技术实现手段。这意味着，6G 在这三个维度上都有着进一步的改进空间。

"'4G 改变生活，5G 改变社会'这句话其实并不科学"，李少谦认为，5G 也有些被神化。在他看来，5G 时代只是开启了万物互联的大门，随着未来需求的增长和技术的迭代，要真正实现万物互联的路还有很长，这正是 6G 时代要做的事情。比如，要构建完整的车联网，首先要解决广覆盖的问题，"某个地方突然没信号了，车就会撞到一起"。

张平称，由于技术等限制，现在的 5G 技术只是相对独立地针对三大应用场景中的某一类，未来 6G 要同时覆盖两类甚至三类场景的需求。比如说，整个城市的智能交通系统，既要处理车与车、车与人、车与交通设施等实时的大量数据，需要大带宽，又要保证低延时，避免发生事故。

在不少业内人士眼中，AI 和 6G 在未来的发展中将相辅相成，融为一体。清华大学电子工程系教授牛志升称，"6G 时代将充满 AI"。他分析说，无论是帮助用户识别场景，还是优化网络资源配置，AI 都将发挥重要的作用。OPPO 研究院标准研究中心 5G 资深研究员沈嘉说，随着 AI 技术与应用场景的普及，以智能体交互为代表的新型业务场景将会在 6G 时代出现。比如说，一个围棋高手要将知识和技能传给徒弟，可能需要几十年，但依靠 6G，机器人和机器人之间能够快速相互学习，几秒钟就能将智慧倾囊相授。

李少谦说，实际上，到目前为止，关于 6G，仍没有明确的定义，到 2023 年前，世界范围内都将处于提出愿景、分析需求、研究潜在可用技术的阶段，之后，学界、业界将进行讨论，达成共识，制定标准。

6G，有多远？

为达成 6G 的美好愿景，世界各国已竞相布局。

从 5G 研发起，中国已处于世界移动通信行业的第一阵营，去年 3 月，工信部部长苗圩在接受媒体采访时称，中国已开始着手在研究 6G 的发展。去年 4 月，芬兰科学院将芬兰奥卢大学主导的"6G 支持的无线智能社会和生态系统"列为国家研究资助计划的旗舰项目,该项目在未来8年将获得超过2.5亿欧元的资助。今年1月和6月,韩国两大电子巨头LG和三星分别被报道成立了6G研发中心。今年3月,《日本经济新闻》称,早稻田大学、电子制造商NEC和德国斯图加特大学等将联手开发后5G时代移动通信技术。

在去年9月举行的世界移动通信大会美洲展上,作为美国联邦通信委员会(FCC)首位谈及6G技术的专员,杰西卡·罗森沃瑟提到了太赫兹波、区块链等技术。今年3月,在特朗普连发推文后不久,FCC宣布开放频率范围为95GHz(千兆赫兹)至3THz(太赫兹),以"太赫兹波"为主的实验频段,给研发者提供10年的使用期限。

但如同硬币两面,太赫兹波也有着致命缺陷,电磁波频率越高,也意味着波长越短,这样一来,太赫兹波绕过障碍物的能力就很差。太赫兹波无法穿透水泥墙,而且容易被水分子吸收,雨雾天气,树叶、建筑物、行人等遮挡也对其有影响,这意味着太赫兹波信号衰减强度大,无法远距离传播,覆盖范围有限。

在6G时代,终端和终端之间的通信不再经过基站这个"中介"。沈嘉认为,尤其在短距离、高频段的通信中,这样的机制可能会成为现实。"当我们用高频段的点对点通信把很多通信流量从基站上移到我们的手机上,那么传统中低频段的资源也能得到更好使用,就相当于原来高速公路上都挤满了车,如果两个人是邻居,就没必要绕道上高速公路。"美国弗吉尼亚理工大学电子与计算机系教授瓦利德·萨阿德则在其论文中提到,未来的6G时代,无论是墙壁、路面,还是整个建筑,都可以采用一种智能材料,表面装配天线,充当基站,实现数据近距离的收发。

李少谦说,6G时代的移动通信将会是天地一体化融合的态势。同时,在几代移动通信技术迭代的过程中,功能重叠的技术会被取代,3G、4G提供的都是宽带服务,3G会消亡,"2G频率低,覆盖最好,提供了通信的最基础服务",会保留,因此,会存在网络"多代同堂"的情况。而从目前看,5G时代还面临着基站建设成本高、运营功耗大的问题。有数据显示，5G基站的电费相当于4G基站的两到三倍，这也将是6G要面对的挑战。李少谦认为，可以通过简化结构、加大元器件集成度、将不必要设备去掉等方式，把功耗降下来，但"又想马儿跑又想马儿不吃草"，找这个平衡点很难。（本文有删节）

消息导语，概括介绍了5G的商用同时也意味着下一代技术研发的开始。主体部分分两大板块详细说明高度概括的内容，对6G是什么、离我们有多远等受众关心却又不了解的技术问题及各国研究现状进行了补充。

总之，消息的主体是导语的详细展开部分，导语将核心事实或者事实的概括置于消息显要的位置，用最简洁的语言表述。主体详细说明和补充导语中的具体事实和其他相对次要的事实要素，使新闻事实更加详细完整。

小贴士 消息主体对导语起补充、说明的作用，是对新闻事实的详细、具体展开。

第三节　倒金字塔结构

一、倒金字塔结构

倒金字塔结构是新闻报道的经典结构，传统的写作方式通常使用概括式导语，然后按照重要程度递减的顺序排列段落。导语概括了新闻事实的要点或者交代了最核心、最重要的新闻要素，消息的主体部分从第二段开始每个段落按照重要程度递减的顺序提供次要的新闻事实或者对导语中的新闻事实进行详细说明。在倒金字塔结构中，消息的每个段落都包含新闻信息，且都具有新闻价值，但每后面一个段落的重要程度都要低于前面的段落。可以用图1-1表示如下。

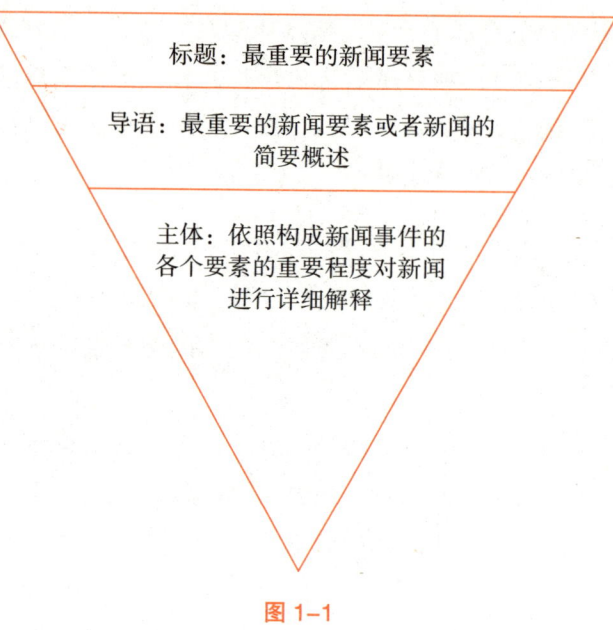

图 1-1

倒金字塔结构遵循重要事实置前的原则，将完整的新闻分析为以上图示。

新闻的正文部分按照倒金字塔结构组合，如图 1-2。

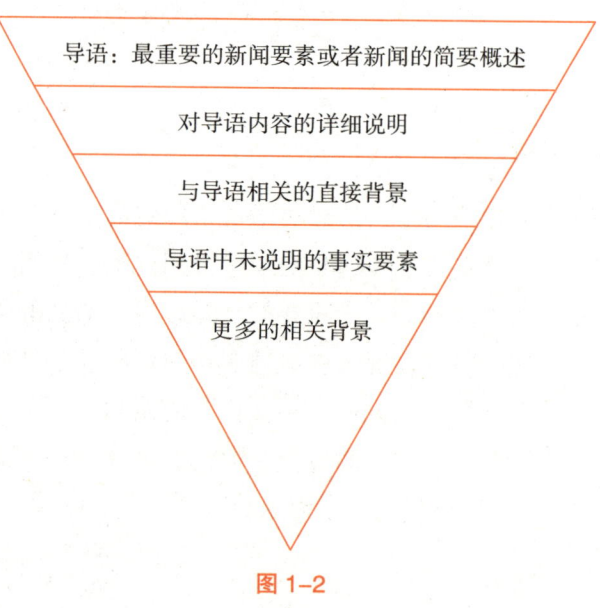

图 1-2

图 1-3 是这种结构最简洁最直接的表示方式，导语中最重要的新闻要素，然后按照重要程度递减的原则，依次排列下面段落，直到新闻信息传递完成。

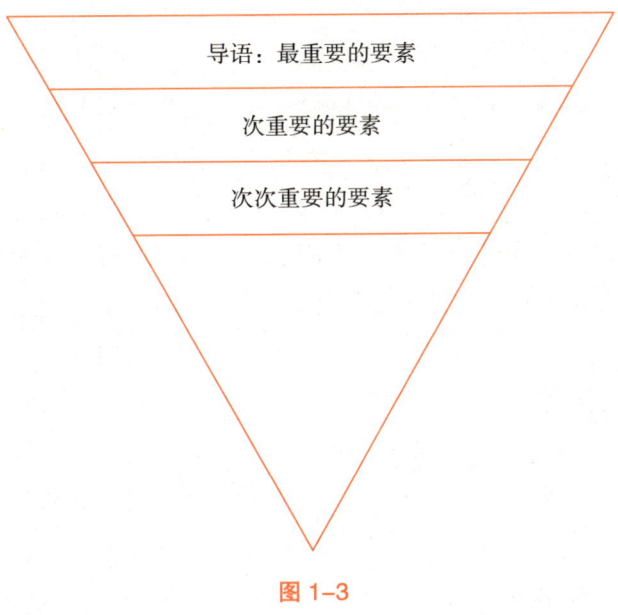

图 1-3

二、如何使用倒金字塔结构

以下这篇新闻报道，使用的就是倒金字塔结构，新闻报道的段落按照重要程度递减的顺序依次排列，通过一系列段落为读者提供新闻的不同信息来源的引语、背景和其他事实。

屠呦呦获诺贝尔奖

本报斯德哥尔摩 10 月 5 日电 瑞典卡罗琳医学院 5 日宣布，将 2015 年诺贝尔生理学或医学奖授予中国药学家屠呦呦以及爱尔兰科学家威廉·坎贝尔和日本科学家大村智，表彰他们在寄生虫疾病治疗研究方面取得的成就。

屠呦呦的获奖理由是"有关疟疾新疗法的发现"。这是中国科学家因为在中国本土进行的科学研究而首次获诺贝尔科学奖，是中国医学界迄今为止获得的最高奖项，也是中医药成果获得的最高奖项。今年诺贝尔生理学或医学奖奖金共800万瑞典克朗（约合92万美元），屠呦呦将获得奖金的一半，另外两名科学家将共享奖金的另一半。

屠呦呦是诺贝尔医学奖的第十二位女性得主。20世纪六七十年代，在极为艰苦的科研条件下，屠呦呦团队与中国其他机构合作，经过艰苦卓绝的努力并从《肘后备急方》等中医药古典文献中获取灵感，先驱性地发现了青蒿素，开创了疟疾治疗新方法，全球数亿人因这种"中国神药"而受益。目前，以青蒿素为基础的复方药物已经成为疟疾的标准治疗药物，世界卫生组织将青蒿素和相关药剂列入其基本药品目录。

诺贝尔生理学或医学奖评委让·安德森在接受本报记者采访时说，得益于3位科学家的贡献，千百万人得到了对症治疗的药物，这一事件具有里程碑意义。他说："屠呦呦是第一个证实青蒿素可以在动物体和人体内有效抵抗疟疾的科学家。她的研发对人类的生命健康贡献突出，为科研人员打开了一扇崭新的窗户。屠呦呦既有中医学知识，也了解药理学和化学，她将东西方医学相结合，达到了一加一大于二的效果，屠呦呦的发明是这种结合的完美体现。"

诺贝尔奖评选委员会说，由寄生虫引发的疾病困扰了人类几千年，构成重大的全球性健康问题。屠呦呦发现的青蒿素应用在治疗中，使疟疾患者的死亡率显著降低；坎贝尔和大村智发明了阿维菌素，从根本上降低了河盲症和淋巴丝虫病的发病率。今年的获奖者们均研究出了"一些最具伤害性的寄生虫病的革命性疗法"，这两项获奖成果为每年数百万感染相关疾病的人提供了"强有力的治疗新方式"，在改善人类健康和减少患者病痛方面的成果无法估量。（《人民日报》2015年10月6日）

在新闻写作中可能会有更复杂的事实，更多面的信息和更多的信息来源，作为倒金字塔结构表述的原则是一致的，只是需要更多的段落和简单的信息来源的过渡。所有的硬新闻，都可以用倒金字塔结构来组织新闻报道。

> **小贴士** 倒金字塔结构是消息的经典结构,按照重要程度递减的原则排列段落、组合报道,后一段落永远是前面段落的补充,段落间直接使用事实过渡。

三、倒金字塔结构的使用原则

1. 导语简洁

倒金字塔结构一般使用概括式导语,导语的字数要控制,一般使用一句话。其他详细内容放到主体中交代。

2. 尽快交代信息来源

倒金字塔结构中要尽早使用引语,交代信息来源。使用引语的最佳时机是在向受众提供了最重要的新闻信息之后,也就是倒金字塔结构的第二或者第三段。使用引语时不要将直接引语或者间接引语堆砌在一个段落中,可以在不同的引语中插入背景或者简洁引语将直接引语隔开,使文章更加流畅、易读。

3. 提供背景

新闻背景有助于读者充分理解新闻事实,倒金字塔结构可以考虑在第三段开始或者最后一段提供新闻的背景,背景可以是消息来源的补充解释,也可以是之前发生的事情。根据新闻理解的需要确定背景的具体位置。

4. 按照重要程度递减的顺序组织报道

倒金字塔结构的新闻组织原则是重要性递减的顺序排列段落,因此组织报道时,主要考虑重要程度,而不是时间顺序、逻辑关系等。

5. 使用事实过渡

倒金字塔结构一般不需要精心构筑过渡段落和语句,一个背景、一句引语、一段解释就可以将读者的思路从一个段落过渡到另一个段落。

倒金字塔结构经常使用的过渡词:(1)序列词:第一、第二、第三;首先、其次、再次。(2)时间词:上午、10时后、到了下午、当时、次日等。(3)地理方位词和短语:屋外、在另一个房间、在某个地方。(4)其他词:也、但是、与此同时、以下、上述、除……之外等。

6. 无须设置结尾

一直提供新闻信息，直到新闻报道结束，也可以将引语或者背景放于结尾处。

小贴士 使用倒金字塔结构，需要尽快交代信息来源，使用背景可以考虑在消息第三段开始或者放在最后一段，不需专门设置结尾。

第四节 消息结尾

消息要迅速及时、简明扼要地报道客观世界发生的最新变动，严格讲消息不需要普通文章般的结尾，信息传递结束消息也就结束，写作者不需要在结束时设置一个明显的结尾，或者在最后加一段抒情或议论的段落或句子。所有与新闻事实相关的要素按照新闻价值递减的顺序排列，消息写到合适的长度，或者相关信息已经传播完毕，就可结束。

第二章
导语的写作

故事性导语，也可以称为间接式导语、软新闻导语，与概括式导语相反，它不是开门见山，一开始就告诉读者新闻中最关键的要素和最重要的内容，而是用情节、引语、精彩片段等激发读者的阅读热情、疑问或者好奇心，从而引领读者获知新闻事件。

故事性导语通常不在突发新闻、重大新闻和实效性很强的新闻中使用，一般用于故事性、冲突性或者趣味性强的消息、特稿中，一些深度报道也经常使用这类导语。

第一节　小故事导语

在新闻报道的开头使用一个小故事或趣事，来吸引读者，引导全文。

在1971年，一个小伙子给自己的新娘写了一封情书，然后把它塞到瓶子里并扔在了西雅图和夏威夷之间的太平洋海域。10年之后，有人在关岛附近海岸发现了这封装在瓶子里的情书。

"当你看到这封信的时候，我可能已是白发苍苍的老人了，但我相信我们的爱情仍然会像现在一样鲜活。这封信即使永远都不能到你手里，我仍会不顾一切地去证明我对你的爱——你的丈夫，鲍伯。"

发现瓶子的人被鲍伯的浪漫感动得不行，他立即通过信上的电话找到了那位10年前的新娘。当他把情书读给她听时，她竟然大笑起来，而且越笑越厉害。笑到最后，她只说了一句："我们已经离婚了。"并挂断了电话。[1]

---

[1] 李希光等：《新闻采访写作教程》，清华大学出版社2011年版，162页。

作者从一个小故事入手,引发读者的阅读兴趣,从而切入文章的主题——关于爱情心理学研究成果的特写。

第二节 引语式导语

新闻开头使用一个导语,展开报道,让人感到有吸引力,促使读完整篇报道。例如:

"因为天气太热,以前我们把床铺摆在房顶上睡觉;现在天气再热,我们也在家里睡觉。看看我们房顶上的变化,就知道我们的生活有多幸福了!"9月28日,指着房顶上的光伏板,吐鲁番示范区居民阿依仙木古丽·热合曼乐呵呵地说。(《吐鲁番日报》2019年9月30日)

使用引语式导语时,不可断章取义歪曲信息来源的观点,注意引语中是否含有诽谤或者人身攻击式的内容,新闻当事人在新闻现场随口说出的一些话并不代表记者也可以不做考虑地使用。

第三节 描述式导语

描述新闻现场的一个场景、一个画面、一个动作、一个细节等,以此引出新闻,让读者身临其境,使新闻报道具有强烈的现场感。例如:

11:50,临沂北站,看着银白色G5587次列车缓缓驶离,74岁的庞建云有点怅然若失。

今天,庞老汉起了个大早,从临沂市兰山区枣园镇赶了10多公里路,盘算着趁早能买上票。没想到,更多人比他还心急。因为高铁开通,沂蒙老区的人们像是在过年。(《大众日报》2019年11月27日)

当新闻现场本身具有感人、引人的情节、场景和画面时,可以将其描写，作为导语，但使用时需要注意以下两点。

1. 素材的选取

在描述式导语中，记者需要使用描写这种文学表述的手法，记者选择写什么场景，不写哪些，这些场景怎么表述，将带有记者强烈的主观性。

2. 描写的篇幅和内容

描写是为了报道新闻事实，所以不要过分渲染，喧宾夺主。只描写那些与新闻直接相关的，与新闻主题无关或者关系不大的不写。

第四节　提问式导语

通过提出一个与新闻核心事实密切相关的问题，然后快速回答提问来开始一篇新闻报道。此类导语可以迅速吸引读者的注意力、激发读者的好奇心，引起读者的阅读兴趣。例如：

什么海洋生物的头骨最大？英国科学家们最近在研究一块该国出土的上龙化石，它的头骨尺寸或许可以给你一点启发。

这可能是世界上最大的嘴巴了。

这是一个最近在英国多塞特郡博物馆展出的一个巨型上龙头骨化石，其长度达到2.4米。上龙是一类拥有粗短的脖子和鳄鱼般尺寸惊人大嘴的海洋巨兽，它是一种凶猛的海中霸主，长着满口锋利的牙齿。在它生活的1.55亿年前，据博物馆人员介绍，它们甚至可以轻易地将一辆小汽车咬成两截。（2011年7月15日新浪环球地理译自美国国家地理网站）

使用提问式导语应做到：

第一，迅速回答提出的问题。使用提问式导语最关键的是尽快回答所提出的问题，最好提出后就直接回答，或者在报道的第二段回答，若读者一直被悬念吊着，又一直在猜测新闻报道的要旨到底是什么，这样就要考虑读者的注意力能够坚持多久。

第二,所提出的问题要直指新闻核心内容。

第三,所提出的问题要能激发读者的兴趣。如"你知道×××吗?",这样的提问可能无法激发读者的兴趣。

第五节　其他类型的导语

新闻报道的方式,如同新闻本身一样,多样且日日新,有时候使用的导语不是上述的任何类型,但是非常适合当日的此条新闻,我们把它们归入其他类型里。

因此新闻导语的写作具有一些范式,但却不是教条,可以根据新闻事实的情况创新性地使用,但应遵循揭示事实内容、吸引读者、规划报道的逻辑顺序与结构关系的原则。

此外,在使用的过程中,可能出现将几种类型的导语结合使用的情况,我们很难准确地说出它属于哪种类型。

例如:小雨淅沥,山坡上人声沸扬,昨日下午我市近百名中学生走进山林,了解果蔬生产情况,学习农业知识。

它是一个概括式导语和描述式导语的结合。

在硬新闻的消息中一般会使用概括式导语,这也是所有消息中使用最多的一种类型。软新闻或者是特稿可以根据具体的新闻事件和采访情况,选择故事性导语,以导语引导读者阅读。

小贴士 故事性导语主要用于软新闻或者特稿中,在考虑新闻价值的基础上,以具体、可感、引人阅读为写作核心。

第三章
新闻报道的其他结构类型

倒金字塔结构是消息的经典结构，可以快速有效地传递信息，对于硬新闻是非常适合的，但软新闻需要更符合人们的认知规律的结构。比较常用的有以下三种结构：金字塔结构、沙漏式结构和华尔街日报体。

第一节　金字塔结构

金字塔结构，用细节、片段或者引语等开头，按照时间顺序或者事件的发生发展顺序展开新闻报道，把新闻的高潮放在报道的结尾。

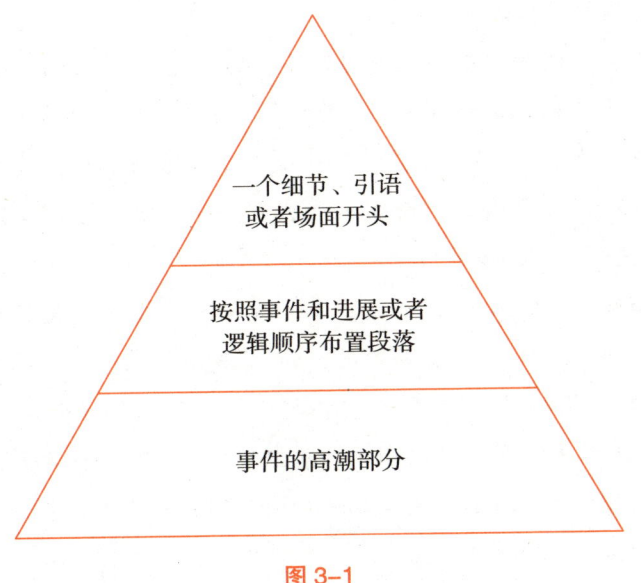

图 3-1

如下面这篇获得第二十九届中国新闻奖二等奖的《60年前，库尔班大叔上北京表达对毛主席和共产党的无限热爱；60年后，库尔班大叔后人走上"代表通道"向总书记汇报——"乡亲们的日子一天比一天好"》。

60年前，库尔班大叔上北京表达对毛主席和共产党的无限热爱；60年后，库尔班大叔后人走上"代表通道"向总书记汇报——"乡亲们的日子一天比一天好"

"我家有两个'传家宝'，一个是毛主席接见曾外祖父库尔班的那张照片，另一个就是习近平总书记的回信。我们要把这两个'传家宝'一代代地传下去，永远牢记习近平总书记的嘱托——做热爱党、热爱祖国、热爱中华民族大家庭的模范！"人民大会堂中央大厅，一位身穿绚丽艾德莱斯裙的维吾尔族女孩面对众多记者，正在讲述"传家宝"的故事。

"咔"，一位新华社记者捕捉下这个镜头，就像60年前，新华社女记者侯波轻按快门，记录下毛主席与库尔班大叔握手的珍贵瞬间一样，全神贯注，迅速抓拍。

这个女孩名叫如克亚木·麦提赛地，她是上个世纪50年代多次想要骑着毛驴去北京的库尔班大叔——库尔班·吐鲁木的曾外孙女。本文开头的一幕，发生在3月20日清晨。这一天，举世瞩目的十三届全国人大一次会议闭幕。在闭幕会前，全国人大代表如克亚木·麦提赛地亮相"代表通道"，接受中外媒体采访。

时钟回拨，7时50分，如克亚木·麦提赛地步入人民大会堂。来到"代表通道"附近等候，她显得有些紧张："我不知道一会儿记者会提什么问题。"她局促地拉了一下裙角，"不过，我也有一肚子心里话想说。我要把新疆各族儿女对习近平总书记、对党中央的感恩之情大声说出来。"

8时17分，如克亚木·麦提赛地和同组的其他两名代表一同走上"代表通道"。

5分钟后，前一位代表发言完毕。一位央视记者向如克亚木·麦提赛地提问:"去年,您曾经替奶奶给总书记写了一封信,总书记也给你们全家回了信。请问现在库尔班大叔的后人们生活得怎么样?你们一家人是如何继承弘扬库尔班大叔的精神的?"

略微沉吟,如克亚木·麦提赛地回答道:"60年前,我的曾外祖父在中南海见到了毛主席。在几天前的开幕大会上,我见到了敬爱的习近平总书记,我感到特别激动、特别光荣。"如克亚木·麦提赛地不由得提高了音调。

"我们的大家庭有100多口人,都过上了幸福的生活。现在,乡亲们的日子一天比一天好,大家都发自内心地说,习近平总书记亚克西!党的政策亚克西!"说到动情处,如克亚木·麦提赛地的声音有些颤抖。她终于说出了临行前乡亲们嘱咐她一定要捎给总书记的话。

2013年,如克亚木·麦提赛地圆了一家四代人的军人梦,成为登上"辽宁舰"的少数民族女兵。退役后,她成为于田县兰干乡民政社会保障事务所的一名干部。2016年底,如克亚木·麦提赛地年近90岁的奶奶托乎提汗·库尔班,让孙女代为写信,向总书记汇报家乡发生的巨大变化,表达于田各族群众对党的感恩之情。2017年1月11日,习近平总书记给托乎提汗·库尔班回信,嘱咐他们做热爱党、热爱祖国、热爱中华民族大家庭的模范。如今,老人家每天都要拿出信看一看、摸一摸,让人读上几遍。

在"代表通道",如克亚木·麦提赛地还向记者们介绍了新疆大地上红红火火开展的"民族团结一家亲"和民族团结联谊活动。"各级干部与少数民族群众结成了亲戚,定期来到亲戚家里,同吃、同住、同劳动、同学习,帮助我们解决困难和问题;我们也经常到汉族亲戚家里去,大家就像一家人。请总书记放心,新疆各族干部群众一定永远像石榴籽那样紧紧抱在一起!"

这声音,传入现场记者的录音设备中,传入电视镜头中,传向全世界。

就在如克亚木·麦提赛地接受采访时,正逢参加闭幕会的代表们入场。不少代表纷纷驻足,为她的讲述点赞。

走过"代表通道",如克亚木·麦提赛地既兴奋又有些遗憾:"我还有好多话没有说呢。"她想告诉记者们，在库尔班大叔的家乡，如今，乡亲们一年免费体检一次，看病能报销，党和政府还帮助大家提高技能，并提供了许多就业岗位。乡亲们的日子，就像芝麻开花节节高。

采访结束，一位记者在笔记本电脑上敲出这样的文字：有一种情怀，穿越了时光，穿越了地域，永不磨灭，历久弥新。

当年，库尔班大叔告诉乡亲们："新疆离北京虽然远，但只要我的毛驴不倒下去，总能走到。"

今天，如克亚木·麦提赛地说，她想告诉全世界，新疆距离首都北京虽远，但新疆各族人民的心始终与习近平总书记、与党中央紧紧贴在一起、紧紧连在一起！（《新疆日报》2018年3月21日）

这篇报道，以直接引语开头，制造了一个悬念，两个"传家宝"究竟是怎么回事，从而使读者产生强烈的阅读兴趣。接着记者按时间顺序展开叙述，以分钟为单位，展示了全国人大代表如克亚木·麦提赛地亮相"代表通道"，接受中外媒体采访的情况。报道的结尾用库尔班大叔与麦提赛地的话表达了新疆各族人民的心情，也是文章的高潮与升华部分。

小贴士 金字塔结构用于事件过程比较曲折的新闻或者进程比较清晰的新闻事实。

第二节　沙漏式结构

沙漏式结构的开始部分与倒金字塔结构非常相似，导语中介绍或者描述出最关键的新闻要素，然后按照时间顺序，展开新闻主体，叙述事件。此种结构既能在导语中简明、快速传递新闻事实，又能按照人们的认知顺序将新闻讲得具体、生动、引人。

图 3-2

例如：

女子冒充他人上大学揭入学背后漏洞

湖南邵东学生罗彩霞被当地公安局政委女儿冒名顶替上大学事件，一度成为新闻热议的话题。冒名者父亲公安局政委的身份成了关注重点，也正是这位政委以权谋私，顺利地让女儿冒了别人的名上了大学。然而，现实总是不断超越人们的想象。继罗彩霞之后，不断有新的"冒名上大学"事件发生，当事人并非位高权重，但还是轻而易举地冒了名，入了学。

山东省东明县实验中学的李景娥就是这样，冒她名上大学的程永珍是她的同班同学，只是一名普通的农家女孩。她到底是怎样通过层层审查，冒名进入大学并顺利毕业的呢？

为增加录取机会，冒名多填志愿

2005年的高考成绩出来后，李景娥很是失落。平时成绩还不错的她这次只考了446分，她不甘心，决定开始复读。因此，高考填志愿那天，李景娥连学校都没有去。

同班同学程永珍成绩远比李景娥差，只考了352分。得知李景娥不打算填报志愿，她就在填完自己的志愿后，又用李景娥名字报了另一个志愿，她想"这样可以增加被录取的机会"。

"当时俺年龄都比较大了，俺是82年出生的，比她们（同一届的学生）大两三岁，不想复读。即便复读，也很难考取一个好学校，就想随便上一个算了。我抱着这个想法，又得知李景娥想去复读，就'帮'她填了志愿。"在接受中国青年报记者采访时，她表示，自己当时也没多想，就是看见李景娥没来填志愿，随手多填了一个。

一个多月后，高校录取通知书开始陆续发放。程永珍被山东畜牧兽医职业学院录取，而李景娥被贵州电力职业技术学院录取。看到李景娥被录取的学校比自己的好，程永珍就想上李景娥那个，她想，反正李景娥也不会去上。于是，她拉上姐姐一起去求李景娥。

李景娥和程永珍同窗三年，而且也算是过往甚密的朋友。刚得知这件事时，李景娥有些不知所措，但程永珍的姐姐一再跟她说，不会对她以后的学习有什么影响，即便有影响，程永珍也会主动去注销学籍，不耽误李景娥的前程。

碍于同学的情面，李景娥没有拒绝。"你总不能拦着她们说不让她们去上这个学吧。而且她说了这对我没有什么影响。"李景娥对中国青年报记者说。

身份证都没带，拿着通知书就去报到了

得到李景娥的默许，程永珍就带着通知书去报到了。她是怎样通过各道关口，顺利完成学生注册的呢？

"你在拿到李景娥的通知书后怎么做的呢？如何不让学校发现你的假冒身份？"记者问。

"就直接去了，也没想那么多。"程永珍回答说。

"不怕被发现了？"

"发现了就不念了呗。"

"你什么准备都没有，那学校怎么没有发现？"

"他们就要了录取通知书，没有要身份证，可能要了准考证，我记不清楚了。"

"然后你就注册了、正式上学了？"

"对啊。"

"就这么简单？"

"就这么简单！"

入学时，学校对每个学生是否严格审查呢？贵州电力职业技术学院管理学籍的一名工作人员告诉中国青年报记者，2005年，也就是程永珍去冒名上大学这一年，学校还没有将照片挂到网上去进行核对。"报到的时候不需要身份证。学生只需拿一个我们的通知书和报名号就能来注册了。我们不可能拿着身份证一个个对着，看你是不是本人，我们还是通过证件号来进行注册的。又不是公安机关抓捕犯人，那才需要专门的软件进行校对。再说年轻人相貌变化大，照片上看区别不大的很难辨别出来，我们工作人员又不是专业人员。"

该工作人员表示："即便是现在依然这样。我们凭借证件号码和通知书来辨别身份、进行注册。"

毕业时发现问题，教育局要求被顶替者自己开证明

李景娥在复读了两年以后，在2007年以536分的成绩考上了齐齐哈尔大学自动化专业。大学四年平静如常，而程永珍也早于她3年毕业了。如果不是毕业注册时发现了问题，可能一个人的高考，就能够成就两个人的大学学历。

2011年临近毕业，李景娥所在的学院学籍科的一位老师打电话告诉她，她的毕业注册出现了问题，其个人信息已经在网上被注册了。而教育部规定，户籍上的同姓名同身份证号的学生在4年内不能两次注册大学毕业信息。李景娥这才想起来6年前程永珍借用自己的高考成绩上大学的事情。

高中毕业后，李景娥就没再和程永珍联系过。费尽周折，李景娥终于从高中同学那里打听到程永珍的电话，跟她说了这件事。程永珍也感到很意外，她没想到会影响到李景娥大学毕业，当即表示愿意去贵州电力职业技术学院注销学籍和学历。

程永珍打电话给贵州电力职业技术学院，问是否可以注销她的学籍，接电话的工作人员表示可以。当程永珍和李景娥两人一起去办理学籍注销时,学校提出要有高考生源地教育局的书面证明,证明程永珍确实冒李景娥之名上了大学。

她们又回到山东,但山东省教育厅和山东省东明县教育局都以此事"是学校的事"为由,拒绝开这个证明。两人又去了高中,但没有人愿意为她们开这个证明。

这下难住了两个女生。程永珍为此也感到很歉疚,她以为只要自己承认冒名就可以注销学籍。"这件事是我做错了,我承认还不行吗,为什么要其他人来证明?"她有些不解。

贵州电力职业技术学院的说法是:"两个学生联合作假来上学,现在又要注销文凭。那么就要当地教育部门开一个证明,证明她确实就是冒名顶替的。你不能来说一声,就让我们相信你是假的,即便照片上有些许出入,那也是公安部门才可以鉴定的,我们不能下判断说你是假的。所以要当地教育主管部门拿出意见,我们拿着这些硬性的材料,才能上报教育厅去注销文凭。"

贵州省教育厅也表示,要当地教育部门给出书面证明才能注销。

眼看着自己毕不了业,李景娥急得直掉眼泪,后悔当初不该同意被人冒名。事到如今,该谁来负责,又谁来解决呢?

贵州电力职业技术学院管理学籍的工作人员在接受中国青年报记者采访时说:"是省教育厅要求她们拿出证明来,才给她们办。她们两个无非是抓住两个人身份证的不一样,来质问我们当初怎么没有发现她是假的,还让她上了学。我们怎么发现?照片确实有一些不一样,但是我们如何凭借这点相貌上的不一样就怀疑你,把你退学?很多人都有这样相貌的变化。如果不是有人举报,我们不可能投入大量精力去核查身份。你没能拿到当地教育主管部门的证明,我们不能自己做判断说你是假的。就比如你说你自己是神经病,我们也不能相信你是神经病,除非你拿出医院的证明来。"

这位工作人员还表示,这件事确实难办,当地教育部门如果承认这个事实(冒名顶替上学),那么就有人要承担责任,所以他们不愿意开这个证明。

　　山东省东明县教育局则对回复记者称:"这一起冒名顶替事件中,两个人都参与了,所以两个人都负有责任。按道理,我们就不该帮李景娥出具这个证明。而且核实身份这件事情,那还得到当地公安机关进行。公安已经给她们开了身份证明了。"

　　就在记者发稿前,李景娥来电话告知,问题已经得到解决,程永珍的学历已经被注销。记者从齐齐哈尔大学自动化专业学籍科了解到,黑龙江省教育厅已经通过网络告知学校,同姓名同身份证号的学生已经清理完了,李景娥毕业已不再是问题。(《中国青年报》2011年7月4日)

　　以上是此篇新闻报道的第一部分,此后还有"冒名上大学背后的那些漏洞;仅靠行政处罚缺乏威慑力;现行录取体制提供了'便利';诚信缺失是根源"。四部分深入剖析冒名上大学的漏洞和如何杜绝的问题。在上述第一部分对事件本身的报道中,导语部分第一、第二自然段概括事件的主要枝干和重要的要素,从第三自然段追溯到2005年,按照事件的发生、发展顺序来叙述新闻事件。

> **小贴士** 沙漏式结构主要用于事件新闻报道,消息使用尤其多,导语简要概括事件,主体按事件发展顺序详细展开。

第三节　华尔街日报体

　　华尔街日报体的结构以新闻事件中的一个细节、一个场景、一个人物或者一个悬念开头,以此集中读者注意力,然后过渡到新闻核心部分,展开新闻的详细叙述。报道通常具有一个精心设置的结尾,可以是新闻人物的一段话语、一个印象深刻的场景、事件的发展趋势、一个重要的情节或者一个细节,从而呼应导语、引人思考、升华读者感情。我们也可以把它看作从具体到一般的一种顺序。

这种结构，可以让读者深刻感受到新闻事件的普遍意义，意识到某个趋势，或者某个新闻事件的影响。美国的主流媒体《华尔街日报》精于运用这种结构，所以将其称为华尔街日报体。

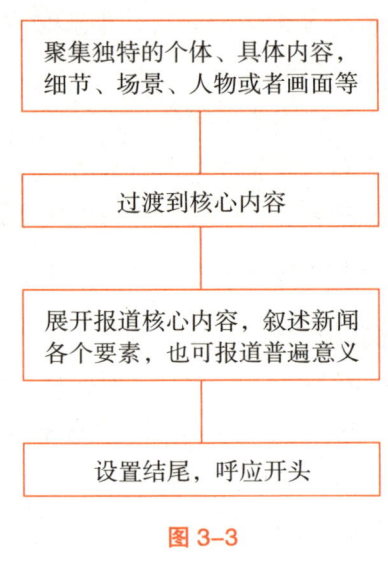

图 3-3

保险欺诈[①]
哈尔·兰开斯特 (Hal Lancaster)

洛杉矶 (LOS ANGELES)——酒吧里的这个男子是一家大公司的人事主管。他外表干净整洁，如同一杯清水朴素平常，毫不引人注意。这样的形象非常有助于他从事自己的副业——通过填写虚假的索赔保单来诈取保险公司的保险费。

他叫 W. T. 斯特德 (W. T. Stead)，这并不是他的真名，而是该男子在本篇报道中的化名（取自于电影《泰坦尼克号》里一位不幸的乘客）。这是一个非常善于经营副业的人。据他自己估计，在过去几年里，他已经从不幸的摔跤（从 15 阶的楼梯上摔下来）和各种交通事故中获得了大约

[①] [美]威廉·E. 布隆代尔著，徐扬译：《〈华尔街日报〉是如何讲故事的》，华夏出版社 2018 年版，273 页。

6万美元的收益。他并没有为自己的行为感到愧疚。"我是一个十足的共产主义者，"他说，"如果你投保的保险公司十分富有，愿意支付那么多美元，那就让人们尽情享用吧。"

如果超级市场的地上有一颗葡萄，斯特德先生看到了，会立刻当着一群证人的面，踩着葡萄滑倒，做出腰脊椎拉伤的痛苦表情。超市的保险公司会送给他一张慷慨的支票，减轻他的伤痛。如果有一位心不在焉的母亲，开着一辆坐满了孩子的旅行车行驶在圣莫尼卡 (Saint Monica) 的高速公路上，斯特德先生看到了，将会把车开到她前面，然后突然改道，试图制造一场追尾事故。当然，这是非常轻的碰撞，不过他的颈椎被过度屈伸损伤，非常严重。

三次入土

像斯特德先生这样的保险诈骗高手早在18世纪30年代，就开始折磨着保险行业了。当时，一位伦敦的妇女三次制造自己的死亡，以骗取保险公司的保险。诸如此类的诈骗造成的损失是巨大的。但是没有人知道这些"诡计家"(我们对这些骗子的称呼)到底让保险公司损失了多少钱。根据不同保险公司的统计，将近30%的索赔保单存在夸大或虚构的现象，并且每一美元保费中至少有20美分资助给了欺诈者。这意味着，其他诚实的保户最终要为这些骗子的行为埋单……

美国保险联合会(American Insurance Association)主席助理罗纳德·克劳斯 (Ronald Krauss) 指出，这些五花八门的欺诈行为可谓是"只有想不到的，没有做不到的"。曾经有一个索赔保户，以膝盖损伤为由，试图从保险公司领取保险赔偿金，据他声称，膝盖损伤使他无法在天主教集会中下跪祈祷，从而完全剥夺了他参与和享受宗教生活的权利。一切都天衣无缝，然而最终证实他实际上是一名新教徒。

还有一些阴谋诡计简直令人发指。印度有一名男子按月接收养老保险金支票，在当地领取支票通常要核对拇指指纹。但是总部设在亚特兰大 (Atlanta) 的零售信用公司 (Retail Credit Co.) 却在一次常规检查中发现了其中的惊人秘密。该公司是一家专业的信誉评估和商业信息公司，拥有一支庞大的索赔调查分支机构。他们在检查中发现，这名男子去世已有两年之久，下葬前他的亲属砍下了他的拇指，将手指浸在甲醛溶液中保存至今，以供领取支票使用。

巨大的赌注

接下来这个令人毛骨悚然的案例发生在一个被称作"残缺城"的佛罗里达小镇上，由于这里接连不断地出现索赔纠纷，以至于保险调查人员都拒绝说出它的真实名字。镇上有50多人遭受"意外事故"，并在事故中损伤了不同部位的身体器官和四肢，保险公司因此支付的赔偿金额多达30万美元。调查人员确信这些损伤都是自己造成的；"意外事故"的很多目击者要么是之前的索赔保户，要么是受害人的亲属，正如一名调查人员所指出的那样，"奇怪的是，他们失去的似乎总是最无关紧要的部分"。

尽管进程缓慢，保险公司对索赔的核查还是日趋严格起来，他们拒绝赔付那些看似可疑的案例，并对更多有明显欺诈成分的案例提起了诉讼。（现在"残缺城"的居民们已经不容易得到意外伤害赔偿金了。）其中一个重要武器就是4年前成立的保险犯罪预防协会（ICPI, Insurance Crime Prevention Institute），该协会下设调查工作组，组内70位成员大多是警察出身，现在专门负责侦查全国范围内的蓄意保险欺诈行为。

保险犯罪预防协会擅长涉及整个诈骗团伙的严重欺诈案件，其最终目的是起诉和定罪——协会希望借此阻止将来有可能发生的潜在欺诈行为。该协会已经破获了多个保险诈骗集团，迄今为止，他们通过调查逮捕的诈骗分子多达815人。

70人受指控的案件

保险犯罪预防协会规模最大的逮捕行动之一，就是一举抓获了底特律（Detroit）的一个诈骗团伙。据该协会称，这个团伙诈骗各个汽车保险公司的保险费用高达一百多万美元。自1972年该案被破获以来，已有70余人受到指控，其中包括医生、律师、私家侦探及警察等，这些人担任了"推销员"的角色——他们诱导事故受害人聘请特定的律师，并从中赚取回扣。

这个团伙除制造了救护车追尾事件之外，还涉嫌策划虚假事故，提供伪造的医生报告，以及四处搜寻巴士车祸的"受害人"，而经查实，这些人当时根本不在巴士里。保险犯罪预防协会的主任詹姆斯·埃亨(James Ahern)指出，这个团伙中有些成员涉及有组织犯罪，而有组织犯罪在保险诈骗中的作用已经越来越显著。

保险犯罪预防协会承保的意外险行业，目前正考虑扩大其承保范围，增加针对诸如纵火、假冒盗窃等财产欺诈行为的保险项目。对保险公司处理欺诈案件进行分析评论的人士认为，这种做法是受欢迎的，但它远远不能解决保险业因欺诈而长期遭受的巨大损失。很多保险欺诈的实施者是单兵作战，他们索取小额赔偿，积少成多，总额难以估量。

"绝大多数保险欺诈的唯一策略，就是令保险公司不堪其扰，最终进行赔付。"一位保险公司官员这样说。

即使保险公司有时有充分的理由认定有些小额索赔属欺诈行为，他们还是倾向于妥协让步，支付赔偿金，调查人员对此颇为不满。保险犯罪预防协会主任埃亨先生认为，公司应该将更多欺诈案件诉诸法庭，以起到威慑效果。他说："如果他们现在乐于投资5000美元，就不会发生5万美元白白打水漂的情况了。"

或许如此，但保险公司可不想花钱买官司。"这不仅仅是花钱多少的问题，"全国独立保险人学会(National Association of Independent Insurers)主席维斯塔尔·莱蒙(Vestal Lemmon)指出，"起诉打官司跟支付赔偿金比起来，耗费的成本要大得多。"为应对投保人索赔被驳回后提起的诉讼，很多公司不得不聘请调查人员（有些公司自身设有调查机构，但绝大多数公司仍不具备这样的条件）和出庭辩护律师，调查人员的报酬是每天100至200美元，律师的报酬是每小时不少于50美元。公司认为，如果索赔金额巨大，经历这些麻烦或许还值得，但如果仅仅涉及几千美元就没有必要了。

同样，保险公司还觉得，一旦他们诉诸法庭，无非是跳入了预先设计好的圈套。"即使提起诉讼，通常还是以支付赔偿金而宣告结束。"一个调查人员这样嘲讽道："上帝都不晓得陪审团会判出多少精神损失费来。"

像 W. T. 斯特德这样精通此道的诈骗高手对此可是一清二楚。"你只要告诉理赔人员如果不付赔偿金的话就法庭上见。他就会掏钱了。我从没遇到过要诉诸法律的情况。"他说。

原因之一就是，斯特德先生为实施索赔精心准备证据，这些证据有时是由他的合作伙伴——一位医生提供的。斯特德介绍说，在经历了事先策划的失足跌倒之后，他去找这位医生就诊，医生并未进行任何诊疗，也没让"病人"复诊，却出具了一张高达 800 美元的账单。对斯特德先生来说，这并不是漫天要价。他和保险公司双方都清楚，一旦案子闹上法庭，保险公司必输无疑，陪审团会根据医生开具的账单确定精神损失费的多少，一般是账单金额的好几倍。医生收费越高，赔偿数额就越大。保险公司最终选择了与斯特德先生庭外解决，并被迫支付账单。

如果说保险公司要想成功驳回索赔要求很困难的话，那么要想让调查人员对更为无耻的保险诈骗分子进行指控，并使之罪名成立的话，简直是比登天还难。保险犯罪预防协会的埃亨先生形容检察官们"宁愿处理一起简单明了的斧头杀人案"，也不愿接手错综复杂的保险欺诈案，对后者的调查往往要耗费一年的时间。

"警方对此实在提不起兴趣，地方检察官也是如此，即便你真的提起诉讼，这些家伙也能轻而易举逃脱惩处，得以从轻发落。"乔·希利 (Joe Healy) 如此抱怨说。乔是 CNA 金融集团下属的 CNA 保险公司的诈骗调查人员，他刚刚破获了费城一个诈骗团伙的案子，然而尽管法官宣判该团伙成员均罪名成立，却以缓刑而告终，乔因此而大受打击。

希利先生体重 240 磅，十分健谈，CNA 的工作要求他经常四处奔波，每年在天上飞的距离超过了 10 万英里。不仅如此，他的工作还充满了危险因素。有一次，在调查一名青年男子死因时，死者的父亲几乎精神崩溃，用枪口瞄准他长达 10 分钟之久，逼问他谁是杀害儿子的凶手。还有一次，希利先生跟踪一名伪造自己死亡的男子来到一家墨西哥酒吧，结果被一群暴徒包围。他和同伴手拿着敲了底的啤酒瓶，才得以侥幸脱险。

也有一些案例是他比较满意的，比如一个关于"幽灵汽车"的骗局。

这个案件涉及一个四处游荡的诈骗犯，他购买多份医疗保险之后，就会租用一辆汽车，开着它跌到沟里去，报案的时候则谎称是被别的车撞下去的，然后就在医院里待上足够长的时间，以此为他的背部和颈部损伤提供索赔证据。接下来，他会转移到另一个地方，换个新的名字，重新实施这个骗局。执着的希利先生好几次跟丢了猎物，但最终找到了他的前妻，并通过她找到他们当时婚礼的摄影师。希利先生得到一张照片，正是这张照片帮助联邦调查局找到了罪犯并将其抓获，现在这个无赖正在服刑，刑期5至7年。

"宣讲福音"

但是希利先生也承认，这类案件实在是少之又少。据他估计，他经手的案子中只有不到10%得以起诉，而最终罪名成立的案件比例还要小得多。很多时候，他只能选择变相的妥协，他把这种情况称之为"宣讲福音"，就是让行骗者们明白，他在盯着他们，即使没有足够的证据支持诉讼，他也没有放过他们，所以他们还是少打主意为妙。他对这种处理方法很满意。

最近发生在洛杉矶的诈骗团伙案就是一个典型的例子。希利先生知道自己拿不出足够的证据提起诉讼，就把这个欺诈团伙的成员召集来警告了一下。"嘿，你们这帮家伙，我们不是傻子，"他说，"我们不会继续掏钱了。"(CNA已经支付了1万美元赔偿金。)

骗子们欣然接受了这个消息。"简直是一群酒囊饭袋，"希利先生说，"究竟是怎么回事，我们都清楚得很。有个家伙甚至让我推荐几家容易支付赔偿金的好公司。"希利先生说，一旦停止索赔(他认为他们应该会照办的)，他就把这个案子结案。"我知道这样并非理想的公平，"他说，"但起码问题解决了。"

完全合法

操作性最强的一种保险欺诈模式通常涉及投机行为——首先购买多份保单，一般是意外险和健康险或伤残保险，随后必定会偶然发生意外事故。接下来，投保人就可以向所有的保险公司伸手要钱了。

就相同的保险项目购买多份保单并不违法，据统计显示，曾有人投保了 50 多份保单，而这种情况也并非少数。由于这些由所谓的背部及颈部损伤而引发的索赔几乎毫无例外地都能博取陪审团的同情，保险公司通常宁愿支付赔偿金，也不愿诉诸公堂。

这样的欺诈行为之所以如此普遍，原因之一就是保险公司无法在系统内部对"投机分子"的信息进行沟通交流。短期内也没有构建这种信息交流机制的可能。亚洲一家小公司的理赔代表 D. J. 齐安格 (D. J. Chiango) 曾经发起了一场邮件战役，他联系了上百家保险公司，寻求他们的支持，希望能够建立一个信息交换项目，他认为这样非常有助于打击投机分子的行动。他的设想未能获得认同，主要是因为以下两个原因：其一，要确保该体系发挥效能，需要进行大量全面细致的工作；其二，公司担心会因串通共谋的名义受到指控。

有些保险公司对付可疑的投保人自有一套办法。几家公司的理赔经理承认，他们会假称起诉来吓唬索赔者，希望借此打消他们的念头。还有人说，他所在的公司有时会"忘记"向某些先前索赔过的客户寄送续保通知单。"如果他们没有注意，不能按时缴纳保费，保单就失效了，"他说，"这样一来就好多了。"

华尔街日报体，可以将状态新闻、深度报道等写得引人、生动，报道中细节的使用和个体故事的介入使得新闻报道更加易读和可感。这种结构方式比较适合报道趋势类、状态类以及话题新闻，可以将相对静态状况变成动态新闻。

小贴士 华尔街日报体主要适用于特稿，尤其适用于状态性新闻或者话题报道。从具体到一般，从展现具体场景、小故事开始，扩展到核心内容，再以具体故事或者引语、场景等结尾，呼应开头。使用时最好以具体人物和人物活动为主线，核心部分也要有个体和细节出现。

第四章
报道角度

第一节 选择报道角度

一、报道角度

报道角度是指新闻报道的切入点、侧重点，角度决定了新闻报道的主题，也决定了写作者如何揭示事件的新闻价值。

二、如何选择报道角度

采访结束，着手写作前有两项工作需要做。首先，清楚写作新闻报道时必须具有的要素：(1) 发生了什么；(2) 新闻的当事人是谁；(3) 什么时间发生的；(4) 发生在哪里；(5) 为什么会发生；(6) 怎么发生的；(7) 读者为何要关注这条新闻。其次，选择角度，明确主题。

假设你需要报道这样一条新闻，"多国核电站因水母激增停运"首先要弄清楚的要素有：

发生了什么：水母激增干扰核电站运行，致使停运。

新闻的当事者：多国核电站。

什么时间发生：2011年6月末7月初。

发生在哪里：全球多地，主要出现在英国、美国、日本、以色列等地。

为什么会发生：科学家指出，海洋酸化致甲壳类动物的减少可能导致水母数量的激增。

怎么发生的：大量水母在水中游荡，阻塞了核电站的过滤系统。

读者为何会关注这条新闻：(1) 核电站运行因水母无法运转，具有特异性和趣味性。(2) 与全球气候变化有关，这是人们长期关注的话题。

在清楚了这些重要的新闻要素之后,很容易写出一条硬新闻,向读者告知这些情况。这篇新闻报道可能是这样的:

近日,全球多地出现水母激增的现象,这些出现在英国、美国、日本、以色列等地的水母干扰核电站运行,致使核电站停运。科学家指出,这可能是全球气候变化、海洋酸化的结果。

按照报道主题设置的要求,可能要注重水母激增的事实情况,水母是如何阻断核电站的过滤系统,你需要采访核电站的工作和监控等技术人员。

但是这条新闻也可以这样来确定它的报道主题,比如写作者注意到的,水母数量激增的原因是海洋酸化,那么导致海洋酸化的原因是什么?与人类的哪些活动有关?海洋酸化还将导致什么样的后果?这样这篇报道的可能会是:

近日,全球多地出现水母激增的现象,致使核电站停运。科学家指出,这可能与近年来人类使用化石燃料增多、导致海洋水质酸化有关。

在完成这篇报道时写作者可能更关注的是海洋水质酸化,可能更多地要采访研究海洋水质的科学家和研究海洋生物的科学家,了解水质酸化的原因、后果和过程,以及人们为保护海洋生态需要做什么事情等。

这样我们看到,同一事件因为报道角度的不同,可能会出现不同的新闻报道,报道角度决定着采访,也决定着新闻报道主题的开掘,以及新闻报道写作中事实的选择和运用。此外,客观事物大多是复杂和多面的,因此新闻报道可以从不同的角度进行开掘。

选择报道角度可以根据新闻价值的判断标准,从以下几方面考虑:

(1)从与受众利益相关的角度考虑;
(2)表现事件非同寻常的角度;
(3)读者感兴趣的角度;
(4)感动读者的角度。

> **小贴士** 报道角度决定着对采访所获材料的选择，也能展现不同的新闻价值和主题，有时决定着采访内容和采访角度。因此写作前首先要审慎考虑报道角度。

第二节 一事一报

新闻写作中，选择新闻报道角度和写作方式的目的是有效传递信息，而保证新闻传播效果的一个有效方法就是一事一报，也就是说一条新闻报道一件事情，一条新闻传递一个主要信息，如果事实比较复杂、多面，可以将其分成不同的稿件，或者同一稿件的不同部分进行报道。这既是新闻写作要遵循的原则，也是报道角度选择的结果。 请看获第二十九届中国新闻奖三等奖的作品《从福建走出的菌草传奇》，全文由三个小标题组成，每个小标题从一个报道角度切入，报道一个主题。

从福建走出的菌草传奇

11月14日，习近平主席在巴布亚新几内亚媒体发表的署名文章，回顾了一段源于18年前的菌草奇缘："我担任中国福建省省长期间，曾推动实施福建省援助巴新东高地省菌草、旱稻种植技术示范项目。我高兴地得知，这一项目持续运作至今，发挥了很好的经济社会效益，成为中国同巴新关系发展的一段佳话。"

一株菌草，几多佳话。在塞外宁夏，苦寒之地的农民称之为"闽宁草""幸福草"；在南太平洋岛国，海外友人唤其为"中国草""一带一路信使"。它打破了木、草、菌间的学科界限，开辟了一个全新的技术门类。在食药用菌生产、畜牧养殖、生物能源、水土治理等领域，它都扮演着"奇兵"的角色。

小小的菌草，在习近平的关心和支持下，走出八闽大地，走向全国，走向世界，演绎传奇。

支持与关怀，让他把创新的论文"写在大地上"

2000年7月5日，福建省人民政府会议室内，举行了一场特殊的颁奖会。时任福建省省长习近平，为福建农林大学研究员林占熺颁奖。这是福建第一次对科技工作人员做出的贡献记一等功。

林占熺，正是菌草技术的发明人。

1970年，27岁的林占熺被分配到三明真菌研究所工作。他在工作中发现，用树木栽培食用菌，消耗了大量森林资源。能否以草代木，化解日益凸显的"菌林矛盾"呢？林占熺开始了漫长的试验之路。1986年，已调回福建农学院（福建农林大学前身）工作的林占熺，成功地用芒萁、五节芒等野草栽培出香菇、木耳等食药用菌，此后，又从野草和人工栽培的草本植物中筛选、培育出菌草45种，适宜用菌草栽培的食药用菌种类51种，发明了菌草技术。

技术实现突破后，林占熺带着新发明，四处奔波致力推广，决心把创新的论文"写在大地上""写在农民的钱袋里"。

菌草技术创新也引起国际发明界和联合国开发计划署的关注，该发明于1992年获第20届日内瓦国际发明展金奖和日内瓦州政府奖，1994年联合国开发计划署把它列入"中国与发展中国家优先合作项目"。同年，菌草技术被中国外经贸部列为发展中国家实用技术培训与援外项目。

1995年，福建农林大学开办国际菌草技术培训班。参加首期培训班的巴布亚新几内亚学员，回国后向东高地省省长汇报了学习成果。第二年，东高地省省长飞赴福建，邀请福建农林大学的专家团队到巴新传授推广菌草技术。

通过菌草认识到中国是值得深交的朋友。2000年5月16日，应时任福建省长习近平邀请，巴新东高地省政府代表团访问福建。双方签署了《中华人民共和国福建省与巴布亚新几内亚东高地省建立友好省关系协议书》和《福建省援助东高地省发展菌草、旱稻生产技术项目协议书》，决定由福建出资实施为期五年的援助巴新项目。

通过项目支持、技术输出、开办培训班等方式，菌草技术走出福建，走向世界。

这时候,林占熺有了新的思考。"如果不抓紧改善我省菌草技术科学实验条件、加强菌草科学研究,作为菌草技术发源地的福建,在国际、国内的领先地位将难以保持。"

林占熺的主张得到了支持。2002年3月,省教育厅经认真调研后,向省政府提交了报告,主张在福建农林大学创建菌草科学实验室。这份报告落到实处。福建,终于有了全国第一个菌草科学实验室。

多年后,菌草科学实验室发展成为福建农林大学国家菌草工程技术研究中心。借助这个平台,福建还为世界各国源源不断地输送菌草技术人才。"十多年来,我们先后承担了中国政府援助卢旺达农业技术示范中心、斐济菌草技术示范中心项目等建设任务,在巴布亚新几内亚、莱索托、厄立特里亚等国建立菌草技术示范培训基地。"福建农林大学党委书记严金静说,菌草技术已被翻译成英、日、法、葡萄牙、阿拉伯等15种文字,推广至100多个国家。"下一步,我们将继续做好菌草技术、旱稻技术援助巴布亚新几内亚、斐济等'一带一路'沿线国家农业技术示范区建设。"

可以预见,未来,在生态治理、发展菌草饲料和菌草菌物、生物质能源等领域,将实现更多的菌草应用。

"以草代木",小小菌草诠释生态经济学

"菌草技术就是为扶贫和保护生态而生的。"1983年,林占熺随同省科技扶贫考察团来到革命老区闽西。在汀江上游的长汀县河田镇,看到的情景让他触目惊心——这里的"悬河"高出两岸耕地一两米,四周山丘荒秃、满目疮痍。

当时,闽西长汀、连城、上杭、武平仍是全国贫困县,有贫困户9.1万户49万多人,人均年收入不到200元。曾被誉为"红色小上海"的长汀成为全国有名的水土流失的重灾区。

"生态恶化与贫穷落后是一对孪生兄弟。保护森林资源、'以草代木'栽培食用菌的强烈愿望,促使我开始了菌草技术研究。"忆及当年,林占熺说。

因陋就简、白手起家。经过三年夙夜攻关,1986年秋,菌草技术实现突破。而菌草的涵养水土功能也带来了"意外之喜",在长汀严重水土

流失区，巨菌草种植才一年，土壤侵蚀量就减轻78%。

这意味着，一个国内外前所未有的草与菌的交叉研究领域，破土而出。也意味着，以后发展菌业，不仅不用砍树，菌草还能成为生态卫士，收获经济与生态的双重红利。

在长汀的实验取得成功后，菌草技术的扶贫足迹从闽西到全省，又推广到全国。1991年，菌草技术被国家科委列为国家星火计划重中之重项目；1995年，菌草技术被中国扶贫基金会列为科技扶贫首选项目；1997年起先后被福建省政府列为对口帮扶宁夏、智力援新疆、对口帮扶重庆三峡库区、科技援西藏项目。

目前，菌草技术已在全国31个省（市、自治区）的487个县（市、区）推广应用，在生态建设、扶贫减困、产业发展等方面发挥积极作用。

1999年，林占熺带着团队来到宁夏，在彭阳、盐池等9个县区建立食用菌示范点，开展技术培训，发展菇农1.7万户，带动户年均增收8000元。菌草扶贫技术在宁夏迅速推广开来，被誉为"东西协作扶贫的希望"。

林占熺算了一笔账：我国592个贫困县多数生态脆弱，如果能在每个贫困县利用非耕地种植万亩菌草，全国可形成数以千亿元计的产业，实现扶贫开发和生态建设共赢。

"近年来我们在黄河两岸44个国家级贫困县，全力推进把菌草生态治理和脱贫攻坚紧密结合起来。"林占熺说。

如今，在全国，菌草扶贫梦想逐渐照进现实。在陕北的黄土高原，菌草养羊项目让每只羊日饲料成本降低0.18元，牧民纯收入实现至少翻倍，仅延安市13个县区就实现种植超万亩；在贵州黔西南，通过建立喀斯特石漠化区域菌草生态治理与产业发展示范基地，一批企业和农民合作社得到帮扶，精准扶贫工作成效显著；在青海、四川、河南、宁夏、山东等地，菌草技术扶贫已经落实到千家万户……

黄土高原的脸，也悄悄在改变。2013年，在内蒙古阿拉善的乌兰布和沙漠，林占熺带领团队奋战治沙第一线，从十多种草种中筛选出适合的草种，发明了一整套菌草治理生态的关键技术和配套技术，仅用一百天左右的时间就把流沙固住，让无边的沙漠"长"出了绿洲。

目前，黄河中下游沿岸7个省已建立起14个菌草生态治理与产业发展示范基地，治理水土流失、防沙固沙和治理盐碱地的菌草实践都取得了不俗的成绩，为生物治理荒漠化、修复黄河生态闯出了一条新路。

漂洋过海，菌草技术在发展中国家"点草成金"

小小一株草，情牵万里长。从1992年开始，菌草先后在日内瓦、巴黎获得国际发明奖项，菌草技术走向世界由此起步。

1997年，应巴新东高地省政府的邀请，林占熺带领团队来到东高地省鲁法区，建立菌草技术示范点。

"东高地的百姓实在是太贫困了。"到了当地后，他们发现，那是一个还停留在刀耕火种阶段的地方，缺乏致富能力和途径。

深受触动的林占熺一行改变了原来传授完技术就回国的主意，专家组在当地深入调研，决定用当地的草来种菇，帮助他们脱贫致富。这一帮，就是八年。

含辛茹苦没有白费。当地不仅栽培出菌草菇，结束了没有稻谷生产的历史，还连续创造了三个世界第一：一是巨菌草的产量最高到853吨/公顷，是世界上已知的最高生物量的草本植物；二是在2003年农户大面积种植旱稻平均产量达到8.5吨/公顷，为当时已知的世界旱稻最高产量；三是旱稻宿根法栽培获得成功，创造了一次播种连续收割13次的纪录。

巴新样本只是"中国草"对外援助扶贫的缩影，在更多国家，野草变"金草"的故事不断传颂。在斐济，1公顷菌草可以养30头牛或300只羊，牛羊出栏量大幅增加，农民致富步伐大幅加快，菌草技术也因此被斐方誉为"岛国农业的新希望"；在莱索托，因为投资少、见效快，7至10天即可收回菌袋成本，当地农民将菌草称之为"Quickmoney"（快钱）。

与此同时，如火如荼的培训在全球各地展开，各国学员们通过学习菌草技术不仅改善了自己和周围人的生活质量，他们更像一颗颗火种，在当地铺展开呈燎原之势。

1995年，菌草技术国际培训班在福建首开，林占熺及其团队开始向发展中国家学员进行实用技术培训，菌草也被列为中国对外援助项目。

来自尼日利亚的拉瓦迪·达蒂正在攻读菌草技术博士学位。2010年，他参加菌草技术国际培训班，回国后把所学传授给身边人，并取得良好成效。备受鼓舞的他再赴中国深造硕士、博士，还把妻子带来一起求学。如今，他在尼日利亚牵头建立菌草技术示范基地。"为了把这项技术知识带回国，我已经走了这么远了，"他说，"我希望提高农民和妇女的生活水平，提升环境质量，减贫并增加生产力高的就业机会。"

截至今年9月，174期培训班，105个国家，6979名学员，菌草技术交出了一份沉甸甸的援外成绩单。英、韩、俄、日、西班牙、阿拉伯、泰、皮金、法、祖鲁等15种文字在传播菌草技术；巴新、卢旺达、斐济、莱索托、南非、厄立特里亚等13国建起了菌草技术培训示范中心和基地……

2017年，"中国—联合国和平与发展基金菌草技术项目"在美国纽约启动，菌草技术成为落实联合国2030年可持续发展目标的一份"中国方案"。

在演绎菌草传奇的路上，75岁高龄的林占熺，壮心不已，奋力奔跑！

（《福建日报》2018年11月17日）

小贴士 新闻讲究一事一报，选择报道角度切入报道一个新闻事实，或者事实的一个方面。

第五章
新闻背景

第一节　什么是新闻背景

一、新闻背景

新闻背景，是新闻事实生成、存在和发展的环境、条件，是帮助人们理解新闻事实的相关材料。

专家预计中国今年将成最大奢侈品消费国

据新华社北京4月17日专电　专家预计，在2010年首次超越美国而位居世界第二之后，中国有望在今年超过日本而成为世界最大的奢侈品消费国。

在英国奢侈品牌巴宝莉亚洲最大旗舰店在北京开业之际，巴宝莉全球首席执行官安吉拉对记者说，巴宝莉在华店铺已达57家，中国的"十二五"期间这个数目就将翻倍，而在3至4年内，在中国的巴宝莉店将增至100家。根据中国社科院等发布的2010年《商业蓝皮书》，2010年中国奢侈品消费总额为94亿美元，首次超越美国，消费额仅次于日本。由于中国消费能力持续增长而美日消费低迷，2011年中国成为世界最大奢侈品消费国已成定局。（《现代快报》2011年4月18日）

在上面的消息中，对中国社科院发布的蓝皮书的新闻背景资料的使用，能够对消息本身起补充作用，可以帮助读者更好地理解本新闻。但在看完这条消息后，读者可能仍然会有这样的疑问，什么样的消费是奢侈品消费？这么大的消费金额的主要支出者是哪些人？最常见的奢侈品主要是什么？若是加上"什么是奢侈品消费，奢侈品消费的评判标准，奢侈品消费的比例情况"等背景资料的介绍可能更有利于读者理解这一新闻。作为记者应该在新闻报道中回答读者提出的疑问和说明他们关心的问题。

二、新闻背景的作用

新闻背景具有说明新闻事实的来龙去脉、分析新闻与全局的关系、说明新闻事件的意义、表达记者的观点和倾向以及注释的作用。

第二节 如何使用新闻背景

一、如何选择背景资料

新闻背景的选择是由报道角度和新闻价值两方面决定的。

客观世界的任何事物都有生成、发展的过程，这些过程都与周围的环境条件密切相关，因此记者在写新闻报道时可能会面临选择哪些背景的问题。

1. 根据报道主题需要选择

在新闻中运用背景资料是为了让受众更好地了解新闻事实。在明确新闻主题后，也就明确了报道中是想让读者了解新闻事实生成的原因，还是让读者清楚事实的影响，还是让读者了解事实的意义，还是告知读者新闻报道中所涉及的专业术语和专业知识。记者应根据主题选择恰当的背景资料。

此外，在选择背景资料时，应该清楚背景是为报道主题服务的，不可喧宾夺主。

2. 根据受众选择

根据受众的地域和认知选择背景。

3. 根据新闻价值原则

我们现在所处的时代很容易就能够找到大量背景知识。丰富的信息也给选择造成了障碍。在考虑新闻报道主题和受众的基础上，选择那些尽量新鲜的，对解释和说明新闻意义有作用的背景。比如下面这条消息。

海底发现埃及艳后宫殿：千年前地震致古迹沉没

新浪科技讯北京时间5月27日（2010年）消息据国外媒体报道，埃及潜水员在亚历山大港附近的水域，在被水淹没的埃及女王克利奥帕特拉七世（人称埃及艳后）的宫殿和神庙遗址发现了一大批令人惊叹的文物。

现在，这个国际考古组正在发掘世界上最宝贵的海底考古遗址之一，寻找在公元前30年成为罗马帝国附属国之前古埃及最后的托勒密王朝的财富。考古学家使用先进技术勘测沉没在亚历山大港海底的亚历山大大帝的宫殿，证实了2000多年前希腊地理学家和历史学家对这座城市描述的准确性。从90年代初，以法国海底考古学家弗兰克·戈迪奥为首的考古学家小组就开始征服亚历山大港这一能见度极低的地方并对海床进行发掘。

从硬币和日常用品到埃及统治者的巨型花岗岩雕像以及用于供奉神灵的庙宇，考古学家找到了很多珍贵文物。戈迪奥说："它是世界上独一无二的遗址。"戈迪奥有在海底寻找失事船只和沉没城市的20年经验。沿埃及海岸找到的这些文物将从6月5日到明年1月2日在费城富兰克林研究所名为"克利奥帕特拉：寻找最后的埃及女王"的展览中展出。

在这条新闻的报道中，可能涉及的背景资料大致有"埃及女王克利奥帕特拉七世（人称埃及艳后），托勒密王朝，2000多年前希腊地理学家和历史学家对这座城市描述，找到了很多珍贵文物，海底寻找失事船只和沉没城市的历史和技术"等。写作者没有篇幅将其全部展现，因此需要选择，首先考虑自己媒体所面对的受众，哪些他们可能不了解而对新闻的理解又十分必要；其次考虑报道主题的需要，侧重报道哪一部分就选择哪一部分的背景资料加以介绍；此外还要考虑新闻价值，可能大多写作者就会增加"埃及艳后"的背景资料。

二、写作中如何使用背景资料

背景资料在新闻报道中没有固定的位置，可以出现在报道的导语中，也可以出现在后面的段落中，新闻背景也没有固定的长度，可以是句子也可以是段落，按照新闻报道主题展开的需要使用。

合理穿插，与新闻事实共同组成流畅的报道。

新闻背景可以使用于导语中，看下面的报道。

女子冒充他人上大学揭入学背后漏洞

湖南邵东学生罗彩霞被当地公安局政委女儿冒名顶替上大学事件，一度成为新闻热议的话题。冒名者父亲公安局政委的身份成了关注重点，也正是这位政委以权谋私，顺利地让女儿冒了别人的名上了大学。然而，现实总是不断超越人们的想象。继罗彩霞之后，不断有新的"冒名上大学"事件发生，当事人并非位高权重，但还是轻而易举地冒了名，入了学。

山东省东明县实验中学的李景娥就是这样，冒她名上大学的程永珍是她的同班同学，只是一名普通的农家女孩。她到底是怎样通过层层审查，冒名进入大学并顺利毕业的呢？（《中国青年报》2011年7月4日）

报道的主体内容是，山东省东明县实验中学的李景娥被同学程永珍冒名上大学的事件，导语中交代了这个新闻事件的背景，从而体现了该事件的新闻价值和普遍意义。背景作为相对独立的部分出现在导语中。背景也可以穿插于导语中作为导语句子的定语或者补语。

最常用的方法是把背景资料放置在主体中。

当背景比较复杂，记者需要交代较多的背景资料时，将其穿插于新闻报道需要的环节和部分中，是复杂背景资料使用的一种有效的方法。请看获得首届中国新闻奖通讯二等奖的这篇报道。

钢铁"国家队"
——看武钢怎样走质量效益型道路（之一）

武钢的经济效益之好容易使人飘飘然。别的指标不说，仅利税一项，年增1亿元以上的锐势就保持了6年。而这个公司的决策者异常冷静。他们不时对干部和职工念叨：国家投资65亿元装备武钢，包括引进一米七先进设备，花了血本，并且给了扩权让利的优惠政策，否则武钢有天大的本事也施展不开。

这不是自谦自贬。深知国家"养兵"之苦，武钢就有了尽"国家队"本分的压力、动力，便义无反顾地把企业绑在国家利益的战车上，在体现社会主义方向的"质量效益型"道路上驰骋。

冲向"奥运会"

"以质量求生存"是一种清醒的企业意识，而武钢人超越了这种意识。

看看国内的钢材市场，真是个"货俏卖得母猪肉"，武钢的残次品都十分抢手。在毫无生存之忧的"气候"下，这个"钢铁巨人"瞄准自己选择的新高度，忘我而艰难地攀登质量之峰：1988年以前按国内标准攻"合格率"，这以后就一步一个脚印地向国际标准、国际先进标准、国外实物标准挺进。

当1988年的"质量月"到来时，武钢一米七产品90%以上达到国际标准，在国家质量奖评比中拿了好几枚金、银牌。有关方面评价很高，武钢决策层却在"对照检查"，不乏自责之意。

他们已经得到了这样的信息：同样是达到"国际标准"的钢材，沿海开放地带的一些用户宁愿花外汇买国外的，而不愿用武钢的，并非人家"崇洋"，进口钢材的使用性能就是优于国货。达到"国际标准"固然不简单，但发达国家的钢铁企业只把它作为一种"商务标准"，除此之外他们还"内控"着更高水平的实物标准，对外秘而不宣，以便在激烈的市场竞争中保持优势。

"我们落后了！"人，不怕落后，就怕没有奋起直追的志气。公司派出数十名技术干部，南下北上，跑了百余家用户，对进口钢材从外观到内在性能直至包装逐一解剖，带回了详细的数据。就在这年"质量月"，武钢把奋进的目标定在了赶超国外实物标准的基点上。技术部门拿出了13种钢材的实物标准，也来它个"内控"：凡达不到这个标准的钢材，内部考核不算"及格"。

武钢决策者的这种赶超、竞争意识，是随着"一米七"作用的发挥而不断增强的。他们接待了一批又一批倾慕这个"洋玩意"的参观者，同时自我提醒："一米七"摆在武钢不是为了好看，应当生产第一流的产品，代表国家的质量水平。公司一位"笔杆子"把这层意思形象化了：武钢要尽"国家队"之责，立足于冲向"奥运会"，到国际竞技场上比高低。

质量标准超高，工作难度就得超常。几年来武钢在消化掌握一米七技术的基础上开发新技术、新设备、新工艺197项，其中47项达到当代国际水平。只说高牌号硅钢的连铸和一次冷轧，就突破了引进专利的局限，为外国专家所惊叹。

现在，武钢按国外实物标准生产的钢材已占总量的11%以上。这些优质钢材源源外运，正在为我国一些制造业提供赶超国际先进水平的基础。船舶制造厂愿意用外汇购买武钢的船用钢铁。铁道部门用武钢供给的一种耐大气腐蚀钢制造车辆，延长寿命两倍以上，因此称之为"车辆生产史上的一次革命"。

合同如军令

通往武钢的铁路线格外繁忙。每天，有近400个车皮的钢材辐射出去，又有满载原、燃料的货车呼啸而来。在这大进大出中却有那么一点不协调：武钢运出的平价钢材100%达到计划要求，而物资部门拨过来的平价煤、矿，往往只占计划的八成。

既然计划原、燃料只兑现八成，武钢也可以只完成八成的计划任务，何况计划中有20%的产品亏本。可是，武钢宁可买议价原、燃料，高进低出，也要严格执行国家合同。

武钢把合同视为军令。一批批高出平价2倍、3倍的议价煤、矿喂进了高炉、平炉，这都是用超产的、可以用来议价自销的俏货，包括计划内2%允许自销的那点儿钢材串换来的，平进平出。一手按平价每吨260元交付国家计划生铁合同，一手按议价每吨700多元买进生铁生产国家计划钢材。去年武钢为此整整"消化"了4个亿。

明明是吃亏的事，武钢却定出制度来干。公司按月召开合同执行情况分析会，各部门、各车间、各班组都得按"军令"衔接、组织生产，形成了执行合同的保证体系。

一次,车皮断档,眼看一份钢材合同要延误。"不能影响人家企业均衡生产!"工人们果断地将可改水运的数万吨水渣从车皮上卸下来装上汽车,运到工业港后又卸下汽车再装上船,腾出车皮运钢材。这边流了一身汗,那边按期交货。

对一时付不出钱的用户,武钢虽然深为所困,也以国家计划为重。他们说:"拖欠货款已造成恶性循环,你不发钢材,人家不能完成国家生产任务,不更加剧恶性循环?"武钢用一车车优质钢材换来了越来越重的拖欠包袱,又背着"包袱"完成国家计划。1983年到1988年,用户拖欠货款由1亿元增到4亿元,武钢合同执行率一直是100%;去年资金那么紧张,用户拖欠款达6亿元,武钢合同执行率仍达99%以上。

解决资金困难的办法不是没有。把计划内钢材或者用串换原料的自销钢材抠一点来自销,就是大笔的钱。去年4月15日国家对自销钢材实行限价,有的企业就靠打"时间差"抢在限期前高价卖钢材,赚了"效益"。武钢若这么办,一次至少赚进3亿元。这种事武钢不干。

1989年武钢作出那么大牺牲,仍创利税18亿元。这个武汉市最大的利税大户为执行国家计划合同一掷千金不吝惜,对自己却一分一分地抠。国家本来已对集团购买品种作了限制,武钢还要在限制上加限制,连上10元一个的计算器都限购。干部出差坐软卧,在国家规定的职务标准上又加一条:必须年满50岁以上。他们就是这样靠过紧日子来保国家利益的。

"关键场次"显身手

或许是考虑到武钢"承受能力"强,国家有关部门不时把一些计划外的特急任务交给武钢。如此一来,这支"国家队"就不能不在一个又一个"关键场次"出场。

水电部30万千瓦发电机组急需高牌号硅钢;冶金部地方钢铁厂技术改造急需大型材……武钢有求必应,吃亏也干。煤炭工业急需的2万吨耐磨钢板,因为比价不合理,其他钢厂不愿干,武钢干了,生产2万吨赔进去200万元。

去年3月，国家外经委急需5000吨45公斤/米钢轨支援坦赞铁路的修复。承接这一任务不仅影响武钢整个的均衡生产，而且这个钢种在20世纪60年代便停炼，轧制设备早已报废，连当年生产这种钢材的工人都已退休，多难！武钢各部门有关人员为此走路都小跑起来：计划部立即重新排产；生产部紧急调度；一炼钢厂技术科几天之内拿出技术方案、培训工人，经常只上白班的技术人员改成"三班倒"日夜守在炉前，直到29炉58罐全部炼出；大型厂也重新制作轧制设备……武钢工人流汗了，用户却笑了。

这样的特殊需要太多太多。武钢销售部几乎每天都要接到用户更改合同的电话，每一次更改都会给计划、技术、生产出难题，甚至影响收入。可1988年武钢应用户要求变更合同3000多次，1989年与用户签合同3万余份，变更1.3万多份！

用户们真心诚意地评价：武钢这支"国家队"不仅打出了水平，也打出了风格。有些用户看到武钢太吃亏、看到市场上有一些钢材纷纷提价，主动到国家物价部门、到武钢要求提高武钢产品价格。对这个"有利"因素，武钢决策者们没有去争取。他们把住一条：不能见利忘义。

在武钢，并不是只有最高决策层才算这个"效益账"。一位极普通的武钢人，计划部计划科50多岁的老王同志这样说："企业都这样办，国家经济就理顺了。"（《长江日报》1990年2月28日）

在这篇报道中，写作者将背景资料与自己采访部分有机穿插，背景资料与当时采访内容组成一个整体，从而展开新闻报道。读者没有明显感觉到背景资料的独立存在。

小贴士 新闻背景需穿插于报道中，主要用于主体，以新闻价值和是否有利于报道主体展开为标准，也可以用于过渡。

第六章
引语使用

第一节 引语

一、直接引语

引语,是指在新闻报道中使用别人的话。分为直接引语、间接引语和部分引语。以前面提到过的《60年前,库尔班大叔上北京表达对毛主席和共产党的无限热爱;60年后,库尔班大叔后人走上"代表通道"向总书记汇报——"乡亲们的日子一天比一天好"》一文中的一段引语为例,报道原文是这样使用的:

时钟回拨,7时50分,如克亚木·麦提赛地步入人民大会堂。来到"代表通道"附近等候,她显得有些紧张:"我不知道一会儿记者会提什么问题。"她局促地拉了一下裙角,"不过,我也有一肚子心里话想说。我要把新疆各族儿女对习近平总书记、对党中央的感恩之情大声说出来。"

整句引用,并用引号标注,此为直接引语,就是报道中直接引用新闻中涉及的人物所说的原话。

二、部分引语

假设记者认为这三个句子中只有部分直接引语可以使用。这样就会出现部分引语的使用,即新闻报道中引用说话人的部分值得注意的内容,在不改变原意的同时改变大部分内容的陈述。

时钟回拨,7时50分,如克亚木·麦提赛地步入人民大会堂。来到"代表通道"附近等候,她显得有些紧张,说不知道一会儿记者会提什么问题。她局促地拉了一下裙角:"不过,我也有一肚子心里话想说。我要把新疆各族儿女对习近平总书记、对党中央的感恩之情大声说出来。"

部分引语在新闻报道中使用相对较少,过多使用可能会给读者造成阅读障碍;记者使用部分引语有时会造成断章取义的后果。

三、间接引语

受众更习惯于接受直接引语,将上面的引语用间接引语表达,即为:

时钟回拨,7时50分,如克亚木·麦提赛地步入人民大会堂。来到"代表通道"附近等候,她显得有些紧张,说不知道一会儿记者会提什么问题。她局促地拉了一下裙角,说她也有一肚子心里话想说。她要把新疆各族儿女对习近平总书记、对党中央的感恩之情大声说出来。

新闻报道中的间接引语,首先不使用引号,是记者对说话人所说内容的整理和压缩。

对比上述三种引语,可以看到它们有不同的功用和效果,但也不难看出,在新闻报道中,最有价值的是直接引语。

四、直接引语在新闻报道中的作用

直接引语可以让新闻报道更有现场感,让读者身临其境,听到当事者说话;直接引语可以增加新闻的可信度,直接引语引用的是说话人所说的原话,信源直接说出的话比记者转述的或者自己说出的更有说服力;直接引语可以增加读者的阅读兴趣,让报道中的人物与读者直接对话,增加读者的阅读热情;直接引语可以拉远记者与新闻事实的距离,从而澄清冲突与问题:当新闻涉及矛盾冲突和各方持有争议的问题时,直接引语显得更加重要,可以帮助读者了解各方的观点,认识冲突的本质,对立双方的观点全面展现,记者置身冲突之外。

一起体会下面这篇新闻报道中直接引语的使用。

习近平总书记与基层代表们的民生对话 浓浓人民情怀暖人心

2016年"两会"
场合：湖南代表团

关心农业供给侧结构性改革和现代农业发展

来自环保产业领域的刘正军代表（湖南永清环保集团董事长、湖南省环保产业协会会长）谈到，自己所在的单位经过艰难攻关，在土壤生态修复关键性技术上取得突破，将极大地保障粮食质量安全。

习近平详细询问了这项技术的特点、成本和治理周期。他强调，要推进农业供给侧结构性改革，提高农业综合效益和竞争力。要以科技为支撑走内涵式现代农业发展道路，实现藏粮于地、藏粮于技。

"总书记的讲话，让人非常振奋！"刘正军在媒体采访时说。

时刻关心着十八洞村精准扶贫进展细心询问群众生活

得知发言的郭建群代表来自湘西土家族苗族自治州，习近平说："我正式提出'精准扶贫'就是在十八洞村。前几天中央电视台报道的十八洞村脱贫进展情况，我都看了。"

郭建群代表向总书记描绘了十八洞村的新变化。

"现在人均收入有多少？"习近平关切地询问。

"您当年来的时候是1680元，现在已经增加到3580元。"郭建群代表回答，十八洞村老百姓的收入增加了，村容村貌改善了，被评为全国旅游扶贫试点村、全省的文明村。特别是老百姓的精气神好了，大家的笑容多了，求发展的愿望强烈了，回来发展的人多了，嫁进来的人也多了。

习近平笑着问道："去年有多少人娶媳妇儿？"

"7个，都是大龄单身男。"郭建群代表答道。会场里响起会心的笑声。

嘱咐各级党委政府加大工作力度帮助当地群众早日脱贫

同样来自湘西地区的向平华代表在发言时激动地说："总书记不能让一个贫困人口掉队的决心，激励着我们农村基层干部奋发有为、奋发图强。只要努力，这个目标一定能实现。"他同时坦言，现在最大的问题是残疾人、老年人、病困户以及因学致贫、因病返贫的困难家庭，如何让他们真正脱贫并同步小康，还有大量工作要做。

"要坚持以民为本。民有所想所求，我们就要为他们服务。"习近平要求各级党委和政府加大工作力度，带领当地群众一起艰苦奋斗，早日实现脱贫目标。

"我们深切感受到，老百姓的事在总书记眼里都是大事情！"向平华在会议结束后接受媒体采访时说道。

场合：黑龙江代表团

没有现存的"金娃娃"国有企业要深化改革要"借东风"

黑龙江省哈尔滨电机厂有限责任公司副总专业师王波代表就《关于支持老工业基地结构性改革的建议》主题发言。

总书记强调说，现在是市场经济，哪里有优势，哪里要素齐备，哪里就具有集聚的优势。对国有企业发展，政府的作用更多地体现在支持、扶持、杠杆作用，但没有现存的"金娃娃"摆在那里。在这种情况下，国有企业要深化改革，要"借东风"，激发内生动力，在竞争中增强实力。要抓好东北老工业基地振兴各项政策的落实。

在媒体采访中，王波回忆道："说实话，总书记的亲民务实、关心百姓，已经深入人心了。""今天听了会，我亲身感受到了这一点，他很亲切，语言平和实在。"

悉心询问粮食产量、机械化程度关心农业发展

黑龙江省桦南县梨树乡和平村的农民孙斌代表发言时，代表农民感谢总书记对"三农"的关心支持。

习近平问，桦南县是不是以种植业为主，玉米分级收购优质玉米能占多大比重，产量上有没有区别，机械化程度如何。孙斌一一作答，并说农民深知国家粮食安全至关重要，一定加倍努力，种好地、多打粮，希望总书记百忙之中到黑龙江来考察。习近平说，黑龙江农业很重要，将来去了肯定要看农业。

孙斌接受采访时说："总书记说，黑龙江农业很重要，将来去了肯定要看农业。听到这儿，我很激动，也很感动。来北京前，村里的老乡就嘱咐我，如果能见到总书记，一定要向总书记表达大伙的心声。"

关心少数民族群众的生活扶贫一直是总书记心头的牵挂

赫哲族80后代表刘蕾（黑龙江省同江市街津口乡一名小学教师）说，在兴边富民工程等政策帮扶下，赫哲族群众生活就像乌苏里船歌中唱的一样走上了幸福路。

总书记说，乌苏里船歌我们早就耳熟能详。他关心地问，现在还有多少人靠打鱼为生、江里的鱼还多不多。总书记强调，在发展道路上要发挥好制度优势，人数较少民族也都要奔小康，一个也不能少。

会一结束，刘蕾就把电话打回了家乡，分享了这段经历，"乡亲们非常激动，说如果有一天总书记能到赫哲族来看看的话，我们一起给他唱那首乌苏里船歌"，"我们还要把赫哲族传统工艺保护好、发展好，希望有一天能给他展示民族手工艺"。

关心生态文明建设黑龙江的冰天雪地也是金山银山

上甘岭林业局工人高永谈到了大小兴安岭停伐转型情况，习近平问道："当地林业工人转型，由木材采伐就地转成生态保护的工人，难度大吗？比例有多高？"有代表回答说，大约占到50%的比例，会继续加大转型力度。习近平表示，要加强生态文明建设，划定生态保护红线，为可持续发展留足空间，为子孙后代留下天蓝地绿水清的家园。绿水青山是金山银山，黑龙江的冰天雪地也是金山银山。

参会期间正值元宵佳节，总书记为代表们送上节日祝愿

2015年3月5日下午，习近平总书记来到上海代表团，与代表们一起审议政府工作报告。

"非常高兴又同大家相聚一堂、共商国是。每次听到上海代表团的同志发言，都很受启发，也很有收获。""今天是元宵节，不能拖得太晚！祝大家节日快乐、阖家幸福！"审议结束后，总书记与代表们一一握手告别。正值正月十五元宵佳节，总书记特别向在座的各位代表，并通过大家向上海的广大干部群众致以节日问候和良好祝愿，让代表们倍感温暖。

询问农民工代表的生活情况关心基层员工

"20多年前我带着对大都市的憧憬和劳动脱贫的梦想，来到上海，从普通的缝纫工成长为劳模，当上了人大代表。"来自上海代表团的农民工

代表朱雪芹讲述了自己的人生经历。

"你老家是在哪里？"听到朱雪芹已经在上海奋斗了20多年，总书记点头肯定。

见到上海电气液压气动有限公司总工艺师李斌代表时，总书记亲切询问："你还在老地方吗？"听闻他还在原来的公司，总书记说："不容易啊，还继续在基层技术攻关。"总书记转身对朱雪芹代表说，"你刚才讲的劳动最光荣，说的就是像李斌这样的劳动模范！"

与代表们聊日常工作叙述难忘回忆

在参加上海代表团审议时，看到曹可凡代表，总书记问他："最近做什么节目呢？"曹可凡告诉总书记，改编自路遥小说的电视剧《平凡的世界》是上海投资制作的，近期正在热播，当即引起了总书记的极大兴趣，"路遥我认识，当年下乡办事时还和他住过一个窑洞，曾深入交流过。"

在与广西代表团代表的交流中，习近平动情地回忆起自己年轻时代第一次到广西、到桂林的美好往事。如诗如画的桂林山水、美丽多彩的民族风情、纯净优良的生态环境，饿了在街边吃一碗桂林米粉，这些都给他留下终生难忘的印象。总书记叮嘱广西的同志，一定要保护好桂林山水，保护好广西良好的生态环境。

多次询问少数民族群众生产生活情况，关心老区人民的全面小康

3月6日上午，习近平参加江西代表团审议。落座后，总书记对穿着民族服装的兰念瑛代表说："你是畲族。"兰念瑛答道："是的。很高兴总书记认出我是畲族。"习近平说："畲族在福建、浙江、江西、广东都有分布。"大家以热烈掌声欢迎总书记到来，习近平又起身向大家致意。"农家乐办起来了吗？""高速公路通到你们那里了吧？"审议过程中，当兰念瑛代表发言时，总书记又多次插话，关切地询问当地少数民族群众生产生活情况，嘱咐江西各级干部一定要把老区特别是原中央苏区振兴发展放在心上，立下愚公志，打好攻坚战，心中常思百姓疾苦，脑中常谋富民之策，让老区人民同全国人民共享全面建成小康社会成果。

"我们国家的真正稳定，靠我们基层的同志。"

3月5日，习近平总书记在上海代表团参加审议。朱国萍代表是来自

基层社区的党总支书记，她给总书记带来了社区居民的心里话："一年来，党和政府不畏难，敢碰硬，不得了，了不得。党和政府释放出的正能量，老百姓看在眼里，感受在心。"发言过程中，朱国萍提出公共服务资源配置要更加合理优化，创新社会管理的政策要有更强的实效性。她"以小见大"，为总书记和各位代表讲述了社区居民因公共服务资源遭遇的难事。

听了朱国萍的故事，总书记十分感慨：朱国萍讲到的创新社会管理，故事讲得好、很生动，大家都爱听故事。"基础不牢，地动山摇。社会治理的重心必须落到城乡社区，社区服务和管理能力强了，社区就实了。我们国家的真正稳定，靠我们基层的同志。"

时刻关心空气污染治理、环境保护问题

3月5日，习近平总书记在上海代表团参加审议。

谈到环境治理，习总书记问："PM2.5，上海比起北京怎样？""12月份多一点，今年以来还可以。"

总书记还问起整治燃煤小锅炉："现在北京市的动作很大，上海怎么样？"

来自市环保局的张全代表说："上海的力度也很大，正在加大力度推进。"

张全说，环境问题也源于科学认识，要加强引导，凝聚共识。环境治理也是社会治理的一部分，老百姓心中的雾霾没了，环境的雾霾就有希望。

总书记说，十八大上我们提出了生态文明建设，生态文明意识在增强，认识也在提高，这是在一个发展阶段绕不开躲不开的事，治理空气污染要有定力和努力。

关心大学生村官的工作生活包括婚恋问题
询问少数民族地区道路通车问题，牵挂西藏百姓的生活

2013年3月9日上午，习近平参加十二届全国人大一次会议西藏代表团的审议。

"白—玛—曲—珍"，总书记轻声念着，细心地记下来自墨脱县的门巴族代表、村党支部书记白玛曲珍的名字。

"现在到墨脱的路通了没有？"总书记主动发问。

白玛曲珍这个"小书记"激动地告诉总书记，2010年嘎隆拉隧道成功贯通，结束了墨脱人世代被茫茫雪山阻隔的历史，今年公路有望全线通车，墨脱与外面的世界将变得更近。现在我们村已经有了水泥路，到乡政府的路即将通车，过去8小时的路程现在1小时就到了。许多老百姓过去一辈子都没到过县城，现在想去随时都可以去。

"门巴族一共有多少人？"

"西藏有八千多人。"白玛曲珍说，吃水不忘挖井人，幸福全靠共产党。我们村里的群众都打心眼里感谢党和政府，家家户户都在房顶上插上鲜艳的五星红旗，在家里最醒目的地方挂上领袖像。（本文有删节，人民网2016年3月9日）

这篇新闻报道使用了大量直接引语，客观地描述了习近平总书记对基层的关心，体现了总书记熟知各项社会事务的领袖风范。直接引语的使用让读者如临其境，如见其人。

小贴士 直接引语可使新闻当事人直接站到读者面前，是新闻报道常用的一种技术手段，部分引语使用时需避免断章取义。

小贴士 直接引语是新闻人物所说的原话，在采访时注意记录这些话语，不可将记者的转述作为带有""的直接引语使用。

第二节　如何选择直接引语

一、什么引语是好引语

好的引语可以引起读者的阅读兴趣，推动新闻报道的展开。好的引语可以让读者记住说话的人或者所说的话，能清晰地表现说话人的情感和倾向。

例如，获第二十届中国新闻奖三等奖的作品《上医之境》中有这样一段文字：

一代名医裘法祖，曾给王争艳上过大课。裘老仙逝时，王争艳自觉没资格以弟子名义送行。但是，25年后，王争艳依然能背出裘老师在大课上说的一段话："先看病人，再看片子，最后看检查报告，是为上医；同时看片子和报告，是为中医；只看报告，提笔开药，是为下医。"

引语的运用如说话者直接站到读者面前，清楚地表达了说话者的观点和态度。相比较而言，那些套话、空话、关系不到新闻本质的话，这样的直接引语不会引起读者的阅读欲望，在制作新闻报道时谨慎使用。例如：

"但在生源大战中，高校不应该搞不正当竞争，甚至使用欺诈手段，这样做不仅损害了高校声誉，也是急功近利和办学浮躁的表现。"

"高校应依靠提升教育质量、改善学习环境、办出专业特色等吸引考生。如今大学'千校一面'，不利于吸引生源和办出特色。"

此外，专业的、深奥的行话、术语，具有控诉、攻击性质的引语不可使用。

小贴士 采访结束后，新闻人物说的令你记忆清晰的话，可能会是很好的引语。

二、如何选择直接引语

1. 从内容看，可以选择的直接引语

揭示新闻核心内容的话语。2011年春天，菜价暴跌，圆白菜、芹菜等出现菜农无法收回成本，甚至根本卖不出去的情况，下面是相关报道中的两处引语：

"我预测，如不采取有效措施，从根本上着手解决问题，明年大白菜

等蔬菜价格还会出现报复性上涨",顾兆学(北京某农产品批发市场常务副总经理)。

"最近菜价普遍都在降,比如上月卖2块多1斤的卷心菜,现在卖1块2,降价幅度还是挺大的。"24日,北京海淀区定慧东里菜贩张女士对中新社记者说。

使用的引语要有实际内容,并能揭示新闻本质。

有鲜明个人特色和立场的话语。如2019年7月6日,习近平总书记接见参加全国退役军人工作会议的全体代表时与张富清的对话。

"感谢总书记,感谢党中央。我是党培养的,我要紧跟党走,做一名党的好战士。"94岁的张富清紧紧握着习近平总书记的双手,激动地说道。"你都做到了。你是全党全国人民的楷模!保重身体,健康长寿。"习近平总书记俯下身,双手紧握住老人的手,深情地说。全场掌声雷动。

这两个引语深刻体现了人民领袖与人民功臣各自的人格特色与身份立场。

下面的新闻报道也是因一句风格独特的话增加了事件的新闻价值:

2010年10月16日晚,一辆黑色大众迈腾轿车在河北大学校区内撞倒两名女生,一死一伤,司机不但没有停车,反而继续去校内宿舍楼送女友。返回途中被学生和保安拦下,该肇事者不但没有关心伤者,态度冷漠,高喊:"有本事你们告去,我爸是李刚!"后经证实了解,该男子名为李启铭,父亲李刚是保定市某公安分局副局长。

带有强烈感情色彩的话。人在情绪不稳定的情况下所说的话往往特别有感染力和现场感,采访中这样的话值得记录,并在写作中使用。感情激荡,可以是愤怒、悲痛、兴奋、病痛等情况。这些话语有助于读者理解新闻报道和人物,如《收到总书记回信后,又有百万人跟着他学雷锋》这篇报道。

"总书记给爱心团队回信了!收到回信的那天早上,我像往常一样,正在采矿场铲石铺路。我小心翼翼地展开信纸，在晨曦下一字一句读给在场所有爱心团队的成员们听，大家兴奋地相互拥抱和击掌，发出一片欢呼声。"

回忆起2014年3月5日收到总书记回信那天，郭明义仍激动不已。"2014年2月初，我们爱心团队在深入学习习近平总书记系列重要讲话精神的过程中，认识到要实现中华民族伟大复兴的中国梦，必须进一步弘扬传承雷锋精神，服务社会、助人为乐、爱岗敬业，向社会传递正能量、好声音。为此，我们给习近平总书记写了一封信，在2月中旬发出，没想到总书记很快就回信了。"（《人民日报》2019年8月4日）

再看下面的例子，这句引语将读者也带到了兴奋和激动中。

那天在座谈中，村民们告诉总书记，除了贫困，村里光棍汉多，娶不上媳妇。总书记勉励大家，要加油干，等穷根斩断了，日子好过了，媳妇自然会娶进来。一席话，听得大伙儿都笑了。2015年元旦，日子好起来的施全友，真的娶回了重庆姑娘孔铭英。"总书记让我娶上了'巧媳妇'！"施全友说。（《人民日报》2018年10月5日）

有争议的话题或者事件，争论各方说的话。使用直接引语，准确、全面地反映矛盾双方的真实立场、观点和主张。这种方法同时也可以让记者拉开与事件的距离，保持客观立场，避免涉及纠纷、矛盾。

政府、团体组织的声明和观点，重要人物所说的话。政府、团体、机构在重要场合针对某些热点问题，或者受众关注的问题所表明的态度，发表的声明和观点，直接引语的报道表达方式将更有利。此外重要人物在事件或者会议等现场所说的话，重要人物对事件所表达的态度，重要人物对事件的证实的直接引语也会增加新闻报道的说服力和权威性。

2010年4月2日，中国新闻网刊载深度报道《湖北等地转基因水稻形成规模，种植农民自己拒吃》关于此地种植转基因水稻种子的来源，使用了直接引语来证实。

上述转基因水稻在湖北大规模种植的结论，在中国农业大学农学与生物技术学院教授才宏伟处得到证实："有的科学家背后就有自己的种子公司，他们把产品直接放到自己公司里去卖，盈利都是自己的。"

此外，在非同寻常的情景下所说的话，也可作为好的直接引语使用。

2. 从表达方式上看，可以选择的直接引语

从表达方式上看，可以选择的直接引语有：强烈的反应；恰当的比喻；准确得体的描述；生动的方言或者口语化表达等。

3. 再现新闻现场的直接引语

新闻事件的目击者或者当事人，经历了事件的过程，用他们的直接引语描述可能比记者转述更有现场感染力。例如：

2015年1月12日，一家人从北京乘坐火车返回兰州。刘淑琴告诉记者，女儿在火车上接到了博文学院的电话："人事处的一位工作人员问她能不能来上班，让她14日去学校，女儿回复说身体不好，要和家人商量一下。"

拿着厚厚一叠病历，带着北京的医生补开的请假条，1月14日，刘淑琴来到博文学院人事处为女儿请假。"学校原以为孩子得的是子宫肌瘤，病历上写得清清楚楚，学校才知道孩子得了癌症。"刘淑琴说。

当时，考虑到女儿不能上班，刘淑琴请求这位领导，希望单位能继续给孩子买医疗保险。

对方没有应允。刘淑琴当场哭了。据刘淑琴向记者描述，人事处处长当时告诉她，"不要给我哭，我见这样的事情挺多的，学校有规章制度，我也没有办法"。（《大学女教师患癌被开除事件调查》，载《中国青年报》2016年8月19日）

在使用这样的直接引语时，需要注意，目击者或者事件的亲历者在陈述事实时，都只是自己看到的，了解到的，不是全面的事件的认识，特别是影响比较重大的事件中，这时记者不能在新闻报道中仅仅使用一个或者一群立场相同的人的引语，需要采访并使用多方面的介绍和叙述，

以期新闻报道的全面、客观。

小贴士 好的引语的使用可以让新闻可感、可听，带有强烈感情色彩的话、带有个人特点的话、揭示新闻核心的话和不同寻常的情景下说的话，都值得在采访时详细记录。

小贴士 如事实还不清楚，或者新闻事实存在矛盾或争议的各方，需要注意各方直接引语使用的平衡，给所有不同意见和观点的人说话的机会和权利。

第三节　如何使用直接引语

一、如何使用直接引语

1. 使用需要准确

用在""内的引语必须是说话人所说的原话，不能是记者的转述或经过加工的话语。直接引语是特定人物在特定场合对特定事物表达的看法，引用必须是原话的准确再现。

2. 引语要完整

引语不完整可能造成意思模糊，表达不清或者断章取义；不能将引语分割使用。例如：

省长希望"立刻"着手解决这个问题，他说这是个"急需解决的问题"，他说，在本周"过完一半"之前，该问题将被"提到省政府相关会议上"。

3. 引语使用的数量要恰当

一篇新闻报道中没有引语，就失去了使新闻生动的一大要素，但也不能满篇都是引语，引语使用需控制在合适范围内。报道中不要使用重复的引语，直接引语的使用要与报道的主题或要点密切相关，当然还要使用生动的引语，重复的、离题的、冗长的引语将破坏新闻报道的节奏和主题。如果报道中精彩的引语比较多，可以使用背景介绍、解释、事件细节等穿插文章中，调节文章的节奏。使用引语时要精挑细选，使用关键的、核心的部分。

4. 合理修正引语中的语法错误

视频采访的同期声，因为有画面和环境，即使出现语法错误，受众也可以理解，平面媒体中，如果语法错误不妨碍读者理解说话者的意思，不用修改，这样可以最大限度地保证新闻的真实性。如果妨碍理解可以做语法上的修改，但不能改变说话者的原意。

5. 引语中不要出现污言秽语和有攻击性的语言

首先，在文字中不要出现污言秽语，即使这样的词语是新闻当事人说的，若确需使用可以用符号代替。其次，在新闻现场或者采访中可能会遇到新闻当事人情绪激烈的带有攻击性的语言，这样的引语不要使用，若非常重要，需要使用，那所述内容需要经过第三方的核实。

6. 一个段落一段引语

不同的人说的话要用不同的段落分开表达。不要把两个人说的话放在一个段落里。这种写作格式可以保证新闻展示过程的清晰度。特别是在有争议的问题或报道中，观点不同说法不同的直接引语，一个自然段表示一个说话者的原话，可以帮助读者清晰辨析。

7. 选取最有代表性的话语引用

一篇新闻报道中说话的人物不宜过多，特别是观点、角度相同时，选取最有代表性的话语引用。

8. 直接引语在文中的位置

直接引语的使用没有固定的位置，可以用在导语中，也可以用在正文主体中，结尾使用直接引语也是一种很好的表达方法，它既能让记者的态度倾向以生动的方式表达出来，又能让读者有现场感，给人新闻还在发生的过程中的感觉。

小贴士 使用直接引语要完整，转换了说话人或者话题时，引语另起一段，这样引语可以作为过渡来使用。

二、直接引语如何指明来源

1. 指出消息来源，慎用匿名来源

新闻报道中使用引语，无论是间接引语还是直接引语，需要指出准确的信息来源。如"有专家指出""据知情人透露"等匿名消息来源，会影响新闻的真实性和可信度，因此要谨慎使用。

在批评报道和硬新闻中，禁止使用匿名来源。特别是带有冲突性的新闻报道中，在事件中不同的人会有不同的立场和利益，信源的话可能会带有浓厚的主观色彩，得出的论断没有确凿证据，如果使用这样的引语，一定要指出确切的来源。

在一些软新闻中，当信息不涉及事件的核心问题时，可以使用匿名消息来源，如王阿姨、李女士、张先生等。

2. 引语来源的位置

如果直接引语使用的是个单句，通常在引语后交代来源。

"粮食的价格还会上涨。"他说。

如果引语用的是多个句子，通常在第一句引语后交代来源，不要让读者在看完两三句后才知道说话的人是谁。

换了说话者，新的信息来源应在引用的第一个句子前交代。

引用一个说话者说的话只需要交代一次信息来源，后面用代指就可以了。

3. 如何使用指明来源的动词

新闻报道中，为了保证新闻的客观，指明引语出处时，一般使用中性动词，如指出、介绍、解释、说等，其中，"说"是最常用的不带任何感情色彩的动词。

新闻报道中，特别是硬新闻指明引语时，要谨慎使用那些带有强烈感情色彩的动词，如强调、呼吁、喊、指责、怒斥等，这些词会影响新闻的客观性，也会影响读者对引语的理解和判断。

4. 指明信源时，谨慎使用副词和形容词

带有个人倾向和主观判断的副词和形容词，指明信源时应谨慎使

用，如深情地说、不服气地说、轻蔑地说等；但描述性的形容词或副词是可以使用的，如语无伦次地说、断断续续地说、说话的时候她满眼泪水等。

小贴士 为了保证新闻报道的客观，指明引语出处时，尽量使用中性动词，不要使用带有感情色彩的动词。

第七章
新闻语言的使用

第七章　新闻语言的使用

第一节　新闻语言运用的基本要求

一、真实

真实，新闻报道中可以用一些写作技巧，但所表述的内容必须是事实，不能是主观推测或者想象。

二、具体准确

新闻报道中使用的语言，要能具体、贴切地表现事实。准确是新闻写作的基本要求，也是新闻的生命力。

例如下面这条消息。

猫头鹰夜闯养鸡场致百余只鸡被吓死

中新社杭州 5 月 6 日（2008 年）电 "一只猫头鹰夜间闯入鸡舍，把 100 多只鸡吓死了。" 5 月 4 日晚 9 时许，浙江省舟山市定海区金塘派出所民警接到报警后，迅速赶到该镇和平社区一处养鸡场实地察看。

据了解，最早发现猫头鹰闯进鸡舍，并捕捉到这只猫头鹰的是养鸡场场主老孙。他满面愁容地向民警讲述了"悲剧"发生的经过。

当天晚上 8 时 30 分左右，正在宿舍里看电视的老孙突然听到屋后鸡舍内传来鸡叫、鸡翅膀扑腾的声音，老孙预感可能是偷鸡贼进门，连忙喊了邻居前去捉贼。没想到他们赶到鸡舍开灯一看，鸡舍死鸡摊成一片，鸡毛满地，一只猫头鹰就立在鸡群旁边。绝大部分的鸡都是受惊吓被挤死的。事后清点，死鸡有 100 多只。

老孙知道猫头鹰是国家保护动物，个人不能随便处置。他和邻居拿来渔网，将其罩住，放置在铁笼内，并立即报警。经民警观察，这只猫头鹰站起来足有40厘米高，两翅展开有近1.5米长，两只眼睛闪发着绿光，甚是怕人。

派出所民警根据法律规定，次日将猫头鹰移交给林业部门处理。林业工作人员表示，这只猫头鹰属于国家二级保护动物，他们将先对猫头鹰进行体检，如有伤病，先进行疗伤，如没有伤病，将及时放归自然。

新闻标题中，"百余只鸡被吓死"让读者想知道鸡如何被吓死，在主体中提到"绝大部分的鸡都是受惊吓被挤死的"，这样"被吓死"的用语就十分不准确。

三、清晰通俗

清晰表达确保信息准确传递，此外，大众媒体所面对的受众要求语言通俗。例如，毛泽东同志亲自撰写的下面这条消息，堪称清晰通俗报道的经典。

人民解放军百万大军横渡长江

新华社长江前线 22 日 22 时电 人民解放军百万大军，从1000 余华里的战线上，冲破敌阵，横渡长江。西起九江（不含），东至江阴，均是人民解放军的渡江区域。

20日夜起，长江北岸人民解放军中路军首先突破安庆、芜湖线，渡至繁昌铜陵、青阳、荻港、鲁港地区，24小时内即已渡过30万人。21日下午五时起，我西路军开始渡江，地点在九江、安庆段。至发电时止，该路35万人民解放军已渡过2/3，余部23日可渡完。这一路现已占领贵池、殷家汇、东流、至得力德、彭泽之线的广大南岸阵地，正向南扩展中。和中路军所遇敌情一样，我西路军当面之敌亦纷纷溃退，毫无斗志，我军所遇之抵抗，甚为微弱。此种情况，一方面由于人民解放军英勇善战，锐不可当；另一方面，这和国民党反动派拒绝和平协定，有很大关系。国民党的广大官兵一致希望和平，不想再打了，听见南京拒绝和平，都很泄气。战犯汤恩伯 21 日到芜湖督战，不起丝毫作用。汤恩伯认为南京江阴段防线是很巩固的，弱点只存在于南京九江一线。不料正是汤恩伯到芜湖的那一天，东面防线又被我军突破了。我东路 35 万大军与西路同日同时发起渡江作战。所有预定计划，都已实现。至发电时止，我东路各军已大部渡过南岸，余部 23 日可以渡完。此处敌军抵抗较为顽强，然在 21 日下午至 22 日下午的整天激战中，我已歼灭及击溃一切抵抗之敌，占领扬中、镇江、江阴诸县的广大地区，并控制江阴要塞，封锁长江。我军前锋，业已切断镇江无锡段铁路线。

四、简洁

新闻存在的目的是传递信息，证言冗杂会干扰信息的传递。上文毛泽东同志的《人民解放军百万大军横渡长江》，语言也十分简洁，正文仅 199 字，生动形象地展现了人民解放军南渡长江、冲破敌阵、势若破竹的恢宏画面。

> **小贴士** 新闻用语必须准确，事实是什么就写什么，不可随意抽象、概括或推测，更不可合理想象，准确是真实的保障。

第二节　新闻报道如何遣词

一、使用具体的词语

水果——桃——熟透的大桃子——洗好的熟透了的桃子

很多人——千余人——1320 人在广场参加活动

彩旗飘飘——红色、蓝色、绿色的旗子迎风飘扬——小伙子们将手中的彩旗举过头顶，红色、蓝色、绿色的旗子随着身体摇动而迎风展开

人——老大爷——一个 70 岁左右的老大爷

上面的例子是一个从抽象到具体的过程，抽象的词语涵盖的范围很大，只是一个代称无法给人形象生动的具体概念，读者阅读中也就无法接收到具体的信息。"一个人走在路上"和"一个70岁左右的老大爷口中念念有词地走在路上"传递的信息是不一样的。

新闻报道要准确、生动、具体，在使用词语时需要使用具体的词语，避免使用空洞的词语。例如：

他那天中午吃了很多。

那天中午，他吃了大约8两米饭，4个狮子头，一盘回锅肉，还有一盘冷牛肉。

具体明确的词语和描述能够增加新闻报道的表现力，传递准确明晰的信息。

语言是思维的表现，如果新闻报道中，使用的都是"进一步提高""很大的进展""很多""强烈感受"等这样抽象、空洞的词语，那记者需要进一步做具体深入的采访和观察。当然有时抽象的词语无法避免，有时需要这样的词语作为概括，这时首先考虑这些词语能不能用具体、可感的词语替换，如果不能，在下面的新闻中为这个词语提供必要的具体的解释。

小贴士 具体的词语才能传递具体的事实，传递准确、明晰的事实。

二、多使用动词

新闻报道无论是硬新闻还是软新闻，报道的都是新闻发生的变动，叙述的是动态。使用动词可以表现出活动的画面、变动的情节和鲜活的人物活动，因此多使用动词可以自然推动叙述的进展。例如：

小马太手里捧着水瓶，一个劲儿地傻笑，汗水窝在脖子里，像个小水洼。

十几个不到3岁的宝宝身上除了纸尿裤，光溜溜地在地上躺着，在婴儿车里跑着，哭声、喊声，一片喧闹。

没电，空调电扇用不了，屋里闷得像着了火，孩子们睡不着觉，一个哭，一片都哭，值班阿姨急得团团转。

没电，电蚊液、电蚊片、电蚊灯用不了，孩子们也受不了普通蚊香片的呛味儿，蚊子乘虚而入。

在这些报道中动词的准确使用，增强了现场感，也传神地表达了写作者的意图。

三、在使用动词时，多使用主动语态，少使用被动语态

从下面的例句的语态对比中可以感受到主动语态与被动语态的叙事差别。

讲话中他又一次对这次活动的意义进行了阐释
讲话中他再次阐释了活动的意义

此次事件让他印象深刻
他对此次事件印象深刻

信被她撕成了碎片
她把信撕成了碎片

四、尽量少使用形容词和副词

形容词和副词往往是概括、抽象的，难以将事实表达得具体、准确。而且形容词和副词一般都带有主观色彩，容易让新闻报道失去客观。当然，在新闻报道中如果要表现某事件的"重大""精彩""快""好极了"，需要使用事实细节和记者采访到的事实，而不是使用形容词和副词。

例如：

她勤劳简朴。

她每天早上5点多起床，打扫庭院，喂猪喂鸡，然后忙活一家人的早饭，接着开始一天的农活。

在新闻写作中不是严格禁止使用形容词和副词，只是使用时需注意它们的具体、可感。

五、尽量不要使用套话

连篇的套话无法准确传达新闻信息。例如，"保持了良好的发展势头""圆满完成""赢得热烈的掌声"等。

小贴士 新闻报道中尽量少使用形容词和副词，使用它们反而会影响事实的客观传递。

小贴士 新闻报道中多使用动词；使用词语越具体就越可能准确。

第三节　新闻报道如何构句

一、新闻报道中尽量使用短句

写新闻报道时，为了使文章易读，尽量使用短句，摒弃长句子，特别是导语，用精简的语言组成短句。请看下面获得第二十七届中国新闻奖一等奖的《老郭脱贫记》，通篇几乎全是短句，节奏明快，颇具动感，为读者形象地展现了老郭轰轰烈烈的脱贫过程。

老郭脱贫记

贫困户吃低保，别人争得面红耳赤，老郭却总想让出去："脱贫靠劳动，不能躺在'政策温床'上！"

老郭叫郭祖彬，今年56岁，是河南封丘县王村乡小城村农民。年轻时的老郭并不穷，开四轮，拉红砖，日子过得去。没承想，儿子3岁患病，摘除脾脏，手术费花了1万元。老郭把积蓄拿出来，勉强渡过难关。10年后，儿子再次病发，做心脏搭桥手术花了6万多元。这回，老郭借遍"村里一条街"，才凑够医药费。为了还钱，他到天津打工六七年，窟窿没补上，还落下脑梗病。乡邻们忧心地说："老郭脱贫——猴年马月的事！"

封丘是国家级扶贫开发重点县，建档立卡贫困户1.86万户，5.8万人。该县对因病、因残等7种致贫原因分门别类，采取"1+2+N"帮扶模式，即每户1名帮扶责任人，2项以上扶持政策，家庭成员每人1条帮扶措施。拿老郭来说，安排公益岗位，每月挣400元；孙子享受教育补助，每年1000元；儿媳转移就业卖手机，每月工资1500元。全家享受人身意外险、医疗补充险，阻断"因病致贫"。

政府"兜了底"，致富靠自己。封丘县实施产业扶贫项目81个，户均可享产业扶贫资金8000元。村支书郭祖良选定种植中药材，请来中医药大学教授，测土、配方。老郭一听，第一个报名。

4月，是种地黄的最佳季节。可这时麦子已长到腿窝，首批报名的50户农民看不到效益，谁也舍不得铲麦子。

老郭的老伴儿着急了："万一出不来苗，地黄收不着，麦子也毁了。"

"村支书一心为咱，能把你带到沟里？"老郭坚持己见，并辞去公益岗，专心种药。

第一批10户，种了50亩，老郭种4.5亩。半月后，地黄没出芽。村民议论，老伴数落。老郭一天到地头转几遍，悉心照料。40天，地黄出齐，一地绿色。老郭长出一口气："心里石头落了地，我瘦了18斤。"

村支书郭祖良压力更大："万一种不成，咋有脸见乡亲？"他请专家"把脉"指导，成立种植合作社，与安徽企业达成协议，以优惠价回收药材，让农民吃上定心丸。

12月，地黄叶枯，眼看就到收获的季节。为解决销路之忧，村党支部组织贫困户到安徽找市场。见中药材需求旺盛，更多贫困户以土地入股，加入合作社。如今，合作社种3种药材，共计400多亩，明年将扩至1000亩。依托中药材产业，村里将建中药材展馆，开设中医疗养一条街，发展"养生小城"特色游。

挖出一根弯弯的地黄，老郭算了笔账：4.5 亩药材，纯收入 1.8 万元。自己在合作社干工，月工资 1500 元；老伴在合作社除草、浇地，可挣 500 元；儿子开车耕地，也能月收入 3600 元。加上养猪，全家年收入 5.6 万多元，家里 6 口人年人均纯收入 9300 多元。(《人民日报》2016 年 12 月 25 日)

构建句子时，在避免长句子的同时，考虑文章的起伏节奏，长短搭配，连篇单一短句也会让新闻报道失去波澜。确需要使用长句子，应用标点符号将其合理分割。

二、一句话表达一个内容

新闻报道讲究"一事一议"，句子和段落也遵照这样的原则，不要将过多的信息塞进一个句子中。

看下面这条消息的导语。

德国肠出血性大肠杆菌疫情结束共致 50 人死亡

中新社柏林 7 月 26 日（2011 年）电 德国负责传染病监督及预防的罗伯特—考赫学院 26 日宣布，感染肠出血性大肠杆菌的最后一位病人出现在三周前，计入病情潜伏期、诊断期以及病源调查所需时间之后，可以确定该病菌已不再具备传染性，表明这场在德国持续了月余的疫情已经结束。

这条消息的导语，主题意思是要说，德国负责传染病监督及预防的罗伯特—考赫学院 26 日宣布，肠出血性大肠杆菌疫情已经结束。而这条消息的导语在主题信息之外又塞入了感染肠出血性大肠杆菌的最后一位病人出现在三周前；病人已经历了病情潜伏期、诊断期以及病源调查所需时间；该病菌已不再具备传染性等信息。这样一句话中包含了太多的信息，致使句子冗长，信息淹没，传播效果降低。

三、主谓语尽量置前，定状补语作为短句置后

例如下面两种说法比较来看，显然，后一种处理更符合阅读习惯，也更突出重点。

昨日，记者从转帖的评论及"诗风"微博里留下的评论可看出，与对中国红十字会"郭美美门"等负面事件引来网络一边倒的反对声不同，中华骨髓库此次的"收费门"事件引来正反两方的辩论。

昨日，记者从转帖的评论及"诗风"微博里留下的评论可看出，中华骨髓库此次的"收费门"事件引来正反两方的辩论，这与中国红十字会"郭美美门"等负面事件引来网络一边倒的反对声有所不同。

小贴士 新闻报道中尽量使用短句，一句话表达一个内容。

第四节 新闻报道构建段落技巧

一、新闻报道段落不宜太长

如下面这条消息，报道内容差别很大，段落均比较短，这也是新闻报道段落的基本特点。

摩洛哥军机坠毁致 80 人丧生，官方称天气原因造成

中新社 7 月 27 日（2011 年）电 "中央社"报道，摩洛哥医院和军方消息人士说，一架军用飞机 26 日在南部圭尔敏（Guelmim）附近撞山坠毁，机上 80 人全部丧生。

失事坠毁的是一架大力士 130 型（Hercules C-130）军用运输机。军方稍早表示，78 人当场死亡，2 人送医院治疗。圭尔敏位于首都拉巴特南方大约 830 公里处。

一名医院消息人士稍后告诉法新社，两名伤者送医后不治死亡。

这是摩洛哥数十年来死亡最惨重的空难事件。

军方表示，这起空难是天气状况不佳造成。

军方稍早说，78 人丧生，3 人伤势严重。但后来显示有一名旅客没有上机，机上实际上只有 80 人。

这架军机原计划从西撒哈拉（Western Sahara）的拉由纳（Laayoune）飞往南部城市阿加迪尔（Agadir）。

二、一个段落讲述一个内容

为了保证传播效果，新闻报道的层次需要清晰，层次清晰的一个重要的技巧便是一个段落表述一个内容。请参照"新闻报道段落不宜太长"中的例子。

三、一个段落的第一句话就要引入新的事实内容

新闻报道为传递信息而存在，新闻报道的每一个段落要有一个信息内容，每个段落的第一句话就要引入事实，不要重复总结上一段的内容，特别是在消息中更是如此。请看下面的这条消息。

主治医生称埃及前总统穆巴拉克已绝食 4 天

据埃及媒体报道，埃及前总统穆巴拉克的主治医生阿西姆·阿扎姆 7 月 26 日说，穆巴拉克已绝食 4 天，目前身体非常虚弱，体重减轻许多。外界猜测穆巴拉克将不会出席 8 月 3 日的审判。

阿扎姆说，穆巴拉克拒绝进食，只有在医生或妻子坚持下，才会食用一些流食。如果情况恶化的话，医生会通过静脉注射为其提供营养。

阿扎姆还指出，穆巴拉克健康的最大威胁来自外界压力。

穆巴拉克被指控在执政 29 年间有贪污腐败以及在民众抗议期间下令杀害近 850 人等。8 月 3 日，穆巴拉克及其 2 个儿子以及前内政部长等人将会受审。(《中国日报》2011 年 7 月 27 日）

四、时间、地点、人物和叙述角度转换了，需要转换新的段落；背景插入最好重起新段落；重要的引语可以独立成段

请看下面由王石、房树民两位记者在 20 世纪 60 年代撰写的经典报道。

为了六十一个阶级弟兄（节选）

在中华人民共和国卫生部的一所四合院里，药政管理局的许多同志，都停下了别的工作，忙办这件刻不容缓的事。药品器材处长江冰同志，在接到平陆县委打来的电话后，就一面叫人通知八面槽特种药品商店赶快准备药品，一面跑去请示局长和正在开党组会议的几位部长。徐运北副部长指示：一定要把这件事负责办好，立刻找民航局或请空军支援送药！

现在，处里胖胖的老吴同志，头上汗水津津，正在紧张地向特种药品商店催药。共青团员冀钟昌正在与民航局联系。电话里传来的是不均匀的呼吸，显然对方也在焦急：

"明天早晨，才有班机去太原，那太迟了，太迟了！……对啦，请求空军支援！"

真急人，电话一个劲占线。当小冀接通了空军领导机关的电话时，空军已晓得了这件事。原来民航局先一步为此事打来了电话，这时，值班主任向小冀又进一步了解了卫生部的要求，立即跑去请示首长。首长指示：全力支援，要办得又快又好！于是，像开始了一场战斗一样，有关人员各就各位，研究航线，研究空投，向部队发出命令……这一切都办得十分神速，这一切都贯注着人民军队的光荣传统，都贯注着对人民极其深沉的爱！

阶级友爱，情深似海。在我们中间，一个人发生困难，就有上百、上千、上万个素不相识的人，热切地向你伸出手，不遗余力地帮助你……

现在，已经是下午五点多了。

从首都广安门外到八面槽的遥远路途中，穿过熙熙攘攘的人群，穿过川流不息的车辆，走过大街走小巷，一位三十来岁的工人，正冒着数九天的寒风，拼命地蹬着一辆载货自行车飞驰。

"同志们，闪道，闪闪道！"

他不断地向行人呼喊着。这车上拉的就是"二巯基丙醇"。骑车的叫王英浦，是位先进工作者。你看，他把车轮蹬得飞转，三十华里的路程，一个小时多就赶来了。干吗要从三十里外运药来？这其中还有段小故事：

这"二巯基丙醇"，原本是由国外进口的，算是一种稀有药品。可是去年我们的国营上海第一制药厂的工人，创造性地揭开了它的秘密，现在已能大量生产供应了。它再也不是什么稀罕玩意儿，它的身价，已经从特种药品降为普通药品，所以特药商店刚刚把它送到库房去，准备发往各地普通医药公司经售。谁知现在又突然需要它，因此又拉了它回来。

且说王英浦这时正喘吁吁地把药品搬进屋来，大家忽地围住他：

"老王，你真是两条神仙腿呀！"

就在同一个时间内。

我们的特种药品商店里，党支部书记田忱和爱海都爱中国员何思鲁，正拿着手电筒，伏在地图上，照啊，找啊，他们干什么呢？屋里明明亮着太阳灯，往常，针掉到地上都可以找到，可是今天却怎么也不够亮。噢，他们在找：平陆在哪儿？他们在想：到底如何运送？这些，迄今还都是悬案！

正在这急死人的节骨眼上，卫生部又来了电话：

"空军已热情支援，保证今夜把药品空投到平陆县城！请你们快把一千支药品装进木箱，箱外要装上发光设备……"

有飞机啦！人们的心眼里，真像是久旱逢甘雨，兴奋得都跳起来了！但紧跟着又是一个困难：这发光设备可怎么解决呢？

新闻报道主要是传递信息，重要的是向受众传达内容，遣词、造句、构建段落等一切文字的技巧都要以为是否有利于信息传递为标准。

小贴士 新闻报道，尽量使用主动语态，并坚持使用短句，一句话表述一个信息点。

小贴士 新闻报道讲究一事一议，构建段落也是如此，一个段落表述一个内容。

第八章
新闻的表达方式

新闻报道是社会的忠实记录，是信息的传递，是新闻现场的再现，一般而言，新闻报道的表达方式应以描写和叙述为主。

第一节　描写细节、展示场景

真实性是新闻的生命线，既是新闻事业的终极追求，也是对新闻记者的最低要求。新近发生的社会变动和新闻事件是具体的、真实发生的事，是可听、可感、可尝的，新闻需要描写细节、展示场景、还原现场、展示事实。

新闻报道通过细节选择、细节描写、细节的组织，展示场景，再现新闻事实，让读者看到一个个画面，看到新闻人物的活动，听到新闻人物说话，真切感触到新闻人物的内心，同时新闻事实细节的具体呈现也将引发记者和读者的情感流动。

一起来看下面的例子。

雨过天晴天府依然

5月12日下午2点，郑力正在自己新开张的茶园里和茶客闲话家常，有人抱怨他的酒水单做得太粗糙了，他不好意思地解释说，本来没打算开张，还在装修的时候，就有人非进来喝茶不可，他只好去找了个店面现打印了几张"很庸俗"的酒水单，对方听了大笑。笑容还在脸上，整个院子突然开始剧烈地震动，玻璃门似乎要爆裂开来，每个人都不知道发生了什么，只是出于本能地向外逃窜，"没遇过这种场面，太恐怖了"。

3分钟后，一切归于平静，惊魂未定的郑力和服务员一起回到茶园，打算关门走人。但最让他意想不到的情况发生了，茶客们跟着他走了回来，又坐在院子里开始品茶，好像刚才发生的只是一个刺激的插曲，大家又在太阳下开始闲话家常。有看过灾难片的人开始猜测这是地震，旁边的人也来了兴趣，纷纷加入讨论，眉飞色舞。随后，铭刻在众人记忆中的场面出现了：一个掏耳朵的人走进了茶园招揽生意，郑力大惊失色："你不怕地震的时候掏穿人家的耳朵？"对方摇摇头："我的手很稳。"满园子的人顿时呆住，随即哄堂大笑。"只有成都人才会这样，在其他地方，你想象不到地震的时候，还有这种事情发生。"郑力回忆起当时的情况，仍然觉得很不真实，但它确实发生了。(《新周刊》2008年6月12日)

细节描写、场景再现，读者真切感受到了成都人的性格特征和生活状态。

小贴士 描写事实细节，描写事实场景，可以将新闻再现于读者面前。

一、描写细节的第一步是观察

新闻报道中的细节描写、场景再现，这些用文字形成的画面与小说创作中的画面场景一样可以给读者想象和体味的空间，但是新闻报道所使用的每个细节、每个场面、每个引语必须是事实，记者的组织是对事实的选择和描述。观察是记者再现现场的第一步。

那么观察什么呢？当然是细节。

1. 观察环境

观察环境，也就是观察场景和场景的细节，这是新闻事件发生的环境，也是新闻人物生存或生活的环境，运用细节可使画面生动、可感。

2. 观察人物

遇到新闻的核心人物时，注意观察他的衣着、举止、身体语言、表情神态、步履等细节。

3. 观察人物的行为

人物是采访的主体，人物的行动更是主体中的核心。在采访中无论是事件还是人物，注意人物行动的动态细节。

4. 组织意义

在观察的基础上，将场景、人物、行动的细节组合起来就产生了一种合成物，就是意义，也就是记者所呈现的画面和画面背后的情感，以及读者对新闻的理解和思考的暗示。当然这些组合到一起的要素，必须是客观存在的事实，这才能组成新闻范围内的意义。

> **小贴士** 描写的前提是新闻观察，观察细节，观察环境，人物以及人物行为的细节，将这些内容有选择地组合，就会组成意义，并通过描写传达出来，读者才会真切感受到。

二、如何选择和使用描写

1. 消息和硬新闻如何使用描写

消息是迅速及时传递信息的，主要是要交代新闻的要素，但是与新闻的报道核心有关的重要细节和场景的描写也可以出现在硬新闻中。主要的使用标准就是看是否与核心要素有关，是否能让读者更真切地感知新闻事件的相关情况。

2. 软新闻和特稿如何使用描写

与硬新闻不同，特稿和软新闻中使用的描写比较多，但描写仍是为表达主题意义服务。

（1）不要描写与主题无关，或关系不大的事物和人物，包括天气、环境等。

（2）不描写目标受众熟知的事物或场景。

（3）描写细节，打动读者，带动读者的感官，感受新闻。例如，获得第二十六届中国新闻奖一等奖的《马氏"兄弟"跨越二十年的诚信》。

2011年年底，已是蒙古国中国农牧畜产商会会长的马奋勇，受家乡邀请返乡创业。半年后，他注册成立了喀尔里克畜牧开发有限公司。没多久，作为公司总经理的马奋勇便被保东的哥哥在网上给"敲"了出来。

"哥，你还记得我吗？我是保东，欠你 5 万多元的保东啊……你让我找得好苦啊！"电话里的马保东激动得语无伦次。

"哥，我终于能还你钱了。我要还本钱！还利息！还要加感情！我要还你 100 万元！"马保东一口气说了好几个"还"。

电话那头的马奋勇也十分激动，连说："使不得，兄弟，使不得。说真的，失而复得的朋友比失而复得的金钱更珍贵。"（人民网 2016 年 12 月 7 日）

小贴士 选择描写什么，主要考虑是否有利于表达新闻主题。

第二节　叙述故事用事实说话

新闻报道需要传递信息，但信息需要引人阅读，讲故事是吸引受众阅读的重要方式，社会每天总在发生变动，有形形色色的人和各种各样的事，人们乐于知道身边的变动，当然更乐于知道身边发生的故事。

新闻是对新闻事实的再现和追述，新闻事实是鲜活的、复杂的，因此新闻报道也应是绘声绘色的。特别是软新闻和硬新闻之后的特稿和追踪报道，需要动听的故事，需要普通人的故事。当然这里的故事不能是虚构的，它要首先是新闻，是最近发生的事实的变动，它的每一个细节、每句话都是记者采访的事实，是真实的，只是记者使用讲故事的方式将信息传递给读者。

在对外传播中，习近平总书记多次强调要增强国际传播能力建设，提升国际传播话语权。对此，习近平总书记给我们开出良方："讲故事，是国际传播的最佳方式。要讲好中国特色社会主义的故事，讲好中国梦的故事，讲好中国人的故事，讲好中华优秀文化的故事，讲好中国和平发展的故事。"习近平总书记认为，"讲故事就是讲事实、讲形象、讲情感、讲道理。"例如，收入粤教版高中语文教材的《访李政道博士》。

访李政道博士

　　作为诺贝尔奖获得者和世界著名的华人科学家，李政道博士多年来与中国保持着密切的联系，并以他独特的影响力为中国科技发展乃至现代建设做出了重大的贡献。

　　10月12日，秋天里典型的凉爽天气，我从市中心匆匆赶往位于中关村的高等科技中心。高等科技中心位于物理所的四层，采访安排在一间大会议室里，墙上一幅色彩斑斓的画引起了我的注意。仔细观看，原来是一幅精美的双面绣，是根据模拟宇宙大爆炸的实验图片创作的。下面是李政道先生的题诗："问君家何处，来自混沌初。"

　　等了一会儿，李政道先生来了。

　　记者：您在获诺贝尔奖后的演说中，给瑞典的大学生们讲了一个孙悟空的故事，您还记得当时的情景吗？

　　李政道：记得。我先把背景讲一下。诺贝尔奖到今年是设立了100周年，它有相当长久的历史。颁奖典礼拿奖的顺序是，物理排在第一位，化学第二位，然后是生物、医学、文学。经济学奖和和平奖是后来加的。1957年12月10日颁奖那天，正是瑞典大学传统上学期结束的日子，学生们到我们宴会的地方来庆祝、唱歌。以往这个时候是由文学奖得主代表所有得奖者来回答问题，但是那天学生们指名要我来讲，因为他们觉得我看上去和他们年纪差不多。那年文学奖的得主是加缪，CAMUS，是法国的一位作家，写得非常好。我就给学生们讲了一个《西游记》里的故事：孙悟空觉得自己神通广大，结果他落在如来佛的手里，他看到五根棍子，但是怎么跳也跳不出去。这正好像我们做科学的人掌握在自然界的手里一样，我们觉得自己对科学的了解广而且深，可相对来说，与科学的真理还相差很远。

　　记者：最初您和杨振宁提出宇称不守恒是一个相当大胆的假设，这种创新意识正是我们今天一再倡导的。44年后，您以当代物理学界大师级人物的身份，如何评价这种创新意识在科研中的意义？

李政道：创新不光是要胆子大，科学的发展还必须有坚实的根基。宇称守恒定律也是有它的根基的，是前人用实验证明了的。"创新"两个字包含了两层意思，即好的和新的东西。凡是新的东西都把旧的包在里面，用所有过去的知识都能解释得通，所以，创新不光要大胆，还要具备分析的能力。

记者：我查到新华社1974年5月发的一条很短的新闻稿，题目叫"毛主席会见李政道博士"，其中提到毛主席和您"进行了极为亲切的谈话"，您还记得当时你们谈了些什么吗？

李政道（仔细回忆了一下）：那一天是5月30日，我当时住在北京饭店。早上6点钟，电话铃响，说：毛主席想接见你。我当时还没有起床，于是赶紧穿衣洗漱，一个小时后来到中南海毛主席的书房。毛主席和我握手之后，刚一落座，毛主席就问："对称为什么重要？对称就是平衡，平衡就是静止。静止不重要，动才是重要的。"我顺手从茶几上拿起一个拍纸簿，把一支铅笔放在上面，向一方倾斜，笔就向下滚动，然后又向另一个方向倾斜，笔又向另一个方向滚动。我这样重复了三次，然后我说："主席，我刚才运动的过程是对称的，可是没有任何一个时刻是静止的。"我解释说，对称不是简单的平衡，运动中也可能是对称的。毛主席对什么是对称很有兴趣，他说，他一生经历的都是动荡，所以认为动是重要的。他年轻时念科学的时间不多，有关科学的观念大都是从他读过的一套汤普森写的《科学大纲》（*Outline of Science*）中得来的。我们的谈话进行了大约一个小时。

过了几天，我离开中国回美国，在飞机上，一位服务员给我一包东西，说是毛主席送给我的。我打开一看，是一包书，正是他提到的那套《科学大纲》，四本，英文原版，而且是第一版的，在当时已经找不到这个版本了。现在这套书还在我的书房里保存着。

记者：中国改革开放后第一批留学生应该算CUSPEA（通过中美物理联合考试录取赴美留学的研究生）这批人，是您最先提出让中国学子走出国门看世界，今天怎样评价它对中国科学发展的意义？

李政道：从1979年到1989年，CUSPEA这个项目一共派出了931

位,现在有100位左右很有成就的,有些回国定居了,有些经常回来讲学、做研究。最近北大成立生物物理中心,主任汤超就是CUSPEA的。

记者:您认为科学家的人文情怀对一个人成为真正的大师具有怎样的意义?对于现在的年轻人来说,如何才能做到文科和理科的均衡发展?

李政道:我们先不讲"大师",因为大师这个名称是别人封的,没有精确的标准。我认为每一个人在每一个时候都不能全,要求一个人非常全面是不可能的,也是不必要的。比如一个年轻人是做自然科学的,十七八岁进大学,如果在美国的话,头两年是不分科的,什么课都可以选,后两年才分专业。但是在国内不一样,一进校就分专业,我对此持保留意见。真正创新的都是年轻人,可是你要求一个20岁的年轻人百科全懂,这个要求是不合理的,也做不到。

至于科学与艺术,它们确实是有相通的地方。今天的科学认为,所有不同的现象都有一些很简单的基础规律,这些基础规律就是把整个自然科学都合起来了。把这些规律稍微改一点,跟过去的现象都合,跟将来的现象不一样,而结果又是对的,那么这就是非常重要的创新。自然的规律是客观存在的,而人对自然规律的了解则是人类创造的。我们对它的了解更深一步,那个创新就更进一步。艺术是创造力与情感的结合,是人类创新的动力。"天地之义物之道",就是宇宙之道,宇宙的艺术。所以人文与自然有着很密切的关系。

记者:您认为本土科学家什么时候能够获得诺贝尔奖?

李政道:我们来想一下:巴基斯坦有没有诺贝尔奖得主?

记者:没有吧?

李政道:有一位,叫萨拉姆,他是在英国接受的教育,他的工作也是在英国做的,但获奖的时候还是巴基斯坦籍。我和杨振宁得奖的时候是中国籍,我1962年加入美国籍。我在中国总是被问到这个问题,而实际上在国外学术界很少有人问某一个研究是在哪儿做的,是在中国还是在美国。高能物理差不多都不是在本土做的,所以"本土"的概念是很狭义的,一个人的研究可能在几个地方走来走去,哪里有合适的设备就在哪里做。诺贝尔奖评奖也从来不问这个工作是在哪里做的,它只标明国籍，而且这个国籍一旦标上是不能更改的。

记者：那么可不可以这样说，不管在哪里做的工作，只要是华裔科学家得奖，我们都感到同样的光荣？

李政道：当然。而且，诺贝尔奖不是目的，科学本身才是目的。

小贴士 新闻报道使用直接引语、转述、追述的叙述方式来叙述新闻事件。

一、新闻中要有个体

社会是由一个个复杂、生动的单个个体组成的，无论是事件新闻，是关于社会问题的状态性报道，还是深度报道，新闻能讲出故事，新闻报道中必须有生动的、特别的个体。最好能找到典型人物，让他们的故事贯穿全文。例如，获得第二十七届中国新闻奖一等奖的《别了，白家庄矿》。

别了，白家庄矿

12月21日凌晨4时，太原白家庄矿的祁彬茂从睡梦中醒来。他已不用早早起身赶往煤矿，但多年养成的习惯他一时还改不了。

上午8时，在白家庄矿300公里之外，柳林赵家庄矿的张彦和同事们陆续升井，换衣吃饭。当天是冬至，母亲专门给他捎来了饺子。

上午10时，天上飘起了雪花。祁彬茂走出白家庄矿二号井副井旁的检身房透透气。煤矿关闭后，53岁的他留下来看护停产的二号井。

白家庄矿的矿工，有的留下，像祁彬茂一样站最后一班岗，为工友们守护曾经相依为命的老矿井；有的转岗，像张彦一样奔赴新的工作岗位，融入中国煤炭火热的事业当中。

张彦和祁彬茂们都在以自己的方式告别白家庄矿，告别负重前行的过去，迎接充满希望的未来。

别了，白家庄矿。

今年10月，山西焦煤西山煤电白家庄矿，这座拥有82年历史的老矿，在全国煤炭去产能的大潮中第一批关闭，退出产能100万吨，圆满谢幕。2016 年，在山西，像白家庄矿这样关闭的煤矿共有 25 座，退出产能 2325 万吨，居全国第一。

白家庄矿共有两口挖煤的井，一个叫南坑，一个叫二号井。

南坑是白家庄矿的主力井口，始建于 1953 年 1 月。坑口上方红色的"五角星""红旗"带有鲜明的时代特征，至今依然熠熠生辉，记录着时代的荣光。如今，南坑的 5 层办公大楼已人去楼空。南坑副井入口已用砖和水泥封死，墙面上张贴着告示："井筒名称：南坑副斜井；关闭时间：2016 年 10 月"。

在二号井副井处，青灰色的墙体、巷道口两旁的说明牌、井口右侧的检身房……每一处缝隙里都嵌着黑色的煤屑，无声地诉说着这些年的辛劳和付出。

"以前，这里坐人的小车一辆接着一辆。现在，拆得就剩下这一个铁杆了。"站在井口，顺着老矿工祁彬茂手指着的方向望去，是黑黢黢的巷道，深不见底。巷道宽 7 米多，上有钢梁，下有轨道。曾经，采煤工人坐车沿着巷道斜面向下 700 多米，再步行前往各个作业面，那里纵横交错，是黑色的煤的世界。

站在坑口，有风从巷道深处劲烈吹来，带着历史的呼啸，涌向外面的广阔天地。

别了，白家庄矿。

时间回到 1962 年，张彦的父亲张保艾 19 岁来到白家庄矿，当起一名采煤工人。

"那时候是人工采煤，打眼放炮挖煤全靠一双手，工人下井一黑夜，眼都不能眯一下。"回忆当年，张保艾老人感慨万千，"20 世纪 70 年代提倡高采高产，目标是'突破百万吨'。本来是 3 班倒，经常是一个班延长四五个小时，我们义务加班，家属也跟着下井帮忙。采出来的煤日夜不停地运出去，支援国家建设。"

今年 73 岁的张保艾，身材高大，精神矍铄，靠挖煤艰难地养大了张彦兄弟 4 人。张彦和父亲同为一线采煤工人。父一辈、子一辈，这样的情形在白家庄矿并不少见。"儿子当采煤队长，干活可拼命了，我们老两口心疼他。"张保艾老人对大儿子的工作非常支持。他知道，干活拼命是煤矿工人的一贯作风。

今年3月23日，在下井27个年头之后，张彦转岗到赵家庄矿上班。"离开生活工作了几十年的地方，真是舍不得啊。我们那帮老兄弟各奔东西，说分就分了，有去马兰矿的，有去斜沟矿的，有去官地矿的，我们105人转到了赵家庄矿。出发前，领导嘱咐我们注意安全，继续好好采煤。"张彦觉得除了离家远点、生活有些单调外，工作环境和收入变化不大，"这是大势所趋，有国家号召，有政策支持，我们没有一个人下岗，都端上了新饭碗。"

截至12月底，白家庄矿已经分流安置职工1500余人，大部分人以对外劳务输出的方式，奔向新的工作岗位。山西有106万煤矿职工，2016年分流的共有20166人。未来，在供给侧结构性改革和煤炭去产能的进程中，分流的煤矿职工人数将达到11.8万人。

张保艾在白家庄矿干了31年，一说到煤矿关闭，他就很激动，眼含泪花："我离开的时候，矿还在；到儿子张彦离开的时候，矿已经没了。和人一样，矿也有个生，有个死啊。现在，矿也关了，老张、小张也都走了。"

别了，白家庄矿。

"头顶的那盏矿灯哟，在漆黑的巷道中，像太阳一样神圣；脚下的那片乌金哟，通过他们的劳动，让人们感受到温暖的冬；像黑色的煤一样，投入祖国的熔炉中，发光发热，让人看到你心的火红。"

歌谣唱不尽煤矿工人对煤炭的热爱，唱不尽煤矿工人对家乡的深情，也唱不尽山西煤炭对全国发展的贡献。

新中国成立以来，山西共挖了140亿吨煤炭，其中外调出省占到70%。在中国1/60的土地上，山西生产了全国1/4的煤炭。晋煤外运，山西为全国提供了源源不断的能源。地上，运煤火车开向四面八方；地下，同一时间山西40万矿工正在挖煤。

"我们父子三代都在白家庄矿上班。我父亲在井下挖了40多年煤，我干了37年，我儿子刚刚工作3年。"祁彬茂个子不高，脸庞黝黑，笑容朴实,他指指坐在身边的小祁——祁杰。父子俩笑眯眯的,话都不多。

因为煤矿关闭,祁杰已经从井下的通风岗转到机关的劳资科工作。"以后可能还要转到新岗位,但我还年轻,我相信未来,我相信会越来越好!"祁杰说。

白家庄矿从历史中走来,历经82年风雨洗礼,又转身走进历史的记忆深处。

别了,白家庄矿!但是,它永远不会被忘记,它的离开正是为了中国更美好的未来。

祁彬茂还有两年退休,年纪大了,他受到企业照顾,并没有转岗到其他单位。他尽心守护着完成历史使命的矿井,因为"二号井主井关闭了,副井规划为'第二批国家矿山公园',以后人们可以来参观、游玩,了解井下的煤炭世界。"祁师傅充满希望地说,"道路拓宽,绿化造林,拆迁改造……以后这里一定会大变样。"(《山西日报》2016年12月28日)

报道通过两对父子在白家庄矿的工作变迁的感人故事,以小见大,以人见事,以情动人,让人们在这个有亮度、有温度、有深度的中国故事中,理解了供给侧改革这个政策背景,理解了煤炭、钢铁等行业去产能的深远意义。

二、描写细节,关注人物的言行

描述人物的外貌、言语、行为、表情表现人物,表现人物的性格特征,使新闻鲜活、故事化。例如:

曾剑华看到的最后一眼车上的乘客是趴在车后部右车窗上的两个人。"他们肯定是挣扎着想跳下来,可是没有力气了,我就看见他们的手晃了几下就不再动了。"他也送了4个乘客去医院,不过他判断当时川陕路上会堵车,没有掉头往出城方向的陆军总院,而是选择了进城方向最近的416医院。他告诉本刊记者,路上,一个女乘客一边骂一边自言自语:"车上不知道要烧死多少人,我们是踩着人逃出来的。"把伤者送到医院后,曾剑华的白色座椅套全都染上了鲜血。他说,他把车停在医院里想清理一下,可是,"我实在忍不住了,坐在车上大哭了一场"。(《成都公交车燃烧事件详细记录》,载《三联生活周刊》2009年6月8日)

三、新闻报道中使用小故事

请看著名记者穆青等人写的经典报道《县委书记的榜样——焦裕禄》"当群众最困难的时候,共产党员要出现在群众面前"这一片段,作者用了很多小故事,为读者展现了焦裕禄亲民爱民,心里时刻装着老百姓的生动形象,使人觉得这个人物可亲、可信、可敬。

县委书记的榜样
——焦裕禄
(节选)

当群众最困难的时候,共产党员要出现在群众面前

就在兰考人民对涝、沙、碱三害全面出击的时候,一场比过去更加严重的灾害又向兰考袭来。1963年秋季,兰考县一连下了十三天雨,雨量达二百五十毫米。大片大片的庄稼汪在洼窝里,渍死了。全县有十一万亩秋粮绝收,二十二万亩受灾。

焦裕禄和县委的同志们全力投入了生产救灾。

那是个冬天的黄昏。北风越刮越紧,雪越下越大。焦裕禄听见风雪声,倚在门边望着风雪发呆。过了会儿,他又走回来,对办公室的同志们严肃地说:"在这大风大雪里,贫下中农住得咋样?牲口咋样?"接着他要求县委办公室立即通知各公社做好几件雪天工作。他说:"我说,你们记记。第一,所有农村干部必须深入户访贫问苦,安置无屋居住的人,发现断炊户,立即解决。第二,所有从事农村工作的同志,必须深入牛屋检查,照顾老弱病畜,保证不许冻坏一头牲口。第三,安排好室内副业生产。第四,对于参加运输的人畜,凡是被风雪隔在途中的,在哪个大队的范围,由哪个大队热情招待,保证吃得饱,住得暖。第五,教育全党,在大雪封门的时候,到群众中去,和他们同甘共苦。最后一条,把检查执行的情况迅速报告县委。"办公室的同志记下他的话，立即用电话向各公社发出了通知。

这天，外面的大风雪刮了一夜。焦裕禄的房子里，电灯也亮了一夜。

第二天，窗户纸刚刚透亮，他就挨门把全院的同志们叫起来开会。焦裕禄说："同志们，你们看，这场雪越下越大，这会给群众带来很多困难，在这大雪拥门的时候，我们不能坐在办公室里烤火，应该到群众中间去。共产党员应该在群众最困难的时候，出现在群众的面前，在群众最需要帮助的时候，去关心群众，帮助群众。"

简短的几句话，像刀刻的一样刻在每一个同志的心上。有人眼睛湿润了，有人有多少话想说也说不出来了。他们的心飞向冰天雪地的茅屋去了。大家立即带着救济粮款，分头出发了。

风雪铺天盖地而来。北风响着尖厉的哨音，积雪有半尺厚。焦裕禄迎着大风雪，什么也没有披，火车头帽子的耳巴在风雪中忽闪着。那时，他的肝痛常常发作，有时痛得厉害，他就用一支钢笔硬顶着肝部。现在他全然没想到这些，带着几个年轻小伙子，踏着积雪，一边走，一边高唱《南泥湾》。他问青年人看过《万水千山》这个电影没有，他说："你们看，眼前多么像《万水千山》里的一个镜头呵！"

这一天，焦裕禄没烤群众一把火，没喝群众一口水。风雪中，他在九个村子，访问了几十户生活困难的老贫农。在梁孙庄，他走进一个低矮的柴门。这里住的是一双无依无靠的老人。老大爷有病躺在床上，老大娘是个瞎子。焦裕禄一进屋，就坐在老人的床头，问寒问饥。老大爷问他是谁，他说："我是您的儿子。"老人问他大雪天来干啥，他说："毛主席叫我来看望您老人家。"老大娘感动得不知说什么才好，用颤抖的双手上上下下摸着焦裕禄。老大爷眼里噙着泪说："解放前，大雪封门，地主来逼租，撵得我串人家的房檐，住人家的牛屋。"焦裕禄安慰老人说："如今印把子抓在咱手里，兰考受灾受穷的面貌一定能够改过来。"

就是在这次雪天送粮当中，焦裕禄也看到和听到了许多贫下中农极其感人的故事。谁能够想到，在毁灭性的涝灾面前，竟有那么一些生产队，两次三番退回国家送给他们的救济粮、救济款。他们说：把救济粮、救济款送给比我们更困难的兄弟队吧，我们自己能想办法养活自己！

焦裕禄心里多么激动呵！他看到毛泽东思想像甘露一样滋润了兰考人民的心，党号召的自力更生、奋发图强的精神，在困难面前逞英雄的硬骨头精神，已经变成千千万万群众敢于同天抗、同灾斗的物质力量了。

有了这种精神，在兰考人民面前还有什么天大的灾害不能战胜！

小贴士 新闻故事化，新闻报道中就要有具体的个体，以及个体的外貌、言语、行为和存在场景等。

小贴士 新闻要报道事实，因此它的表达方式是描写、叙述，用事实说话。

第九章
特稿写作

第一节　什么是特稿

特稿，是深度报道的一种，是在保证新闻真实性的前提下，用文学性与创造性的语言讲故事，让受众深入全面地了解新闻事件。

特稿是特别报道的简称，从内涵上而言，可以等同于深度报道，仅仅是与消息和评论这两种体裁区别而已。《新闻学大辞典》对特稿是这样解释的："特稿就是运用解释、分析、预测等方法，从历史渊源、因果关系、矛盾演变、影响作用、发展趋势等方面报道新闻的形式。"特稿的类型主要有人物特稿、事件特稿、趣闻特稿等。

小贴士　消息重在简述新闻要素，特稿重在叙述新闻故事。

第二节　如何组织特稿素材

一、选择主题

特稿是新闻报道的一种体裁，选择主题的标准仍然主要为新闻价值，写特稿前，首先明确报道目的，选择主题，特稿的一切组织环节以表达主题为目的。选择主题时可以考虑，这个主题新颖吗？有人做过这样的主题吗？这篇特稿的写作价值在哪里？可能会有什么样的传播效果？

二、选择主线

特稿一般篇幅都较长，报道的内容细致，需要由一个贯穿全文的人物或者故事作为主线，帮助写作者使文章流畅，也有助于读者阅读和新闻报道的细致展开。这个主线可以选择一个有代表特点的主体人物和与人物相关的故事，也可是按照一定顺序叙述的事件。

三、撰写导语

特稿的导语一般不是一段话，一般由两段或者几段段群组成导语，通过开篇营造气氛或悬念，引导读者阅读。

四、使用过渡

特稿的过渡可以使用自然过渡和记者介入过渡两种过渡方法。自然过渡就是一般文章的过渡方法，使用过渡词，如同时、但是等，或使用过渡段和利用时间、地点转移等。记者介入过渡，就是记者介入事件中，以记者的视线、感觉、感情为线索，实现过渡，如"走过拐角""记者看到""外面传来孩子的哭声"等。

五、特稿正文

使用引语、细节、人物、人物的行为和场景描述等组成特稿的正文，感染读者，引导读者的阅读和感情。

六、提供背景

特稿的写作需要写到事情的来龙去脉和存在环境，这些背景信息需要在特稿中穿插使用。

七、使用引语

引语，特别是直接引语是特稿的重要组成部分，特稿中适当多选择直接引语，让新闻人物站到读者面前直接与读者对话。

八、设置结尾

特稿一般有一个精心设置的结尾，引起读者的思考，但作为新闻报道这个结尾必须是事实的组成部分，选择合适的事实作为结尾，可以是场景也可以是引语等。

九、个人风格

特稿的撰写非常灵活，个人的写作风格和个性特色可以在这里得到展现，因此合理组织新闻素材，创造性写作，可以带上明显的个人风格。

> 小贴士 特稿需要设置叙述主线，谋篇布局，设置结尾，如在创作小说，但特稿所用的所有文字都要是采访得来的事实。

第三节 特稿如何开头

特稿要有一个比较生动和引人的开头，同时这个开头还是报道展开的一个最佳的契机，是报道的思维起点。在所采访到的材料中选择这样的场面、细节或者引语，切入报道核心，引导读者阅读。下面是可供参考的几种开头方式。

一、以一段引语开头

"我从心底敬佩您这样的人……您为这些女孩子们在荆棘重重的道路上开出了一片天，督促她们走向了更高、更远的地方。您选择将自己的爱给了山区的女孩们，让她们看到了更为广阔、美丽的风景。"12月5日，南航乘务员朱静怡给飞机上偶遇的一位乘客写了封信。

这位乘客正是全国优秀共产党员、云南丽江华坪女子高中校长张桂梅。(《爱让梦想飞越大山》，载《人民日报》2020年12月11日)

直接引语引出报道的核心内容，当然也为读者的阅读制造了悬念。

二、用动人情节开头

这一次,回家的路如此遥远:从鸭绿江那边的朝鲜,回到中国。寄托着4条鲜活生命的烈属证,经过58年,终于到达家乡,到达家人的手里。他们是被一个陌生农民送回来的,这似乎不太合"规矩",而这些没有结婚、没有后人,甚至连照片都没有留下一张的烈士,几乎已被家人遗忘。58年来,家人并不知道他们的死活,甚至并不知道他们当了兵。(《农民历时10年将抗美援朝烈属证送达家属》,载《中国青年报》2010年6月10日)

事件的情节曲折、感人,将其概括作为开头。

三、以事件结局开头

若事件的结局出人意料,有新闻价值,可以将结局置于开头,再在主体中叙述事件经过。

一位退休老人写了一部自传,刚刚在网上连载了一小部分,就引来近10万点击量,这让历史学博士邹振东着实吃惊不小。

在他眼里,这个82岁的老头再平凡不过。退休前不过是江西省井冈山市民政局一位普通公务员,退休后跟着儿女到厦门生活。每天清晨去公园打打太极拳,平日里爱下下象棋。平常不大爱自我表现,也不怎么讲过去的事。但眼下,这部用10万字篇幅写成的"过去的事",在互联网上甫一露脸,便吸引了众多拥趸,并引发一场关于"草根写史"的讨论。(《82岁老人写10万字自传引发草根写史讨论》,载《中国青年报》2010年5月20日)

退休老人的自传,发到网上,引来热议,关于个体史的话题也成了一个焦点,这出人意料,也因它的特异性而具有了新闻价值。

四、将矛盾置于开头

重庆市属重点南开中学尖子班的高考考生张华西给自己估分675分

（裸分），但他仍然觉得自己的清华梦就要破碎了。

原因在于他的竞争对手——高考刚刚结束，他的班主任告诉大家，另一家重点中学巴蜀中学今年一共有74名考生享受了20分的最高少数民族加分，并且这74名学生大多集中在尖子班。

高考如战场，这些尖子生之间的高手过招，"也就是几分的区别"。张华西说。如果同样目标为北大清华的对手们多了这20分，他基本上也就没戏了。（《重庆高考74名尖子生获20分民族加分》，载《南方周末》2010年6月11日）

竞争在势均力敌的对手间展开，矛盾变得尤其突出，将这样激烈的矛盾冲突置于开头，激发读者的阅读欲望。

从上述的开头方式，可以看出选择什么样的事实作为开头，在考虑目标受众的基础上，主要还是新闻价值标准。以上提到的只是特稿的常见的开头方式，只要开头能引人阅读，又是报道展开的一个最佳的契机，可以使用任何适合报道具体新闻事实的开头方式。

小贴士 特稿的开头，是故事性导语的使用，可以是场景、引语、情节、矛盾，也可以是结局，总之大多会使用具体的事实细节切入。

第四节　特稿的主体结构

特稿的主体，主要展现新闻事实的背景、原因、过程和影响等，具有相对较大的文字篇幅，因此需要布局结构的技术。主体展开的结构方式主要有下面几种。

一、时间顺序结构

按照新闻事实发生、发展的时间顺序，叙述事件，适用于时间线索明晰的新闻报道，故事性很强、情节完整的事件新闻特稿等。请看由《深圳特区报》副总编辑陈锡添撰写的经典报道《东方风来满眼春》。

东方风来满眼春
——邓小平同志在深圳纪实

南国春早。

一月的鹏城,花木葱茏,春意荡漾。

跨进新年,深圳正以勃勃英姿,在改革开放的道路上阔步前进。

就在这个时候,我国改革开放的总设计师、各族人民敬爱的邓小平同志到深圳来了!

在我国社会主义现代化建设的关键时期,小平同志的到来,是对深圳特区最大的关怀和支持,是对深圳人民最大的鼓舞和鞭策。

1月19日上午8时许,在深圳火车站月台上,几位省、市负责人和其他迎候的人在来回踱步,互相交谈,他们正以兴奋而激动的心情等待着……

来了!远处传来马达的轰鸣声。接着一列长长的火车徐徐进站。时钟正指9时整,列车停在月台旁边。

一节车厢门打开,车站服务人员敏捷地把一块铺着红色地毯的长条木板放在车厢门口。

不一会儿,邓小平同志出现了!人们的目光和闪光灯束一齐投向这位领一代风骚的伟人身上。

他,身体十分健康,炯炯的眼神,慈祥的笑脸,身着深灰色的夹克、黑色西裤,神采奕奕地步出车门。他的足迹,在时隔8年之后,又一次踏在处于改革开放前沿的深圳这块热土上。

下车后,邓小平同志满面笑容地同前来欢迎的广东省委书记谢非、深圳市委书记李灏、市长郑良玉一一握手。

握手时,谢非说:"我们非常想念您。"

李灏说:"我们全市人民欢迎您的光临。"

郑良玉说:"深圳人民盼望您来,已经盼了8年了。"

简洁的话语,充分表达了全省、全市人民对小平同志的想念和崇敬之情。

邓小平同志同省市负责人登上一辆中巴，一直驶到下榻的市迎宾馆桂园。在这里恭候的市委副书记厉有为、市委常委李海东迎上前来，同小平同志握手并向他问好。

千里迢迢，舟车劳顿，市负责人劝他老人家好好休息。

但是，小平同志却毫无倦意。他说："到了深圳，我坐不住啊，想到处去看看。"

众所周知，邓小平同志是创办经济特区的主要决策者。早在1979年4月，他在听取当时中共广东省委主要负责人的汇报后说：可以划出一块地方叫作特区。陕甘宁就是特区嘛。中央没有钱，要你们自己搞，杀出一条"血路"。次年8月，全国人大常委会正式通过并颁布《广东省经济特区条例》，中国经济特区就这样诞生了。深圳特区是邓小平同志亲自开辟的最早的改革开放的试验地之一。它的发展情况，小平同志当然十分关注。1984年1月，小平同志曾到深圳视察过。一晃，8年过去了。深圳的面貌又发生什么样的变化？老人家急不可待要目睹一番。

随行人员说，小平同志身体好，昨晚在车上休息得不错，既然他兴致高，就安排活动吧。

在桂园休息约10分钟，小平同志和谢非等同志在迎宾馆内散步。

散步时，邓楠向小平同志提起他在1984年1月26日为深圳特区题词一事。邓小平同志接着将题词一字一句念出来："深圳的发展和经验证明，我们建立经济特区的政策是正确的。"一个字没有漏，一个字没有错。在场的人都很佩服他那惊人的记忆力。

1984年，特区建设遇到不少困难和阻力，有些人对办特区持怀疑观望态度。是年1月24日，当时任中共中央政治局常委、中顾委主任的邓小平同志，同王震、杨尚昆同志在中顾委委员刘田夫和广东省省长梁灵光的陪同下，到深圳视察，给深圳特区题了词，肯定了深圳特区的建设成就，肯定了办特区的方针是正确的，给了特区建设以决定性的支持，坚定了人们办特区的决心和信心，使特区的建设事业继续推向前进。

散步后，小平同志在省市负责人的陪同下，乘车观光深圳市容。

车子缓缓地在市区穿行。这里，8年前有些还是一汪水田、鱼塘，羊肠的小路，低矮的房舍。现在，宽阔的马路纵横交错，成片的高楼耸入云端，到处充满了现代化的气息。小平同志看到这繁荣兴旺、生机勃勃的景象，十分高兴。正如他后来说的："8年过去了，这次来看，深圳、珠海特区和其他一些地方，发展得这么快，我没有想到。看了以后，信心增加了。"

小平同志边观光市容，边同省市负责人亲切交谈。

当谈到办经济特区的问题时，小平同志说，对办特区，从一开始就有不同意见，担心是不是搞资本主义。深圳的建设成就，明确回答了那些有这样那样担心的人。特区姓"社"不姓"资"。从深圳的情况看，公有制是主体，外商投资只占1/4，就是外资部分，我们还可以从税收、劳务等方面得到益处嘛！多搞点"三资"企业，不要怕。只要我们头脑清醒，就不怕。我们有优势，有国营大中型企业，有乡镇企业，更重要的是政权在我们手里。有的人认为，多一分外资，就多一分资本主义，"三资"企业多了，就是资本主义的东西多了，就是发展了资本主义。这些人连基本常识都没有。

车子行至火车站前，邓林指着火车站大楼那苍劲有力的"深圳"两个大字对小平同志说："您看，这是您的题字，人们都说写得好。"

邓楠打趣说："这是您的专利，也属知识产权问题。"说得小平同志笑了起来。

当谈到经济发展问题时，小平同志说，亚洲"四小龙"发展很快，你们发展也很快。广东要力争用20年的时间赶上亚洲"四小龙"。停了一会儿，他补充说，不仅经济要上去，社会秩序、社会风气也要搞好，两个文明建设都要超过他们，这才是有中国特色的社会主义。新加坡的社会秩序算是好的，他们管得严，我们应该借鉴他们的经验，而且比他们管得更好。

车子不知不觉到了皇岗口岸。皇岗边防检查站、海关、动植物检疫所的负责同志，热情地欢迎小平同志的到来。

小平同志站在深圳河大桥桥头,深情地眺望对岸的香港,然后察看皇岗口岸的情况。

皇岗边检站站长熊长根向小平同志介绍说,皇岗口岸是1987年年初筹建,1989年12月29日开通的。占地一平方公里,有180条通道,最高流量可达5万辆次和5万人次,是亚洲最大的陆路口岸。最近每天约通过7000辆车次和2000人次。小平同志听了很高兴,不住点头,露出满意的笑容。

国贸中心大厦,高高耸立,直插云霄。这是深圳人民的骄傲。深圳的建设者曾在这里创下了"三天一层楼"的纪录,成了"深圳速度"的象征。到深圳来的中外人士,总要登上楼顶的旋转餐厅,远眺深圳城市的景色。

1月20日上午9时35分,小平同志在省、市负责人的陪同下,来到国贸大厦参观,该大厦的女职工,整齐地站在两旁,鼓掌欢迎小平同志,并齐喊"邓爷爷好!"小平同志高兴地向她们招手,并鼓掌致意。

在53层的旋转餐厅,小平同志俯瞰深圳市容。他看到高楼林立,鳞次栉比,一派欣欣向荣的景象,很是高兴。

坐下来后,他先看一张深圳经济特区总体规划图。接着,李灏向小平同志汇报深圳的改革开放和经济建设的情况。李灏说,深圳的经济建设发展很快,人民生活水平有了很大提高,1984年,人均收入为600元,现在是2000元。改革开放也有了很大的进展。他还说,这些年来,我们的精神文明建设和物质文明建设是同步发展的。深圳人对建设有中国特色的社会主义坚定不移,并且充满信心……

听了汇报后,小平同志和省市负责人做了较长时间的谈话。

小平同志充分肯定了深圳在改革开放和建设中所取得的成绩。然后,他说,要坚持党的十一届三中全会以来的路线方针政策,关键是坚持"一个中心、两个基本点"。不坚持社会主义,不改革开放,不发展经济,不改善人民生活,只能是死路一条。基本路线要管一百年,动摇不得。

小平同志又说,要坚持两手抓,一手抓改革开放,一手抓打击各种犯罪活动。这两只手都要硬。打击各种犯罪活动,扫除各种丑恶现象,手软不得。

小平同志思路清晰,记忆力强。他谈笑风生,有时一两句幽默的话语,引得大家发出一阵阵笑声。在场的省、市负责同志聚精会神地聆听他老人家的谈话,不时还插上三几句。谈话气氛轻松活跃。

小平同志侃侃而谈。他还谈到中国要保持稳定;干部和党员要把廉政建设作为大事来抓;要注意培养下一代接班人等重大问题。

在谈话中,小平同志强调要多干实事,少说空话。他说,会太多,文章太长,不行。谈到这里,老人家指着窗外的一片高楼大厦说,深圳发展这么快,是靠实干干出来的,不是靠讲话讲出来的,不是靠写文章写出来的。

小平同志精神健旺,谈兴甚浓。在国贸大厦旋转餐厅,老人家谈话谈了30多分钟,使在场的人深受教育和鼓舞。

当小平同志离开旋转餐厅下到一楼大厅时,大厅的音乐喷泉,随着优美的乐曲,喷出图案多变的水柱和水花,蔚为壮观。一楼到三楼,站满了群众,黑压压的一片。人山人海,秩序井然。人人心花怒放,个个喜笑颜开。这是多么令人难忘的时刻!人们为有幸一睹小平同志的风采而激动万分,也为小平同志的身体健康、精神饱满而无比高兴。

群众在尽情地鼓掌,阵阵雷鸣般的掌声响彻国贸大厦。这掌声,表达了群众对倡导改革开放政策的小平同志的爱戴和崇敬;反映了群众对身受其惠的改革开放政策的坚信和拥护。

小平同志非常高兴,满面笑容地频频向群众招手致意。整个场面十分热烈,呈现出老一辈无产阶级革命家同人民群众融洽无间的动人情景。

离开国贸大厦后,小平同志乘车去深圳先科激光公司参观。

先科激光公司,是一间高科技企业,引进荷兰飞利浦公司的先进生产技术,是我国目前唯一的生产激光唱片、视盘和光盘放送机的公司。江泽民、李鹏、王震、田纪云、刘华清等中央、国务院、中央军委的领导人曾先后到过这里视察。

车子到达先科激光公司时,该公司董事长叶华明等人迎上前去,和小平同志热烈握手。

有人介绍说，叶华明是叶挺将军的儿子。

小平同志握住叶华明的手亲切地问："你是叶老二吧？"

"不是，我是老四。"叶华明伸出四只手指回答说。

"呵，我们快40年没见面了。"小平同志深情地说。

"是的，我那时是小孩，现在50多岁了。"

"你弟弟叶正光在哪里工作？"小平同志对革命家的后代十分关心。

叶华明说："在海南岛。"

原来，叶挺将军于1946年不幸飞机失事遇难后，叶华明于当年5月离开延安直到1953年，叶正光于1952年到1960年，都是生活在聂荣臻元帅家里。小平同志同聂帅常有往来，所以那时见过他们兄弟俩。

在公司贵宾厅，小平同志听取了关于公司情况的介绍。先科激光公司于去年10月12日正式投产，使我国继荷兰、日本、美国之后，成为第四个能够生产激光视、唱盘的国家。该公司可年产激光唱片500万张，视盘150万张，激光视、唱盘放送机各5万台。

邓楠拿起一块闪光锃亮的激光视盘给小平同志观看。这种恍如镜子般的盘片，能储存10.8万帧色彩逼真的清晰图像，可长久保存，永不磨损。小平同志听了，十分感兴趣，问："是什么材料？"公司的同志答："塑料上面镀一层银。"

他又兴味盎然地看了激光视盘的特性、音响效果、功能和检索能力的表演。当他看到传记资料片《我们的邓大姐》时，对身旁的广东省委书记谢非说："我今年88岁，邓颖超同志和我同年，都是1904年生的。我是8月出生，她比我约大半岁。"

小平同志出生于1904年8月22日，家乡是四川省广安县协兴乡牌坊村。

小平同志接着说："邓颖超同志是河南人。"他女儿邓楠说："不，她是广西人。"小平同志纠正说："她的原籍是河南。广西是她出生和长大的地方。"小平同志对邓大姐十分熟悉。

接着，公司一位四川籍的业余歌手赵敏，为小平同志演唱了一首卡拉OK《在希望的田野上》。小平同志对他这位老乡的歌喉及音响效果十分赞赏。听完后带头鼓掌。一边起身，一边说："很好，我听得很清楚，不走调，音响效果不错。"

从贵宾厅出来到激光视盘生产车间，经过30米长的过道，许多职工在过道侧热烈鼓掌欢迎小平同志。

小平同志问："这些职工多大年纪？"

叶华明答："大多数是25岁到30岁，由全国各地招聘来的，大部分是科技人员。"

小平同志听了高兴地说："很好，高科技项目要让年轻人干，希望在青年人身上。"

在激光视盘生产车间，当叶华明介绍他们每年要生产一部分外国电影激光视盘时，小平同志问："版权怎么解决？"

叶华明回答说："按国际规定向外国电影公司购买版权。"

小平同志对此表示满意："应该这样，要遵守国际有关知识产权的规定。"

小平同志边走边问，对公司的情况问得很仔细，他还问及原材料是否进口？我国目前能否生产？产品质量怎样保证等等，公司负责人一一做了回答。

当小平同志看到几位女工正在擦拭刚生产出来的激光视盘时，便停下来问："你们是什么地方人？"女工们回答："汕头人。"小平同志笑着说："我一看就知道你们是广东人。"说得大家都笑起来。

临离开车间前，小平同志问到公司今年的生产目标。叶华明说："今年要生产50万张激光视盘，250部激光视盘电影，国产片和外国片一样多，其中还有科教片和一部分卡拉OK。总产值可达3亿多元，利润8000万元。"小平同志高兴地说，很好，希望你们努力实现这个目标。

小平同志到先科激光公司参观，给了该公司的职工以极大的鼓舞。公司董事长叶华明对记者说："我是一直在党内老同志关怀抚养下成长的，见到邓小平同志身体健康，我心里特别高兴。我决心在深圳第二个十年建设中，努力把工作做得更好，不辜负小平同志的殷切期望。"

1月21日，是华侨城建设者永远难忘的日子。这一天，小平同志到这里的中国民俗文化村和锦绣中华微缩景区游览。

"锦绣中华",是集中国名胜古迹于一体的世界最大的微缩景区。中国民俗文化村,是中国民俗艺术的荟萃之地,是集民间艺术、民族风情、民居于一园的大型游览区。

上午9时50分,小平同志在省、市负责人陪同下,乘车来到中国民俗文化村东大门广场。民俗文化村顿时沸腾起来了。广场上欢声雷动,鼓乐喧天,身穿鲜艳民族服装的各族青年男女,载歌载舞迎接小平同志的到来。

在广场西侧,小平同志登上电瓶车,由徽州街西行,缓缓驶经各个民族村寨。所到之处,各少数民族的演员都在尽情地跳舞欢歌,敲鼓击乐,充满欢乐祥和的气氛。小平同志一行在这里领略了千姿百态的民族风情,欣赏了古朴纯美的民间歌舞。而那别具一格的徽州石牌坊群,富有民族特色的贵州鼓楼、风雨桥、云南藤桥、金碧辉煌的西藏喇嘛寺等,又把小平同志一行带进了中华民族源远流长的传统文化长河中。

正在这里游览的群众、港澳同胞和外国朋友,纷纷驻足道旁,鼓掌向小平同志致意。小平同志亦频频向他们招手。

到新疆维吾尔族民居,小平同志走下电瓶车,在这里坐下来,兴致勃勃地观看维吾尔舞蹈。这时,小平同志的小孙子走过来,邓楠抱住他,说:"亲亲爷爷。"小孙子亲昵地吻了一下小平同志的面颊,小平同志十分开心。

小平同志接着到锦绣中华微缩景区游览。在"天安门"前,小平同志下电瓶车观赏了"故宫"景色。然后,他走到"故宫"景点旁边的小卖部,很感兴趣地欣赏玻璃柜内的纪念品。

在"布达拉宫"前,小平同志分别同家人及亲属、陪同的负责同志合影留念。

在驱车回迎宾馆途中,小平同志和陪同的负责同志亲切谈话。

小平同志说,走社会主义道路,就要逐步实现共同富裕。共同富裕的构想是这样提出来的:一部分地区有条件先发展起来,一部分地区发展慢点,先发展起来的地区带动后发展的地区,最终达到共同富裕。如果富的愈来愈富，穷的愈来愈穷，两极分化就会产生，而社会主义制度就应该而且能够避免两极分化。解决的办法之一，就是先富起来的地区多交点利税，支持贫困地区的发展。当然，太早这样办也不行，现在不能削弱发达地区的活力，也不能鼓励吃"大锅饭"。

他接着说，不发达地区又大都是拥有丰富资源的地区，发展潜力是很大的。总之，就全国范围来说，我们一定能够逐步顺利解决沿海同内地贫富差距的问题。

当深圳市长郑良玉汇报在发展经济的同时，把社会主义精神文明建设搞好时，小平同志说，只要我们的生产力发展保持一定的增长速度，人民的精神文明建设也可以搞上去。我们完全有能力把社会主义精神文明建设搞好。

小平同志还谈到要尽快把经济建设抓上去。他说，有条件的地方要尽可能搞快点，只要是讲效益，讲质量，搞外向型经济，就没有什么可以担心的。

1月22日，边城深圳阳光明媚，仙湖植物园内春意盎然。今天，小平同志和杨尚昆主席带领两家三代人到仙湖植物园种树和游览，给园内园外带来了无尽的喜悦。

上午9时45分，小平同志在省、市负责人陪同下，来到仙湖植物园。随同来的有他的夫人卓琳、女儿邓林、邓榕和小孙子。随后，邓朴方同志也来了。

先到这里的国家主席杨尚昆，同小平同志热烈握手。接着步入展览厅，观看仙湖植物园模型。小平同志听了关于植物园的情况介绍后，高兴地说："植物园大有可为。"

杨尚昆主席是1月21日到深圳视察的。小平同志和杨主席两位老战友在仙湖植物园相逢，自然高兴万分。

"我们在一起几十年咯。"小平同志深情地说。

"我们是1932年认识的。"杨主席说着扳起指头数起来，"42、52、62……92，六十年了！"

这时身背三部相机的杨绍明走过来，握着小平同志的手："邓伯伯，新年好！"

邓榕说："他是全国摄影协会副主席呀！"

小平同志幽默地说："你们杨家有两个主席咯！"全场大笑起来。

接着，小平同志和杨主席一同步入室内观赏植物区。这是一个大温室，培育着古今中外种类繁多的珍稀植物，林林总总，使人目不暇接。

他们首先观看据说距今有一亿五千万年的恐龙时代的树种——桫椤。

小平同志说："还有一种古代树种，叫水杉，现在全国都有了。有一棵很大的，在三峡附近。"说着，他还用手比画一下。

植物园负责人陈覃清说："是的。水杉树种距今约7500万年，是在三峡附近湖北省境内被发现的。"在场的人都很佩服小平同志丰富的知识和记忆力。

小平同志说的那棵很大的水杉，是1946年薛纪茹先生发现的，他采集了标本。1948年，由胡先骕、郑万钧先生定名为水杉，公开发表，轰动了当时国际植物界。人们称此树种为活化石。这棵树胸径2.4米，高35米，在三峡附近湖北省利川市谋道这个地方。

接着，小平同志和杨主席仔细观赏其他植物，兴味极浓。

看到一种叫"发财树"的植物，邓榕风趣地对小平同志说："以后咱们家也种一棵。"

小平同志指着"光棍树"问："为什么叫光棍树？"植物园负责人回答："因为它不长叶子。"

在湘妃竹、人面竹、方竹前，小平同志伫立观赏。植物园负责人介绍说，毛主席的诗句"斑竹一枝千滴泪"中的斑竹，就是指这种湘妃竹。相传很久以前，一个妃子逃难到九嶷山，哭得很伤心，一滴滴泪水滴在竹子上，就成为现在的湘妃竹。

小平同志说："成都竹子很多，有红的、黑的、紫的、黄的，也有方的。"植物园负责人说："成都的望江公园各种竹子都有。"在场有人说：这里有的竹子就是悄悄地从成都"弄"来的。小平同志开玩笑说："这也属知识产权问题啊，我是四川人，要你们赔偿啊。"周围的人全都笑起来。观赏植物区里笑语声喧。

小平同志被这些珍稀植物吸引住了,他观赏得很仔细,注意听介绍,还不断提问。他指着一棵天鹅绒竹芋问:"它长不长芋头?"植物园负责人答:"不长,只供观赏。"邓榕接着说:"爸爸很喜欢吃芋头。"植物园的同志说,这种竹芋的叶子,摸上去像绒布。小平同志听了,好奇地摸了一下。杨主席随手捡起一片叶子,风趣地说:"带着留个纪念。"

杨主席也在以极大的兴趣,观赏着各种奇花异草。他观看猪笼草、鸟巢蕨时,鸟巢蕨那活像鸟巢的模样令他十分开心。他问这植物开不开花?靠什么繁殖?植物园负责人一一做了回答。

这里有一种兰花,很奇特,叫"跳舞兰"。植物园负责人指着一朵兰花给小平同志介绍:"这兰花样子像个姑娘。这是头、身子、裙、腿。它在跳迪斯科哩。"小平同志笑着说:"是,很像个姑娘在跳舞。"

从观赏植物区出来,小平同志和杨主席等人向大草坪走去。置身于美丽的大自然中,满眼是青山绿水,茂林修竹,小平同志感到心旷神怡。他高兴地同家人在这里合影留念。

这里,绿色主宰了大自然的风光,使人流连忘返。小平同志说:"这里的环境真优美。"杨主席赞叹道:"真是天上人间,世外桃源。"

10时10分,小平同志和杨主席在一片开阔的草地上,种下一棵常青树——高山榕。小平同志和杨主席挥锹培土。接着,小平同志的家人也拿起铁锹,使劲地将土铲到树根上。邓朴方在旁人的帮助下,也培了几锹土。然后,小平同志和小孙子一齐端起个红色的小水桶浇水。

杨主席同小平同志一家栽好树后,又领着自己一家在不远处种下另一棵高山榕。杨主席和家人一道培土、浇水,动作非常敏捷。

高山榕是一种亚热带植物,桑科榕属,是广东省的代表树种之一。生长快,树冠大,四季常青。

小平同志和杨尚昆主席在这里种下长常树,给深圳增添了无边春色,也将为子孙后代造福遮阴。深圳人民一定会记住这个日子,记住他们为建立新中国、为改革开放所做的卓越贡献,记住他们对深圳特区的关怀和支持,记住他们那长久而深厚的情谊。

种完树后,小平同志和家人在湖边散步,一家人其乐融融,尽情享受这温暖的阳光和清新的空气，欣赏这如诗如画的湖光山色。

小平同志精神奕奕地迈着步，表现出他对祖国的未来充满信心。摄影记者们纷纷按下快门，拍下这令人高兴的镜头。

1月22日下午3时10分，小平同志和杨尚昆主席在市迎宾馆接见了深圳市委、市政府、市人大、市政协、市纪委的负责人，亲切地同他们一一握手。

接着，小平同志和杨主席同深圳市五套班子的负责人合影。合影时，坐在前排的有：小平同志、国家主席杨尚昆、中央军委副主席刘华清、广州军区司令员朱敦法、广东省委书记谢非、新华社香港分社社长周南、广东省委副书记郭荣昌、深圳市委书记李灏、市长郑良玉、市委副书记厉有为。

合影后，人们都围拢过来，同小平同志握手，小平同志亲切地和大家交谈。

新华社香港分社社长周南握着小平同志的手，向他问好，并邀请他1997年访问香港。小平同志连声说：好，好。

广州军区司令员朱敦法中将向小平同志敬礼、问好。中央军委副主席刘华清上将向小平同志介绍说："朱敦法同志在淮海战役中是个连长。"小平同志笑笑说："那时还是个娃子哩。"在淮海战役这场波澜壮阔、规模宏伟的人民战争中，负责淮海前线一切事宜、统一指挥中原野战军和华东野战军的总前委，由邓小平任书记。

今天，小平同志同省、市负责人做了重要的谈话。

小平同志说，改革开放胆子要大一些，敢于试验，不能像小脚女人一样。看准了的，就大胆地试，大胆地闯。深圳的重要经验就是敢闯。没有一点闯的精神，没有一点"冒"的精神，没有一股气呀，劲呀，就走不出一条好路，走不出一条新路，就干不出新的事业。不冒风险，办什么事情都有百分之百的把握，万无一失，谁敢说这样的话？一开始就自以为是，认为百分之百正确，没那回事，我就从来没有那么认为。

李灏说，深圳特区是在您的倡导、关心、支持下才能够建设和发展起来的。我们是按您的指示去闯、去探索的。

小平同志说，工作主要是你们做的。我是帮助你们、支持你们的，在确定方向上出了一点力。

小平同志还指出，社会主义的本质，是解放生产力，发展生产力，消灭剥削，消除两极分化，最终达到共同富裕。证券、股市，这些东西究竟好不好，有没有危险，是不是资本主义独有的东西，社会主义能不能用？

允许看，但要坚决地试。看对了，搞一两年对了，放开；错了，纠正，关了就是了。关，也可以快关，也可以慢关，也可以留一点尾巴。怕什么，坚持这种态度就不要紧，就不会犯大错误。

在谈话中，小平同志还谈到了：现在建设中国式的社会主义，经验一天比一天丰富；在农村改革和城市改革中，不搞争论，大胆地试，大胆地闯；我们的政策就是允许看，允许看，比强制好得多，等等。

时间过得真快，小平同志在深圳，一晃几天就过去了。1月23日，小平同志在广东省委书记谢非的陪同下去珠海特区。

上午8时30分，深圳市负责人以及警卫、服务人员，在市迎宾馆热烈欢送小平同志。人们都依依不舍，多么希望小平同志能在深圳多住几天啊。

小平同志和市负责人一一握手告别。

同车前往蛇口送行的有李灏、郑良玉、厉有为等。

车子在宽阔的笋岗路向蛇口驶去。在车上，小平同志和省、市负责人亲切交谈。

李灏向小平同志简要地汇报深圳改革开放的几项措施：调整产业结构；放开一线，管好二线，把深圳特区建成第二关税区；加强法制，依法治市，加强立法执法工作；把宝安县改为深圳市的三个郊区；等等。

小平同志听了后说，我都赞成，大胆地干。每年领导层要总结经验，对的就坚持，不对的赶快改，新问题出来抓紧解决。不断总结经验，至少不会犯大错误。

李灏说："您讲的非常重要。我们要争取少犯错误，不犯大错误。"

小平同志说："我刚才说，第一条是不要怕犯错误，第二条是发现问题赶快改正。"

谈着谈着，车子到了蛇口。李灏说，南山区管蛇口这一片，南山区发展势头非常好，南山的荔枝很有名。全世界荔枝最好的是中国，中国荔枝最好的是广东，广东荔枝最好的是东莞、增城、深圳等地方。

这时，邓榕插话："那么，全世界的柚子哪儿最好呢？"车子里爆发一阵哄堂大笑。

原来，小平同志平时在家里，常对孩子们夸耀四川的柚子最好。孩子们都不同意，认为沙田柚子最好。

笑声过后，小平同志说，四川柚子最好，但认识统一不起来。

邓榕说："说沙田柚子好的人多，说四川柚子好的人少。"

车子在蛇口一个地方停了几秒钟，邓榕指着远处"海上世界"对小平同志说："这是海上世界，是您给题的名。"

车子接着到赤湾港，缓慢地行驶。小平同志坐在车上察看赤湾港码头。

李灏介绍说，赤湾港在蛇口里面，可停3.5万吨的船，准备建成停5万吨船的码头。妈湾港在蛇口外面，可停5万吨的。深圳东部、西部都有港口，去年吞吐量达1400万吨，将来要达到上亿吨。

车子到达蛇口港码头。下车前，李灏对小平同志说："您这次来，深圳人民非常高兴。我们希望您不久再来，明年冬天来这儿过春节。"

小平同志下车后，同前来迎接的珠海市委书记、市长梁广大握手。

然后，小平同志同深圳市负责人李灏、郑良玉、厉有为一一握别。

小平同志向码头走了几步，突然又转回来，向李灏说："你们要搞快一点！"

把握时机，快一点将经济建设抓上去，这是小平同志对深圳的期望，也是时刻萦绕在小平同志心头的一件大事。

李灏说："您的话很重要，我们一定搞快一点。"

上午9时40分，小平同志乘坐的轮船离开蛇口港。

1992年1月19日到23日，小平同志在深圳的这段日子，是极不寻常的日子，它将永远记载在深圳建设的史册上，永远记忆在深圳人民的心坎里。

"东方风来满眼春"。小平同志来到深圳，使深圳进一步涌起改革开放的春潮。小平同志在这里发表的许多重要谈话，对深圳的改革开放和建设，对整个社会主义现代化建设事业，都有着重大而深远的意义。

敬爱的小平同志，我们衷心祝愿您健康长寿！深圳人民一定沿着您倡导的有中国特色的社会主义道路奋勇前进！

二、逻辑关系结构

当新闻报道的主旨是探讨事件的原因、背景和影响时，可以按照逻辑顺序展开正文的结构，这也符合人们探讨问题的认识规律。如获得第二十四届中国新闻奖特等奖的《"三北"造林记》，报道由英雄史诗、壮士悲歌、生命色彩、大漠逐梦、心灵绿洲五部分构成。

"三北"造林记

为了生存，为了明天，一群蓑羽鹤振翅高飞，逆势而上，冲击地球之巅。它们亢奋的叫喊声，在喜马拉雅山群峰之间激荡回旋。

每年春天，这种候鸟都要从印度次大陆返回中国北方的繁衍地。

气流、天敌、折羽而亡，都无法阻断攀升前行的向往。它们挑战艰险，穿越极限，飞越珠穆朗玛峰，飞越九曲黄河，飞越万里长城，重返生命的起点。

在这里，在"三北"——西北、华北、东北，有一群人，如同这些悲壮的蓑羽鹤，为了生存，为了明天，艰难向上，奋力前行。漫漫35年征程，他们构筑着人类历史上最大的人工生态林带——中国三北防护林。

这条绿色长城跨越三北，与古老长城共同挽起了这片土地的历史和未来，见证着中华民族的苦难、忧患、奋斗与梦想。

英雄史诗

满斟烈酒的七只土瓷大碗，高举在七双粗糙大手中，七张古铜色的脸凝如泥塑。

黄沙扑面，白日惨淡。

"死也要死在沙窝里！"头扎白羊肚毛巾的壮汉一声大吼——"这事干成，就没白活这一遭！"

酒碗相撞，一饮而尽。

空碗摔在脚下，碎片八瓣。

30年前那个春寒料峭的黎明，外号"石灰锤"的陕西定边农民石光银做梦都没有想到，自己成了全国联产承包治沙先行者。七勇士大战毛乌素沙地，就此开创一段石破天惊的历史。

三北，中华文化重要发源地。史前遗址、万里长城、丝绸之路……千百年来，我们的先祖在这里繁衍生息，创造了辉煌历史和灿烂文明。

然而，放眼20世纪70年代之前的中国版图，横贯北方万里疆土的，是漫漫黄沙、沟壑纵横、断壁残垣。风沙肆虐、水土流失，沙漠化土地面积以每年15.6万公顷的速度扩张。

1978年11月，几乎与改革开放同时，党中央、国务院做出一个彪炳史册的重大决策——在我国四大沙地、八大沙漠南缘及黄土高原建设大型防护林。

改革开放改变了中国历史，也改变了亿万三北人的命运。

当代人类最为悲壮雄伟的生态史诗，由此拉开帷幕。

为了承包3500亩沙地种树，石光银卖骡子卖羊。当时，所有人都认为他脑袋被驴踢了。这里黄沙一片，哪见长过一棵树？

"石灰锤"，意思是"傻子"。"石灰锤"认准的事就是板上钉钉。

树真的种活了！在乡亲们惊异的目光中，石光银大手一挥，把招贤榜贴到乡政府门口：要想栽树你就来，我出树苗你来栽！

"七勇士"壮大到127户，浩浩荡荡开进"狼窝沙"。

结果是铩羽而归。

新承包的这5.8万亩沙地，像它的名字一样险恶。

一年失利，来年再战。三战"狼窝沙"，终于大获全胜。

那天，英雄们喝光了方圆20里内的苞谷酒。3斤酒下肚，石光银翻身骑上枣红骡子，到地里撒草籽。刚撒了几把，便醉倒在骡背上。

那骡子走30多里路回家，脑袋顶开房门，卧下，把石光银轻轻放到地上。

骡子活了25岁，2004年殁了，石光银把老伙计埋在已然满目青葱的"狼窝沙"，祭上两瓶烧酒，大哭一场……

漫长的三北工程线上，英雄与大树并肩而立。

陕西靖边农民牛玉琴把一根木杆往沙丘上一插，杆头系块绿头巾，用羊粪蛋计数，跨大步量出自家承包的1万亩荒沙："治不了沙，我就死在沙里！"

一只三条腿的母羊和刚产下的羊羔——内蒙古乌审旗农家女殷玉珍咬牙卖了她的全部财产，换回200多棵树苗……

为了生存，为了子孙，一代造林人殊死奋战，在三北大地谱写了一部叱咤风云、感天动地的英雄史诗。

位于三北工程线东部的黑龙江拜泉，曾是全国出名的贫困县。20多年前，这里的水土流失触目惊心。照这样下去，200年后，拜泉将无地可耕。

时任县长的王树清像一位将军，排兵布阵，给全县3600平方公里土地划上网格，带领56万大军奋战在绿化战场。一天下午上工，谁也找不到王县长。饲养员发现，他在马槽里睡着了。

王树清带领大伙儿发展生态农业，将拜泉打造成全国平原地区第一个百万亩人工林县。远涉重洋前来参观的美国密执安大学校长拥抱他："这是宏大的工程，你是了不起的领导者。"

时势造英雄。改革开放，为三北造林人开辟了广阔的时代空间。

王树清说，是改革春风，吹绿了拜泉。

石光银感慨，没有联产承包，就没有我"石灰锤"的今天。

张生英说，没有体制改革，哈巴湖畔仍是一片荒漠。

在宁夏哈巴湖林场，张生英坚定地推动改革，实行责任制，打破"大锅饭"，让上千名职工吃饱了肚子，也让昔日沙丘一片湖光山色。

一个被改革触动利益的人酒后一刀，砍瞎了张生英妻子一只眼睛。

多年后，砍人者刑满释放，走投无路时万万没有想到，他被接纳回林场。这人再次走进林场场长张生英的家，一进屋，"扑通"一声跪倒在地。

张生英向他伸出双手……

英雄之心，比大漠更宽广；

英雄之泪，如岁月般苍凉。

石占军，石光银的独子，2008年在运树苗途中车祸遇难。

那天是植树节。

石光银遭到了一生中最大的打击。这条铮铮铁汉，走路都得两人扶。

在石光银治沙展览馆，我们看到石占军的遗照，大个子，一表人才。

"想他吗？"我们轻声问。

"想——"

石光银虽然还笑着，但笑容刹那间凝固了，话语中透着无限凄楚和悲凉。

当年石占军栽下的树，如今已成广袤林带，郁郁葱葱，随风起伏。

石占军就葬在这里。

石光银常到儿子坟前坐一坐，点支烟，说说话。只是此时，人们才发觉，"石灰锤"老了……

奋斗20多年，石光银领导着一个规模庞大的治沙集团，在毛乌素沙地南缘营造了一条百余公里长的绿色屏障。

这是一个改革大潮奔涌的时代，这是一个造林英雄辈出的时代。

三北工程累计完成造林保存面积2647万公顷，这些树按株距3米排成单行，可绕地球赤道2300圈。

山河巨变，绿荫遍野，三北人构筑了一座当代中国的生态长城，实现了由"沙进人退"向"人进沙退"的历史性转折。

1989年，改革开放总设计师邓小平为三北工程题下四个大字：绿色长城。

壮士悲歌

一棵重生的树，一棵远古的树，一棵孤独的树——我们的故事，就从这三棵树讲起。

宁夏盐池，有一片自古叫作"一棵树"的沙窝子。当白春兰33年前举家迁来时,那棵不知年岁、四人合抱的老榆树已被砍掉。风沙依旧茫茫,夫妇俩在原址种下了他们的第一棵树,一棵矮小而坚硬的榆树。

要种粮,先治沙。挖个浅坑把三岁女儿往里一放,白春兰和丈夫冒贤沿着沙丘种树,娃娃烫了一屁股泡也顾不上。第四年,苗苗终于长成小树,树旁的三亩地居然也打出了四麻袋小麦。

这可是能磨出白面的麦子啊!夫妇俩喜笑颜开,赶着驴车把麦子运回家。

"粮食种出来了!"每见到路边一丛灌木,丈夫都要大声吼叫;路过一块石头,他还要再吼,驴却抢先吼了一嗓子。

两个"疯子",一头老驴。那一天,寂静的荒漠上,笑声与吼声随风远去。

第二棵是来自远古的杉树——

2003年夏天,造林人在陕西神木挖沙时发现了它,树皮已腐烂、枝条已枯萎,20多米高的树干,却依然保持直立的姿态!

人们难以推断它的生命起点,可是能想象出昔日的惨烈:风沙呼啸,林树一棵棵倒下,唯独这棵杉树以站着死去的方式,封存下了沙漠前的绿色记忆。

而今,这一幕再现于宁蒙交界的荒滩上。退休工人邱建成的11万棵树几近死光,五六米高的枯树仿佛一双双悲愤的大手,伸向天空。

种树二十多年,邱建成挑坏十来根扁担、五六十只水桶,还断了一根手指。

从2007年起,他的树就开始成片成片地枯死。林子里从前一锹就能掘出水的地方,现在挖六七米深也不见水。他说,是周边新建的工业园抽干了地下水。

邱建成潸然泪下,仰天呼啸。

——谁能救活我的树?谁能救活我的树?

残缺的手在枯萎的树干上颤抖地摩挲着,摩挲着……

行走三北,这样苍凉的壮士悲歌,一次又一次激起我们心中的波澜。

在宁夏灵武农民顾芸香心里,自己不知死了多少次。

治沙，治沙，不断的投入耗光了原本丰厚的家底，作为全家唯一收入来源的 100 多只羊又一夜之间中毒死亡。头羊挺着不肯死去，一直到她回来，不舍地在主人腿上蹭了两下，才闭上眼睛。

追债的人来了，她躲进林子，躺在那些一天不见就挂念、却又让自己一贫如洗的树下，一遍又一遍地问自己："我为什么要种树？"

——"我为什么要种树？"三北大地的造林人，也许都问过自己同样的问题。

那些沙漠、那些荒地，似乎上天就决意让它们彻底荒芜、彻底枯寂、彻底贫瘠，但总是有人不甘、不弃、不离，要改变它们和自己的命运。

后悔吗？面对我们的问题，此时已是一败涂地的顾芸香摇了摇头："我不放弃，我没有别的选择。"

她嘴角微撇，眼睛斜望远方，目光里透着难以言说的悲伤与坚毅。一滴晶莹的泪水，挂在了她饱经风霜的脸颊上，一直没有落下。

就是这个女人，她最好的年华都伴随治沙而去了。而今，所剩的只有无钱医治的胃出血，还有那无尽的苦涩泪水。

第三棵是孤独伫立、却与守护者血脉相连的树——

在新疆库车的极旱荒原上，千年石像无嗔无喜，目睹着大千世界的变迁，也目睹了石窟守护员热合曼·阿木提 20 年间栽下的几百棵树渐渐死去。

几个月前，因为一项工程，仅存两棵树中的一棵也不得不挖除。

站在挖掘机前，他想用自己的躯体挡住钢铁巨车。

他也知道挡不住。钢铲落下那一刻，他紧闭双眼，听到树根"咔嚓""咔嚓"在折碎。一阵剧痛晕眩，他感到自己的血管被切断了。

热合曼只能守护着仅存的那棵树。枝条已经有些枯黄，不知道它是否能活过即将到来的冬天。

牵动我们目光的这三棵树，不同命运、饱经沧桑的三棵树，如果在同一时空、在大漠长风中牵引共舞，它们会吟出一曲怎样的悲怆之歌？

白春兰和她的同行者们染绿大漠的长歌，比这苍凉得多、沉重得多。

1980 年至今，白春兰每年春天都种树，从不间断。

只有一年，沙地已经开冻，干旱的大西北罕见地接连落了好几场雨，白春兰还把自己关在屋里，从早到晚地哭。

10年前丈夫病逝，让她失去了坚实的依靠。而这一次，跟随自己种树多年的大儿子猝然离世，彻底击倒了白春兰。

"妈，我进城了！"听到儿子的道别，正在屋里忙活的白春兰头也没顾上回。她记得，那是个结了白茫茫一层霜的早上。

几个小时后，儿子去了，任凭母亲用尽气力摇他的身子，却再也不会醒来。

"我都没有看一眼他的背影，就是看一眼，也好哇……"心里装得下风沙大漠的白春兰，至今，无法装下少了那一瞥的悔恨。

如果不种树，丈夫和儿子是不是不会这么早离开？

在有月亮的晚上，在没月亮的晚上，她独自坐在家门口，静静地看着远方黝黑的树林，看着林间星星点点的萤火，问自己这个永远无解的问题，一次次，一遍遍。

英雄在世，充满传奇；英雄谢世，宛如悲歌。

甘肃古浪种树老汉张润元接二连三地失去伙伴。联手治沙二十多年的"古浪六老汉"，如今已走了三人，三座坟茔都面朝生前种了半辈子树的"八步沙"。他心中的最后归宿，也是朝着那个方向。那是他永久的眷恋。

山西吉县造林队失去了一位带头人。吉县林业局长郭天才倒在他视如生命的山林下，全城百姓自发送葬，十里长街白花如雪。

辽宁固沙所首任所长刘斌临终前最大的遗愿，是让他永久地看护试验林地。如今，他的墓地，静静地坐落在那片万亩林间……

那一处处曾经拒绝生命的荒原上，造林人的印迹，化为抹不去的生命标记。

造林人总有一种不可折断的坚韧。面对死去的树，已经75岁、满头白发的邱建成，一只脚跺得尘土飞扬："总有一天，我要把树重新种起来！"

热合曼又拎起小桶，迎着风沙走向他那棵孤独的树："还有一口气，我就不让你死掉。"

儿子去世后的第二个春天，比树更孤独的白春兰又站了起来，扛上铁锹，走向沙地……

只是，不经意间，英雄也会流露出柔弱的一面。

采访结束时，白春兰轻轻说了一句："我旺树不旺人啊。"

此刻，我们无语相对。她的身后，是那棵当年她与丈夫一起种下的老榆树。

绿荫如盖，枝叶沙沙。

生命色彩

满树紫红的小花，在宁夏白芨滩林场最高处绽放，迎风狂舞。

从黄沙穿行而来，我们的眼睛顿时被这娇艳的色彩点亮。

这种灌木学名花棒，林场场长王有德却称它为"沙漠姑娘"。不仅如此，每种植物在他嘴里都有昵称。杨柴，叫"沙漠小丫头"；樟子松，叫"美人松"。

怎么都是女孩？我们好奇了。

七尺男儿脸"腾"地一下红了，少女般羞涩，搓着手，嘿嘿笑。

忽然，远处传来一首深沉的歌——

"放牧银河，放牧山林，

心海里澎湃爱恋的激情。

草原，草原，我的情人……"

驻足聆听，猛然间，我们读懂了王有德脸上的沉醉——草原，我的情人。

荒芜贫瘠之地，心灵之花盛开得如此绚丽。

造林人将生命色彩带给大地，他们的人生也变得斑斓夺目。

一件大红上衣，一条油黑辫子，一辆大越野车——殷玉珍就像一团火，从沙漠深处一路燃烧到我们面前。

这个当年穷得卖羊羔换树苗的农家女，指点着自己的6万亩林场，指点着正在兴建的沙漠生态园旅游区，神采飞扬，顾盼生辉。

如今，她生活富足，在国内外多次获奖。就在我们写作此稿时，还领取了一个国际奖项。评语这样称赞她——

"勇气、耐心、坚持的光辉典范，一位令人尊敬的沙漠绿化专家。"

当年挣扎求生的大漠农民，如今许多已经蜚声遐迩。石光银、王有德是"全国治沙英雄"；牛玉琴则以86个国内外奖项，成为全国获奖最多的女性。

似乎每一片丛林，都蕴藏着童话与魔力。

黄昏时分，白春兰带我们走进她的树林。

在那条野花烂漫的林间小道上，她时而停下来，这儿指一下，那儿指一下，这是什么花，那是什么花，一边笑着，一边蹦蹦跳跳向前走。

此刻，金色的余晖映透了林梢，把一片诗意般的祥和抖落在莽原之上，抖落在白春兰的发梢和肩上。望着她的背影，我们宛如走进童话般的境地，不禁怦然心动：是什么魔力，让这60多岁的老人青春重现，宛若十几岁的少女？

这个两次失去亲人而满心凄苦的女人，在亲手栽下的草木之间找回了自己逝去的青春。只有在这里，她的心灵才能够如此自由地徜徉，她的生命才迸发出如此神奇的色彩。

生命的色彩，让孤独者感受温暖，让悲哀者获得慰藉，让伤痛者重获生机，让艰难者看到希望。

1980年，宁夏彭阳青年农民李志远双腿骨折。在炕上一躺两年，他越想越不甘心：不能就这样等死，得活出个人样。

几近瘫痪的他做出一个匪夷所思的决定——种树。

他只能爬，爬到山坡上去，铁锹、锄头用绳子挂在脖子上。母亲来送午饭，见儿子跪在地上挖树坑，把土一点一点抠出来。母亲老泪纵横。

瘫痪10年，日复一日，他跟黄土较劲，跟自己较劲。

一天，照常干了些活儿，忽然心有所感，仿佛一件前所未有的事在等着他。他扶住一棵杏树，试着起身，疼痛钻心，双腿颤抖，大汗淋漓。

就在此刻，太阳穿破乌云，一束光照射到他身上。一瞬间，仿佛有股神力注入躯体，他居然重新站立在大地上了！

一声长啸，掠过山野。

又过 10 年，连拐杖也扔了。

我们前去采访，他居然骑着摩托来村口迎接。一件不合身却整洁的西装，白白的衬衫，满眼自信的光彩。这个曾经爬行在苦难中的人，如今迎风而立，犹如黄土高坡上一棵挺拔的青松。

易解放，一位上海母亲，原本在国外过着舒适的生活。2000年，风华正茂的儿子突然去世，将她抛入了绝望深渊。

痛不欲生地煎熬了两年，她猛地想起，儿子生前说过："去内蒙古种树吧？"于是，她变卖家产，来到"八百里瀚海"科尔沁沙地。

第一次栽下树苗，她心急火燎地等雨，整夜整夜睡不着，一听到风声，就从床上一跃而起，赤脚冲向门外。

第五天，终于下雨啦！站在雨中，泪水雨水一起滴进脚下的黄沙。她久久地仰望着科尔沁沙地的天空，哦，我的儿子，是你在冥冥中护佑着妈妈吗？

7年义务造林1万亩，儿子的遗愿完成了，易解放却不愿止步，她想为天下孩子留下更多的绿色。

饱蘸生命的颜料，造林人一笔一画勾勒出人生的画图。万千动人的色块，拼成了一幅恢宏的历史画卷。

采访中，王有德带我们登上高坡，看他亲手绘就的"画卷"：一条仿古长城，为的是激励后人；一条绿色长城，护卫着古老的黄河。此刻，他豪情溢于言表："二十多年来，我就干了两件事：让沙丘绿起来，让职工富起来。"

我们连问王有德三个问题——

假如林地一夜被毁，你怎么办？

假如年轻30岁，你想干什么？

假如更高的职位摆在面前，你怎样选择？

三个"假如"，同一个回答——继续治沙！

远处，古长城逶迤而过。

人生是短暂的，雄伟的长城会衰败，丛丛绿树会凋零——不朽的，是造林人生命价值绽放出的夺目光彩。

大漠逐梦

眼前这个女人,就是一个传奇。

一个再普通不过的西北女人,一个堪比豪杰的巾帼英雄。

夕阳西下,点点金光在青翠的枝叶间跳跃。64岁的牛玉琴微笑着,身后白里透红的蜜桃挂满枝头,拖曳在地。一侧屋中,老母亲正绣着布老虎枕头……

我们问:奋斗几十年,日子好了,荒漠绿了,你早年的梦想实现了,还有更大的梦想吗?

牛玉琴把头抬了起来,眼睛在夕照中熠熠生辉:"我想回到当年,一个人,站在沙漠上。"

我们惊呆了,感知到什么是震撼。

半生坎坷,终成正果,渴望的却是重返人生的起点,依然在灵魂深处召唤着壮烈和孤寂。这是怎样的女人?

蓑羽鹤——我们联想起在哈巴湖见过的蓑羽鹤。

即便他乡水丰草美,仍然向往故园。纵然冻死累死,纵然魂逝风暴,纵然命丧雕口,也要向北方飞越。每一次悲壮的飞越,都可能是它们在天空中划出的最后一道弧线,但这一切都无法阻挡飞翔——飞翔,向着生命的起点。这,就是蓑羽鹤。

奋力拼搏,从不止步,超越极限,又重返人生的起点——这,就是牛玉琴。

在牛玉琴的诉说中,我们一步步走进她的内心世界——

1985年,她和丈夫张加旺承包了万亩荒沙。每天天不亮,全家男女老少一起出动。架子车拉着树苗,两道车辙,几行脚印,伸向再也不用借锅借米的梦中好光景。

一次,突发阑尾炎,到医院做手术,牛玉琴伤口没长好就跑回来种树。

没工夫去医院拆线,她抄起一把剪树枝的剪刀,撩起衣襟,"咔嚓"一剪子下去,一咬牙,带着血丝的线从肉里抽了出来。

她没料到,还有更痛的痛在等着她。

加旺病了——骨癌。她独自挑起全家的担子。

安葬好丈夫的第二天，她就带着造林队开进了沙漠。

一场暴雨，浑身透湿，发起高烧。她拔下一根缝衣针，给自己十指放血。不管用，又找来大把干辣椒面，掺和到开水里，连喝两大碗。天亮了，摇摇晃晃进了林地。

那几年，牛玉琴人财两空，倒霉透顶，几乎山穷水尽。

卖！她卖口粮、卖水缸、卖皮袄、卖棺材，家里所有能卖的东西，全都卖了，换钱买树苗。

棺材卖了，一时还用不上；皮袄卖了，怎么过冬？

先把树苗种上，冬天还没想呢。

不知多少人劝她改嫁，把林子卖了，过几天好日子。牛玉琴就一句话："树，我不能卖；人，我不改嫁。"

她腰上挂着一只小小的铜铃铛，那是结婚前加旺送她的定情信物，已戴了48年。铃铛摇曳着她和丈夫共同的富裕梦。为了这个梦，再累，再苦，她不放弃。

年复一年，牛玉琴种树出了名，还作为改造人类生态环境杰出代表登上了联合国讲坛。人一出名，流言也跟着来了。有人说，她这个英雄掺了沙子，造林的亩数是虚报的。

牛玉琴的儿子气血翻涌，要跟人家拼命。

不动声色的牛玉琴摁住儿子。

她坐下来，写了这样一封举报信，寄了出去——

"省林业厅领导：

被誉为'治沙英雄'的牛玉琴其实是个假英雄，其目的显然是骗取名誉和个人得利，动机不纯，请你们尽快派人测量核实。

1991年7月11日"

专业人员来了，精确测量后得出结果：牛玉琴治理荒沙1.7万亩，植树100万棵以上，植被覆盖率40%以上。

此招一出，谣言顿消。

多年后，她在回忆录中写道："艰难的生活磨炼出我坚强的志气。"

三北逐梦人共同的秉性——心气高，脾气倔，韧劲足。

为了一个改变命运的梦想,他们忍人所不能忍,为人所不敢为。

另一位逐梦人殷玉珍,就住在牛玉琴家6公里外。

当初,殷玉珍嫁进沙漠,40天后才看见一个外人,兴奋得挥手大叫,结果把人家吓跑了。她找到那人的脚印,用脸盆扣起来,一连十来天,就和脚印聊天:"你是谁?为什么来这里?跟我一样苦命吗……"

少女时代对爱情和生活玫瑰色的憧憬,破碎为一片黄沙。她暗下狠劲:"宁肯种树累死,不叫沙子欺负死!"

栽树累得早产。狂风怒号,黄沙扑面,她靠墙根站着,长辫子咬在嘴里,一使劲,孩子掉落在沙子上。她剪断脐带,一拍屁股,孩子"哇"的一声哭了出来。"儿啊,你命大,像娘。"

又一个背树苗进沙窝的春天,殷玉珍流产了。

孩子埋在沙梁下,她围着小坟栽下一圈杨树苗,对还没见过世间绿色的孩子说:"娘对不起你,娘一定把你身边这些树栽活……"

爱与恨,笑与泪,生与死——梦想,与三北人血脉相连。

采访中,脖子总搭着一条白毛巾的牛玉琴带我们再次登上林丘。她脸上泛着微笑,可又有一丝落寞,一闪而过。

如今治沙11万亩,已达到行政区划允许范围的极限。无沙可治的牛玉琴,感到了英雄无用武之地的失落。

这是一个逐梦人无梦可逐的痛苦和惆怅。

此刻,蓦然想起牛玉琴关于最大梦想的回答——回到当年,一个人,站在沙漠上。

这个问题,我们也问过其他英雄。石光银毫不犹豫地说——治沙;王有德的回答同样是治沙。

每个造林人,都是绿色梦的追逐者。一次次伤痕累累,一次次浴火重生,功成名就抵达终点,又都义无反顾地选择返回人生的起点——重新出发。

不甘命运,奋力拼搏,坚韧不拔,永远向上。他们的生命没有终点,只有起点。

——这,就是三北精神!这,就是三北人!

心灵绿洲

采访车向毛乌素沙地挺进。

窗外景色由绿到黄，最终只剩下棱角分明的层层沙丘，从眼前直铺天际。包着各色头巾的西北男女在打草方格，弯腰、伫立、推进。

此情此景，恍若岁月倒流。由今天上溯到20世纪七八十年代，我们回到了三北工程的时间起点。

一幅幅久违的画面再次闪回——

"干！"风沙深处，石光银众人酒碗相撞，誓言在耳。

"走！"王有德带领职工，铁锹掘进沙土，挖出第一行树坑。

"丁零零"铃声响起，牛玉琴和张加旺抱起树苗，爬上沙丘。

在自家门口种下第一棵榆树，白春兰和丈夫相视而笑。

……

星移斗转，三十多年过去了，昔日的少男少女已经两鬓斑白，一些人随风而逝。

沧海桑田，曾经的贫穷和绝望逐渐远去，埋葬了亲人战友的土地已是草木葱茏。

——绵延万里的北中国辽阔疆土，经历着由黄到绿的神奇转换。

三北治沙人，如一棵棵挺拔的大树，编织起这无尽的绿。我们问：你像什么树？

石光银说，我像樟子松，百年死不了，治沙干到老；

牛玉琴说，我像新疆杨，不弯曲，向上长；

白春兰说，我像老榆树，生命强，树冠大，好乘凉；

张生英说，我像小叶杨，能固沙，不张扬；

殷玉珍说，我像香花槐，满树都开花，老远闻到香……

三北人的生命之树各有不同的形态，又都是一样的绿，一样的坚，一样的韧，一样的向上，汇成心灵的绿洲。

三北工程35年，是生态恢复与保护的35年。

我们又想起了站在成片枯死林木之中的邱建成。

他四处去讨说法。人家争辩：为了几棵树就得把工业园关了？

邱建成百思不得其解：难道工业和种树就势不两立？

一面是生态工程艰难建设，一面是工业化狂飙突进。为工业文明的奇迹欢欣鼓舞的我们，有时也不得不为青山不再、绿树难留而扼腕叹息。

当经济发展与生态环境发生冲突时，该如何看待？如何取舍？如何平衡？

太中银铁路挺进河套时，在盐池划了道圆弧。有关方面增加上亿元投资，绕道十多公里，只为保护张生英和职工种植的上万亩林地。

在这道漂亮的圆弧上，我们看到了文明和进步，看到了人与自然和谐共处的未来和希望。

三北工程35年，是人类重新认识自然的35年。

在陕西神木，新一代造林人张应龙10年种树30万亩。如今，他有新的担忧。

林场里的海子，过去每年都飞来几百只野鸭，欢叫戏水。自从发展育苗产业、大量使用除草剂，这样的画面再也见不到了。

"站在岸上，耳边一片寂静，树林起来了，鸟却少了。怎样做才更符合自然规律？该如何与自然相处？"他不断自问。

于是，他尽量模拟自然生态系统，对沙漠"九治一放"——九分绿化，一分保持原貌。

在库布其沙漠，内蒙古亿利集团"宜树则树，宜草则草，宜灌则灌，宜荒则荒"，科学治沙造林，尽可能地使林区形成自我循环、自我修复的生态系统。同时，以"公司＋农户"方式开发沙产业，不仅实现植树造林的可持续发展，还使大沙漠变成农牧民的"钱袋子"。

从毁林垦殖到治沙种树，从惧怕沙漠到亲近沙漠，从征服自然到尊重自然。数十年来，三北人精神世界发生着深刻的变化，与自然的单纯抗争，演化为和谐的对话与交融。

车下高坡，平野千里。

穿行在浓密绿荫中，我们感慨万千：是谁，为这曾经荒蛮的土地重披绿装？是谁，使饱受生态恶化之苦的三北人民重展笑颜？

35年来，在中国共产党和中国政府的坚强领导下，勤劳智慧的三北人民创造了人间奇迹。三北工程被称为世界生态工程之最，规模之大，时间之长，工程之难，效果之著，为世人瞩目、惊叹。

国家引导，群众参与，三北人民闯出了生态建设的中国道路。

顽强生存，追逐梦想，三北人民彰显了无愧时代的中国精神。

齐心协力，众志成城，三北人民凝聚了不可战胜的中国力量。

1978—2050年，三北工程恰与改革开放全程同步；工程全面建成之际，也将是我国现代化建设第三步战略目标基本实现之时。

民族复兴道路不会平坦，三北工程也进入"啃硬骨头"关键阶段。建设美丽中国、发展生态文明，难点在三北，希望在三北。

三北绿色梦，与中国梦同行！

车行原野，极目远眺。遍染绿色的沙丘与依旧褐黄的沙丘交错而立，相互守望。

我们不禁遐想，在那人类感官不能触及的时空里，黄丘与绿丘是否也会喁喁私语？

绿丘：人类的几十年，改变了我们的千百年。

黄丘：我是你遥远的从前，你是我不久的未来。

绿丘：人们终于找到了打开大自然宝库的金钥匙——平衡与和谐。

黄丘：也许，找寻才刚刚开始……

车行迅疾，语声渐远。那无尽的对话，消失在莽莽丛林中。

夕阳下，古长城遗址与绿色林莽交相辉映。

突然，一群蓑羽鹤直冲云霄，在巍峨的烽火台上空低回盘旋。随着头鹤一声长鸣，它们飞向晚霞燃烧的天边，飞向生命新的起点，恰如一个代代相传的古老寓言。（《光明日报》2013年9月26日）

这个报道的五个部分，按照事物发展的逻辑顺序展开叙述，层层推进，再现了三北几代造林人用血汗与智慧，改变了亿万人生存环境和命运的伟大壮举，通篇时间跨度很大、涉及人物很多、具体故事丰富，但都统摄在五个具有严密逻辑关系的板块中，让人读后既能感受到史诗般的波澜壮阔，又能清晰地把握整个事件的来龙去脉。

三、分类板块结构

若新闻事件比较复杂，一条主线难以将新闻事件阐述清楚，可以将新闻的组成要素分类，用不同的稿件体现新闻事实不同的角度，或者不同的内容，一个内容将其作为一个板块，然后将板块组合，从不同角度、不同侧面、不同门类共同展示新闻事件。例如获第二十七届中国新闻奖三等奖的《高校科研经费管理乱象调查》。

高校科研经费管理乱象调查

最近几年，科研经费腐败一直是社会关注焦点。中央一方面要求加强科研经费管理，一方面鼓励高校科研人员多出成果。应该说，高校科研领域的问题正在一一改正过程中。然而，在高校科研环境日趋向好的背景下，个别高校的教师却出现了不敢做科研的现象。这背后是何原因？

高校科研经费管理乱象调查

年底是每个单位、每个人盘点过去一年工作的时候，对于上海复旦大学的很多老师来讲，过去一年该校科研领域的两个贪污案被定罪给他们留下了巨大阴影。"现在一般都不做科研，不知道哪天轮到自己。"近日，该校一位不愿透露姓名的老师说。

据悉，不久前复旦大学医学院动物实验部原主任杨萍、医学院动物实验室原正、副主任敖红和黄爱民均以贪污罪分别被判刑。从今年年初至今，《法制日报》记者一直关注这两起案件的走向，并对沪浙两地多所高校科研领域的管理现状，展开了为期10个月的调查。

科研项目经费支出存漏洞

杨萍在看守所待了3年4个月，她被释放后找到记者"喊冤"："自始至终，我没有承认犯罪，所有科研项目从审批到完成都是按照学校规定办理，科研经费的分配和取得也严格按照学校管理办法实施，要有罪也是学校制度有罪。"

杨萍一审被判有期徒刑10年，二审改判为3年4个月。二审判决后的第三天，她刑满释放。然而，她的两名下属却没有如此幸运，一审分别被判 10 年和 12 年有期徒刑，二审虽改判，但至今仍在狱中服刑。

法院给两案定罪的理由是，利用职务便利，将应由所在部门承接相关实验服务项目的所得收益予以侵吞，而敖红和黄爱民一案又暴露出借用别人名义承接科研项目、用假发票报销套现的科研经费管理乱象。

"这两个案子代表了目前高校科研领域管理中的两大方面，大部分老师都像杨萍这样以学校或者部门的名义承接科研项目，然后以酬金的方式获利；小部分没有科研资质的人会像敖红、黄爱民这样借用别人名义或者其他不正当渠道找项目赚钱。但不论是哪种，在科研经费支取的实际操作中乱象丛生。"上述不愿具名的复旦大学老师告诉记者。

资料显示，2010 年，复旦大学理工科、医科共获得各类项目 1393 项，到款总经费 10.8 亿元。另据资料显示，浙江大学 2011 年到款科研经费 28.17 亿元，总量居高校第二，其中千万级项目达到 102 项。从这两组数据可窥高校科研领域的经费之巨。

"科研项目一般分为纵向课题和横向课题，前者是拨款类项目，由上级部门或各类基金下达和资助的研究项目；后者为非拨款类项目，即向社会承接的研究项目。从数量和规模上来看，纵向课题比横向课题多得多。"这位老师透露，如果从全国高校来看，每年科研经费都得以千亿元计算。

"从我们审理来看，复旦大学在科研项目和经费管理上的确存在漏洞。"上海市第一中级人民法院周法官告诉记者。诚如他所言，2014 年 7 月，中央巡视组在对复旦大学专项巡视后指出，该校科研经费管理使用混乱，违规现象突出，存在腐败风险。具体而言，从 2008 年至 2013 年，该校有 25 个项目在同一时间多渠道申请获得资助，属于重复申报课题；有 2 个项目涉及 4 个专利授权属于用旧专利充抵新课题成果。巡视组还要求学校对配套资金不到位、违规报销经费、未按规定退还结余经费等问题进行排查。

在调查中，有多名高校领导和老师告诉记者，这种案子只是高校关于科研经费管理问题的冰山一角，复旦大学存在的问题也是全国高校普遍存在的问题。如何依法严格规范管理，关系到我国科研领域的健康发展、长远发展，任重而道远。

立项申报不拼实力拼关系

记者从杨萍处获悉，复旦大学科研老师手上都有两个本子，一个酬金本，一个经费本，这是每个科研项目经费管理必备的两个记账本。按照学校和动物实验部多年来的规定和惯例，有科研资质的老师，谁承接，就由谁申报、完成和最终对经费的管理分配。杨萍承接和完成的只是其中一小部分，经费使用均记录在记账本上，然而，这最终也没能成为她洗罪的证据。

记者手头有一份《复旦大学理科与医科科研项目经费管理规定》，记者注意到，在该"规定"中，科研经费到学校账户后，学校收取5%的管理费和3%的科技活动费，项目负责人可提取纵向课题最高8%的酬金、横向课题40%的酬金，其余的用于实验开支。如果项目结束后经费仍有结余，项目负责人还可以提取不超过40%的劳务酬金……

此外，记者还取得了浙江大学和上海其他三所高校的科研经费管理办法，发现分配方案大同小异，但浙江大学规定的经费列支项目要比复旦大学的更为详细，具体为三大类13项，另外，浙江大学在今年3月又专门对横向课题经费管理做出新的规定，补充了对业务招待费用的限制。

"之所以酬金的比例如此之高，就是要激发老师科研的积极性，但问题就出在经费管理环节中，由于管理过于粗放，可操作空间太大了，在巨大的利益面前，就容易滋生乱象。"复旦大学刘老师做科研多年，对业内操作了如指掌："作为项目负责人，我所能做的就是守住自己的法律底线和道德底线。"

那么，多年来高校科研领域的乱象又有哪些呢？刘老师给记者做了分析。首先是立项申报，不拼实力拼"关系"。一个原本科研实力不强的人，只要当了校领导，课题马上就来，于是很多人就削尖脑袋，往上钻营。另外一些老师也纷纷利用学校的资源"跑部钱进"，拿了课题费后，甩手就给了年轻教师或学生去做。

其次是经费花不完，报销靠造假。每年那么多的科研经费，学校在收取了管理费后基本不控制。复旦大学更是规定，"科研经费的使用和管理由项目负责人负责"。于是，为了套现，开具假发票、编造假合同、编制假账目等手段应有尽有、防不胜防。

"老师变老板，项目变金库，用学生身份证冒领劳务费，把装修发票、购车发票统统入账。中国科协曾有过调查，在一些高校和研究机构，科研资金用于项目本身仅占40%左右，大量科研经费流失在项目之外。"刘老师说。

其三就是验收走过场，成果没人管。"有关系拿到项目的就有本事结题，花点经费，请几个专家说说好话，即便课题不怎么样，照样有机会拿优秀。"刘老师透露。

滕老师在上海交通大学博士毕业后留校任教，因为没有科研资质，前几年就把接来的项目放在导师名下做。"高校工资低，要赚钱就得做科研，所以大家是八仙过海各显神通。"他告诉记者，"现在普遍不敢了，这不是闹着玩的，要坐牢的。"

学校制度有缺陷亟待完善

在杨萍案中，记者注意到，其定罪最重要的一组证据就是复旦大学出具的两份"情况说明"。这两份说明后来被该校老师广为诟病。

"这两个案子中，到底是个人故意犯罪，还是学校制度缺陷所致，这是学校需要面对和检讨的，但现实中学校却是一推了之，撇清自己。"一位知情人告诉记者："从案发到现在已经过去快四年了，但学校在科研经费管理的建章立制上并没有太大改善，这让我们感到后怕。"

那么，在科研经费贪污案发生后，尤其在中央巡视组对复旦大学科研经费管理提出整改意见后，复旦大学又有哪些作为呢？

记者从今年2月开始，一直在和复旦大学宣传部联系，希望学校领导或有关部门负责人接受采访，但一直得不到正面回应，其间曾致电该校纪委书记，也被直接回绝。

刘老师以前每年都要负责三到四个科研项目，但近两三年来他几乎不做了。"同事中，除了职称晋升需要，一般都不做科研，这虽是块肥肉，但风险太大了。"他说，学校虽然在建章立制方面没有进展，但财务规定明显严格了，以前那些可以报销的项目现在几乎被砍光了，科研真的不好做。因此，现在学校科研发展呈断崖式下滑。

今年 8 月，中共中央办公厅、国务院办公厅印发了《关于进一步完善中央财政科研项目资金管理等政策的若干意见》。最近，中共中央办公厅、国务院办公厅又印发了《关于实行以增加知识价值为导向分配政策的若干意见》，旨在充分发挥收入分配政策的激励导向作用，激发广大科研人员的积极性、主动性和创造性，鼓励多出成果、快出成果、出好成果，推动科技成果加快向现实生产力转化，并要求各个高校根据自身实际出台相关政策。

华东政法大学童老师告诉记者，鼓励科研人员的积极性，收入分配政策固然重要，但合法依规地获取报酬是前提。要杜绝科研领域的乱象，还得从依法治校做起，尤其在立法层面，中国目前还没有一部关于科研项目立项、审批、经费使用、监管责任的系统法律，立法的缺失，直接导致科研项目管理的混乱。

同时，他还认为，对科研项目的管理还应建立诚信和惩戒体系，追加相应责任条款，在验收评估中，对有问题的项目责任人要记入"黑名单"，追回项目资金并限制未来申请科研项目的资格，并以此培养一支积极性高、创新力强、风清气正的高校科研队伍。（《法制日报》2016 年 12 月 28 日）

> **小贴士** 特稿的主体结构，时间顺序结构主要用于事件新闻，逻辑关系结构主要用于剖析事件因果的事实报道，板块结构主要用于报道比较复杂多面的新闻事实，是用稿件组合的力量全面呈现新闻。

第五节　特稿的结尾

与消息不同，特稿需要一个精心设计的结尾，让读者回味新闻事实，或者引起更深入的思考，或者引发读者的某些感情波澜，或者引导读者进一步去探究新闻事实。

特稿结尾的原则与特稿的开头一样，使用新闻事实结尾，事实可以是场景、引语、画面等细节，也可以是新闻现场的景物。

小贴士 特稿的结尾需要精心设置，与开头一样可以用场景、引语等细节，让读者一直沉浸在事实的讲述中，使用事实描写或叙述引发读者思考，暗示报道主题思想。

第十章
人物报道写作

第一节 人物报道

一、何为人物报道

人物报道是指以报道人物为主要内容的新闻报道,可称为人物特写,讲述一个人物一生或者人生中的某个片段,能体现一个人物的性格特征、心理特征和精神面貌。

人物报道时效性较弱,属于软新闻的一类,人物报道的主要对象一般有两类:第一类为重要的人物,人物自身具有知名度,或者这个人物具有某些特殊的经历和性情;第二类因新闻事件而受关注的人物,即他是新闻事件的当事人或者重要人物。

二、人物报道的写作目的

人物报道也有事件,有时与新闻事件紧密相连,报道的是特定新闻事件中的特定人物,但其与事件新闻报道有着明显的区别,人物报道重在展现人物,事件是为丰富人物形象服务的。在报道中呈现有新闻价值的人的感情、思想、性格特征、行为特点等,人物报道让读者留下印象的是人物而非事件,感染读者的是人物的感情、行为。报道中所使用的故事、情节、描写是为展现人物存在的。

小贴士 人物报道要让读者记住人,重在展现新闻人物的感情、思想和性格特征。

第二节　人物报道如何选材

一、以新闻价值为标准选择人物和人物故事

人物报道是新闻报道的一个种类，因此首先要遵循的选材标准便是新闻价值标准，选择哪个人物，选择人物的哪个人生片段，选择人物的哪些故事，什么时机报道这个人物，解决这些问题的一个重要判断标准即为新闻价值标准，针对所在媒体、媒体所在区域、所面对的主要受众他们分别是否具有和具有什么样的新闻价值。请看获第三十届中国新闻奖一等奖的作品《英雄无言——95岁老党员张富清的本色人生》。

英雄无言——95岁老党员张富清的本色人生

71年前，他是西北野战军的突击队员，冒着枪林弹雨，炸掉敌人四个碉堡，战功卓著，是董存瑞式的战斗英雄。

64年前，他退役转业，主动选择到湖北省最偏远的来凤县工作，为贫穷山区奉献一生。从此，赫赫战功被他埋在心底，只字不提。

7年前，他88岁，左腿截肢，为了不给组织添麻烦，更为了让子女"安心为党和人民工作"，装上假肢，顽强地站了起来。

现在，他95岁，仍然坚持学习。他说："人离休了，政治上思想上绝不能离休。"

……

所有这些，只因他是一名共产党员。

他就是原西北野战军359旅718团2营6连战士张富清。

（一）

2018年12月3日，来凤县城。

来凤县委政法委干部张健全，小心翼翼地怀揣着一个包裹来到县人社局。彼时，县里正在按照上级统一安排，开展退役军人信息采集工作。

张健全带来的东西，是父亲张富清一生珍藏的宝贝。

"那是下午5点20分，我正准备下班。看到闪耀着光芒的勋章，我

一下就被吸引住了。"对那天的情景，来凤县退役军人信息采集工作专班信息采集员聂海波记忆犹新。

在聂海波注视下，张健全郑重地一一取出包裹里的物品——

一本立功证书，记录着张富清在解放战争时立下的战功：立军一等功一次，师一等功、二等功各一次，团一等功一次，两次获"战斗英雄"称号。

一份西北野战军的报功书，讲述着张富清"因在陕西永丰城战斗中勇敢杀敌"，荣获特等功。

一枚西北军政委员会颁发的奖章，镌刻着"人民功臣"四个大字……

激动地看完张健全带来的材料，聂海波深感震撼："没想到我们来凤还隐藏着这样一位战功赫赫的大英雄！"

（二）

"永丰战役带突击组，夜间上城，夺取敌人碉堡两个，缴机枪两挺，打退敌人数次反扑，坚持到天明。我军进城消灭了敌人。"

这是立功证书对张富清1948年11月参加永丰战役的记载。

发生在陕西蒲城的永丰之战，是配合淮海战役的一次重要战役。战况异常惨烈，"一夜之间换了八个连长"。

对那场艰苦卓绝的战斗，95岁的张富清仍历历在目。

张富清所在的连是永丰战役突击连。张富清又是突击连的突击班成员。27日夜，他和两名战友匍匐前进，扒着墙砖缝隙攀上城墙。张富清第一个跳下城墙，与围上来的敌人激战。

"我一转身，看见敌人将我围住了，就端起冲锋枪扫射，一下子打死七八个。"张富清说，交火的时候，他感觉到自己的头被猛砸了一下，消灭眼前的敌人后，手一摸，发现满脸都是血。原来，子弹擦着头顶飞过，把一块头皮掀了起来……

"打死七八个敌人后，我逼近碉堡，用刺刀在城墙底下刨了个洞，把我带的八颗手榴弹和一个炸药包码在一起，拉着了手榴弹，炸毁了碉堡……"

那一夜，张富清接连炸毁两座碉堡，缴获两挺机枪、数箱弹药。战斗中，他幸存下来，两个战友却从此杳无音讯……

因在战斗中表现英勇，张富清获得军甲等"战斗英雄"荣誉称号。

1948年3月参军，8月入党，在壶梯山、东马村、临皋、永丰城等战斗中都冲锋在前——这位陕西汉中小伙子历尽了九死一生。

（三）

陕西、新疆、北京、南昌、武汉……

几经辗转，1955年初，已是连职军官的张富清面临退役转业的人生转折。听说湖北西部恩施条件艰苦，急缺干部，他二话不说："我可以去！"

听说来凤县在恩施最偏远、最困难，没有丝毫犹豫，他又一口答应："那我就去来凤。"

那是一个寒冷的冬天。从武汉动身，一路向西，再向西。恩施是湖北西部边陲，来凤更是边陲的边陲，怀着投身社会主义建设的憧憬，张富清来了。

"这里苦，这里累，这里条件差，共产党员不来，哪个来啊！"——带着一个共产党员的赤诚，张富清来了。

此后几十年，"人民功臣"张富清勤劳的身影，先后出现在粮食局、三胡区、卯洞公社、外贸局、建设银行……双脚却很少再迈出来凤。母亲去世，他也没能见上最后一面……

工作挑最苦最难的干，从不争名争利。张富清把余生献给了来凤，献给了这片曾经毫无关联的大山。

浴血奋战，战功卓著……自从到了来凤，过去的一切，都被张富清刻意尘封起来。

60多年，无论顺境逆境，张富清从不提自己的战斗功绩。证书和军功章被他藏在一个随身几十年的皮箱里，连儿女也不知情。

（四）

瞒得再紧，瞒不过最亲的人。

妻子孙玉兰最清楚丈夫身上有多少伤。右身腋下，战争中被燃烧弹灼烧，黑乎乎一大片；头顶的伤疤至今依稀可见……

孙玉兰和张富清是同乡。战争期间及之后的几年，村里人都以为张富清已经不在人世了。1954年，张富清回了趟家乡，大家才知道，他还活着。

共青团员、妇女主任孙玉兰，和长自己11岁的张富清一见钟情。不久后，被爱情召唤的孙玉兰，追随张富清到了来凤。

这一来，就是一辈子。

上世纪60年代，为给国家减轻负担，担任三胡区副区长的张富清率先动员妻子从供销社的铁饭碗"下岗"。他的理由很简单："国家困难，我首先要看看自己有没有占群众、公家的好处……要精简人员，首先从我自己脑壳开刀……"

同挚爱的人在一起，多苦都是甜。

夫妻俩生养了四个孩子。大女儿患病，至今未婚，常年在家靠母亲看护；小女儿是卫生院普通职员；两个儿子凭自己的本事上学、工作，从基层教师干起，一步步成长为县里的干部。

几个子女，没有一个在张富清曾经任职的单位上班。

如今，最小的儿子也快到退休年龄。形容自己眼中的父亲，张健全用了一个词："平凡"。

从转业到离休，数十年如一日，张富清像一块砖头，哪里需要就往哪里搬。乐观、朴实、真诚……在大家的印象中，他就是这样一个平凡的人，和普通老百姓没什么差别。

（五）

张富清是"战斗英雄"的消息，在来凤迅速传开了。

不少人感到震惊。"只知道他当过兵，没想到他是那么大的英雄。"

有人感到不解。"别人没他那么大的功劳，还整天问组织要这要那。他老婆没有工作，大女儿又残疾，也没见他提什么要求。"

有人感到惋惜。"那么大的战功，如果当初留在武汉，早就成了高级干部。"

更多的人深受教育和感动。

去年，张富清做眼部手术。术前，中国建设银行来凤支行行长李甘霖特意叮嘱，张老是离休干部，医药费全额报销，可以选好一些的晶体。但张富清听说同病房的农民病友用的是最便宜的，也选了最便宜的。

"我已经离休了，不能再为国家做什么，能节约一点是一点。"

衣服的袖口都烂了，还在穿；儿子给他买的新衣服，他叠得整整齐齐放在箱子里。

张富清的心里，几乎没有他自己。

"以前，只不过觉得他大我们一些，工作在我们前头；现在他从我面前过，我都要在心里默默向他致敬！"72岁的来凤县关心下一代工作委员会副主任张昌恩说。

（六）

在张富清简陋的家中，珍藏着一个打满了补丁的搪瓷缸。

一面是熠熠生辉的天安门、展翅飞翔的和平鸽；一面写着：赠给英勇的中国人民解放军——保卫祖国、保卫和平。孙玉兰说，这是丈夫最心爱的物件。

从1954年起，这个搪瓷缸就是张富清生活的一部分。如今，补了又补，不能再用，张富清就把它认真保存了起来。

上世纪80年代初，张富清一家搬到现在仍居住的建行宿舍。30多年过去，楼上楼下、左邻右舍都已翻修一新，老两口的家还是老样子。

斑驳的墙壁，褪色的家具……虽然朴素，这个家整洁而充满生气。阳台上整齐地养着一排绿植，像是一队整装待发的战士。

面色红润，声音洪亮，精神矍铄——我们面前的张富清，仿佛不是一位90多岁的老人。近几年，他仍然坚持自己下楼买菜，有时还下厨给老伴炒几个菜。透过窗户，常常听到他爽朗的笑声……

1985年离休后，张富清一直保持着读书看报的习惯。他特别爱看《半月谈》。

卧室的写字台上，一本2016年版的《习近平总书记系列重要讲话读本》，被他翻阅得封皮泛白。

第110页的一段文字旁，做着标记——

"要不断改造主观世界、加强党性修养、加强品格陶冶，老老实实做人，踏踏实实干事，清清白白为官，始终做到对党忠诚、个人干净、敢于担当。"

这不正是共产党员张富清一生的写照吗？

（七）

战争年代不怕牺牲、出生入死，张富清靠的是一个党员的信仰——

"我一直按我入党宣誓的去做……满脑子都是要消灭敌人，要完成任务……所以也就不怕死了。"

和平时期淡泊名利、扎根大山，张富清为的是不负入党的誓言——

"和我并肩作战的战士，有几多（好多）都不在了。比起他们来，我有什么资格拿出立功证件去摆自己啊？！我有什么功劳啊？！"

讲起这些，这位95岁的老人声音颤抖，泪水溢满了眼眶。

英雄事迹传出后，有媒体闻讯而来。张富清拒绝接受采访。记者越来越多，没有办法，张健全只好骗父亲："这是组织的要求！"张富清这才答应——身为一名共产党员，必须服从组织的安排。

张富清最欣慰的，是一家四代有六个党员。

考虑再三，让子女拿着立功证书去登记，出发点也是对党忠诚——

"党和国家开展退役军人信息采集工作，是一件大好事。如果我不如实向党报告，那就是对党不老实……"

（八）

时光回溯到2018年3月17日。

北京人民大会堂。十三届全国人大一次会议表决通过关于国务院机构改革方案的决定。

近一个月后，退役军人事务部正式挂牌。

组建退役军人事务部，是以习近平同志为核心的党中央着眼党和国家事业全局作出的重大战略决策。

"军人是最可爱的人""不能让英雄流血又流泪"……随着退役军人管理保障工作有序开展，许多英雄事迹，陆续被发掘出来。

九旬老兵张富清，不想给党、给国家、给军队添任何麻烦。不久前，在给曾经战斗部队的一封答谢信中，他情真意切地写道：

"希望你们坚决听党的话,坚决听从习主席指挥""心往一处想,劲往一处使,拧成一股绳……"

(九)

新疆军区某红军团,张富清当年战斗的英雄部队。年轻的官兵,正紧紧围绕听党指挥、能打胜仗、作风优良强军目标,学习老前辈张富清英雄事迹,立志做新时代革命军人。

3月2日,部队派员专程到来凤,探望老战士张富清。

是夜,平素内敛沉默的张健全抑制不住内心激动。眼含热泪,他写下深情的记录——

部队来人了

老兵心中掀起波澜

面对军装上的军徽

老兵用一条独腿坚强站立

缓缓举起右手

庄严地行上军礼

……

(新华社2019年4月8日)

新华社湖北分社记者获悉张富清60多年深藏功名的事迹线索后,立即进行多方核实,并向上级机关明确提出,其事迹真实可信,值得作为共和国成立70周年重大典型人物进行宣传报道。这是多年来产生极大影响力的典型人物报道。稿件主题重大,思想深刻,率先精准提炼出张富清的初心本色这一精神内核,使其感人形象深深植根于时代的土壤。稿件写作精心,直抵人心。标题鲜明,正文以类似电影场景转换的方式,立体式呈现了老英雄的事迹和品质。

二、选择报道主题

人物的新闻价值得到确认,继而需要找到在人物的特定阶段和特定环境中的经历,或者人物的人生经历中,哪些对读者具备吸引力和阅读价值，这时基本上确定了报道主题。

若是最后确定写这个人物的特殊片段，那除片段的材料外，可能需要了解这个人物的整个人生经历和成长过程，人生片段以人生经历和环境为背景才能深刻、感人，才能展现片段的意义和价值。如果最后确定报道这个人物的人生经历，就要找到体现这个人物性情特征的重点片段，包括精彩故事、特殊阅历、引人细节等，以事实细节来呈现人物的精神面貌和性格特征。在此基础上，考虑详略、设置高潮。

三、选择人性化的故事、情节

人性是个复杂的命题，是文学作品探讨和体现的一大主题，但是人性在现实的新闻事件中更加鲜活地存在，并能触动读者。在看完人物报道后想让读者感到一个有血有肉的人物站到他们面前，那么报道中的新闻人物需要是个情感真实的人物。选择能体现人性化的言语、表情、行为等细节，进入新闻报道，可以让读者和新闻人物产生情感交流。如获得第十六届中国新闻奖一等奖的《索玛花儿为什么这样红》。

索玛花儿为什么这样红
记优秀共产党员、木里县马班邮路乡邮员王顺友

眼前这位苗族汉子矮小、苍老，40岁的人看过去有50岁开外，与人说话时，憨厚的眼神会变得游离而紧张，一副无助的样子，只是当他与那匹驮着邮包的枣红马交流时，才透出一种会心的安宁。

整整一天，我们一直跟着他在大山中被骡马踩出的一趟脚窝窝里艰难地走着，险峻处，错过一个马蹄之外，便是万丈悬崖。

傍晚，就地宿营，在原始森林的一面山坡上，大家燃起篝火，扯成圈儿跳起了舞。他有些羞涩地被拉进了跳舞的人群，一曲未了，竟如醉如痴。"我太高兴了！我太高兴了！"他嘴里不停地说着。"今晚真像做梦，20年里，我在这条路上从没有见过这么多的人！如果天天有这么多人，我愿走到老死，我愿……"忽然，他用手捂住脸，哭了，泪水从黝黑的手指间淌落下来……

这就是那个一个人、一匹马、一条路，在大山里默默行走了20年的人吗？

这就是那个20年中行程26万公里——相当于21趟二万五千里长征、绕地球赤道6圈的人吗？

这就是那个为了一个简单而又崇高的使命，在大山深谷之中穷尽青春年华的人吗？我流泪了。

在这个高原的夜晚，我永远地记住了他：四川省凉山彝族自治州木里藏族自治县马班邮路乡邮员王顺友。苗族名字：咪桑。

如果说马班邮路是中国邮政史上的"绝唱"，他就是为这首"绝唱"而生的使者

王顺友的话不多，却见心见肝。他说，他常常觉得自己这一辈子就是为了走邮路才来到人世上的。

马班邮路在正式文字中被定义为"用马驮着邮件按班投送的邮路"。在21世纪的中国邮政史上，这种原始古老的通邮方式堪称"绝唱"，而在木里人的眼里，这却是他们唯一的选择。

木里藏族自治县位于四川省西南部，紧接青藏高原。这里群山环抱，地广人稀，平均每平方公里的地面上只有9个半人。全县29个乡镇有28个乡镇不通公路，不通电话，以马驮人送为手段的邮路是当地乡政府和百姓与外界保持联系的唯一途径。全县除县城外，15条邮路全部是马班邮路，而且绝大部分是在海拔4000米以上的高山上。

王顺友至今记得，他8岁那年冬天的一个夜晚，做乡邮员的父亲牵着马尾巴撞开家门，倒在地。"雪烧伤了我的眼睛。"母亲找来草药煮沸后给父亲熏眼。第二天清早，父亲说，看到光亮了。他把邮件包往马背上捆。母亲抱着他的腿哭。父亲骂她："你懂什么！县里的文件不按时送到乡上，全乡的工作就要受影响。"

11年后，父亲老了，他把邮包和马缰绳交到了19岁的儿子手上，那一刻，王顺友觉得自己长大了。他开始沿着父亲走过的邮路启程，负责木里县至白碉乡、三桷垭乡、倮波乡、卡拉乡的马班乡邮投递，邮路往返584公里。

年轻的乡邮员第一次感受到了马班邮路的遥远和艰辛。他每走一个班要14天,一个月要走两班,一年365天,他有330天走在邮路上。他先要翻越海拔5000米、一年中有6个月冰雪覆盖的察尔瓦山,接着又要走进海拔1000米、气温高达40摄氏度的雅砻江河谷,中途还要穿越大大小小的原始森林和山峰沟梁。他这样描述自己的生活:冬天一身雪,夏天一身泥,饿了吞几口糌粑面,渴了喝几口山泉水或啃几口冰块,晚上蜷缩在山洞里、大树下或草丛中与马相伴而眠,如果赶上下雨,就得裹着雨衣在雨水中躺一夜。同时,他还要随时准备迎接各种突来的自然灾害。

有一次,他走到一个叫白杨坪的地方,下起了暴雨,路被冲毁了,马一脚踩滑跌向悬崖间,他想伸手去拉,也掉了下去,幸亏双双被一棵大树挡住。他摔得头破血流,眼睛和半边脸肿得没了形。当时他真想大哭一场,盼望着有个人来帮一下多好啊!可是除了马、邮件,什么都没有。

这些艰辛在王顺友看来还不是最苦的,最苦的是心头的孤独。邮路上,有时几天都看不到一个人影,特别是到了晚上,大山里静得可怕,伸手不见五指,他能感觉到只有风声、水声和不时的狼嚎声。家中操劳的妻子、年迈的父母、幼小的儿女……此刻就会像走马灯一样在他的脑子里转,泪水落下一行,又落下一行。于是他便喝酒,让自己的神经因麻木而昏睡过去,因为明天还要赶路。

如果仅仅是为了一个饭碗,王顺友在这条马班邮路上或许早就坚持不住了。让他最终坚持下来的,是这条邮路传达给他的一种神圣。

"每次我把报纸和邮件交给乡亲们,他们那种高兴劲就像过年。他们经常热情地留我住宿,留我吃饭,把我当成共产党的大干部。这时,我心里真有一种特别幸福的感觉,觉得自己是一个少不得的人!"这是王顺友最初感受到的乡邮员工作的价值。

白碉乡乡长王德荣曾对他说过这样的话:"你的工作虽然不是惊天动地,但白碉乡离不开你。因为你是我们乡唯一对外的联络员,是党和政府的代表。藏民们有一个月看不见你来,他们就会说:'党和政府不管我们了。'你来了,他们就觉得党和政府一直在关心着他们!"这话让王顺友心里滚烫。

一次，王顺友把邮件送到俫波乡政府，就在他牵着马掉头的时候，看见乡干部正翻阅着报纸说："西部大开发太好了，这下子木里的发展要加快了！"一时间，王顺友高兴得像是喝了蜜，因为乡干部看的报纸是他送来的，这薄薄的一张报纸竟有这么重的分量？！他越来越觉得乡邮员工作了不起。

于是，王顺友在马班邮路上一年一年地走下来，至今已经走了20年，而且还在继续走着。邮路上的每一天，他都是穿着那身绿色的邮政制服，他说："山里乡亲们盼望我，其实是盼望穿这身制服的人。"邮路上每一天，他都像保护命根子一样保护着邮件，白天邮包不离身，晚上邮包当枕头，下雨下雪，他宁肯自己淋个透，也要把邮包裹得严严实实。邮路上的每天，他都会唱起自编的山歌，雅砻江的苗族人本来就爱唱歌，他说："山歌是我的伴，也是我的心。"

翻一坡来又一坡，

山又高来路又陡，

不是人民需要我，

哪个喜欢天天走。

太阳出来照山坡，

照亮山坡白石头，

要学石头千年在，

不学半路草鞋丢。

这是王顺友无数山歌中的一首，邮路成为他心中一道神圣的使命。既然他深爱着自己大山连大山的故乡，既然他牵挂着山里的乡亲们，既然他崇敬着像太阳一般照耀着大山的共产党和人民政府，既然他生在中国邮政史上马班邮路的"绝唱"之年，那就上路吧！一个心怀使命的人，才是个有价值的人。

如果说马班邮路是一种"心"的冶炼，他在这冶炼中锻铸了最壮美的词句："忠诚"

王顺友爱看电影，特别爱看关于英雄的电影，他说，这是父亲给他的遗传。父亲年轻时参加过"剿匪",打仗不怕死,常教导儿子不要向任何敌人投降。当王顺友第一次在电影《英雄儿女》中看到那个高喊"向我开炮"的王成时,便敬佩上了他。"王成和我一个姓,他不怕死,为了党,命都敢丢。现在没有打仗的机会了,把信送好就是为党做事。"

1988年7月的一天,王顺友往俣波乡送邮件,来到雅砻江边,当时江面上还没有桥,只有一条溜索。他像往常一样先把马寄养在江边一户人家,然后自己背上邮包,把绳索捆在腰上,搭上滑钩,向雅砻江对面滑去。快滑到对岸时,突然他身上挂在索道上的绳子断裂了,他大叫一声,从两米多高的空中狠狠地摔下去,万幸,落在了沙滩上,但邮包却被甩进江里,顺水漂去。王顺友疯了一般,不识水性的他抓起一根树枝就跳进了齐腰深的江水中,拼命地打捞邮包,等他手忙脚乱地把邮包拖上岸后,人一下子瘫倒了。岸上有人看到这惊险的一幕,连说他傻,为了一个邮包,命都不要了。他说:"邮包比我的命金贵,因为那里面装的都是政府和乡亲的事!"

2000年7月一天的傍晚,他翻越察尔瓦山时,突然从树丛中跳出两个劫匪,号叫着要他把钱和东西都交出来。他本能地向前跨出一步,用身体护住了驮在马背上的邮包,大声喝道:"我是乡邮员,是为党和政府服务的,是为乡亲们送信的。要钱没有,要命有一条!"说着,他抽出随身携带的柴刀,死死地盯着劫匪。两个劫匪一时竟被这个一身正气的乡邮员吓呆了。趁他们出神的空当,王顺友疾步上马,冲了过去。事后有人送他一个绰号"王大胆",他说:"其实我心里也怕得很,是这身邮政制服给我壮了胆。"

这身邮政制服给予王顺友的何止是胆?它给了他一个马班邮路乡邮员的最高品质——忠诚。这也是他作为一个共产党员对党的事业的忠诚。忠诚洒满了他邮路上的每一步。

1995年的一个秋天,王顺友牵着马走过雅砻江上刚刚修建起的吊桥,来到了一个叫"九十九道拐"的地方。这条由马帮踩出的羊肠小道陡峭地盘旋在悬崖峭壁之间,走在这条路上,马的粪便可以直接落在后面的马和人身上,跟在后面的人只能看到前面马的尾巴,路的下面便是波涛汹涌的江水，稍有不慎，就会连人带马摔下悬崖，掉入江中。

王顺友小心翼翼地跟在驮着邮件的马后边，一步一步地向前迈，眼看就要走出"九十九道拐"了。突然，一只山鸡飞出来，吓得马一个劲地乱踢乱跳，他急忙上前想拉住缰绳，谁知刚一接近，受惊的马抬起后脚便朝他蹬来，正蹬中他的肚子，一阵剧疼之后他倒在了地上，头上的汗水大颗大颗地往下落。

过了很久，受惊的马终于安静下来，它回头看着主人痛苦的样子，眼神变得悲哀而凄婉，用嘴一下一下不停地蹭着王顺友的脸。王顺友流泪了，他抬起手向马做了一个手势，告诉它不要难过，他不怪它。他忍着疼痛慢慢地站起来，牵上自己的伴儿，继续上路了。一路上疼痛不断加剧，他走走停停，停停走走，实在挺不住了，就倒在地上躺一会儿，就这样，坚持把这班邮件全部送完。

9天以后，他回到木里县城，肚子已经疼得受不了。邻居用拖拉机把他拉到了医院，医生检查后大吃一惊：大肠已被踢伤，由于耽搁时间太久，发生严重的肠粘连。医生说，再晚些时间，命就没了。经医院全力抢救，王顺友总算保住了一条命，但他的大肠从此短了一截，留下终身残疾，肚子经常作痛。

我直截了当地问王顺友，有没有想过不干这份工作了，哪怕去打工。他认真地告诉我："不可能。乡亲们需要我，他们等着我带给他们亲人的消息，乡政府盼着我带给他们党的声音。我做这个工作是给党和人民做事，有人喜欢我；如果我打工，只是个人挣钱，没人喜欢我。我只有为党和人民做事，心里才舒坦、好过。"

这个苗族汉子的话，句句都是从心窝里淌出来的。正是凭着这样一颗心，20年来，他没有误过一次邮班，没有丢失过一封邮件和一份报刊，投递准确率达到百分之百。

"山若有情山亦老"。如果王顺友走过的邮路可以动情，那么，这里的每一座山，每一道岭，每一棵树，每一块石头，都将洒下如诗如歌的泪水，以敬仰这位人民的乡邮员，用20年虽九死而不悔的赤心，锻铸了一个共产党员对党和人民事业的最高贵的品质——"忠诚"。

如果说马班邮路是一条连接党和人民的纽带,他就是高原上托起这纽带的脊梁

跟着王顺友一路跋涉,终于来到了他邮路上的第一个大站白碉乡。路边等候着一群乡亲,见到他,都围了上来。有人给他递茶,有人往他口袋里塞鸡蛋,还有一个乡亲竟抱来一只活生生的老母鸡捆到了他的马背上。王顺友像个远道回家的大孩子一样,高兴得牙龈都笑得露了出来。晚上,坐在一户乡亲家的小院里喝酥油茶,他对我讲:"每次走到乡上都是这样,乡亲们需要我,我也离不开他们。"

山里人交朋友是以心换心。他们对这位乡邮员的情意,让我更深切地触摸到了王顺友的一颗心。

1998年8月,木里县遭受百年罕见的暴雨和泥石流袭击,通往白碉乡的所有大路、小路全被冲毁,这个乡几乎成了一个与外界隔绝的孤岛。按规定,这种情况王顺友可以不跑这趟邮班。但是,当他在邮件中发现了两封大学录取通知书时,便坐不住了。他清楚地知道对于山里的孩子来说,这两份通知书意味着什么。"我决不能耽搁娃儿们的前程!"他上路了。

王顺友是怎样拽着马尾巴连滚带爬地走到白碉乡,他已经记不清了。但是当年接到通知书的布依族女孩海旭燕和藏族女孩益争拉初的家人至今都清楚地记得,当他们在连日的绝望中打开家门,看到一身水、一身泥、腿上流着血的王顺友,从怀里掏出那封用塑料袋裹得严严实实、滴水未沾的大学录取通知书时,全家都哭了。

现在,这两个女孩都已经大学毕业,参加了工作。益争拉初的父亲王八金红着眼圈说:"咪桑是一个最忠诚的人,是我们这里离不开的人!"

王顺友的确是大山里离不开的人。因为他的付出,乡亲们更多地感受到了大山外面世界的温暖。

邮路上的深山里零零星星地散居着一户户人家,他们附近没有集镇,更没有邮局,王顺友就成了这条路上的"流动邮局"。20年中,他代收、代发信件和包裹不计其数。他走邮路的时候,总有一些乡亲拿着信件和包裹早早在路边守候着,请他代寄到外地。很多山里的人不知道邮寄信件和包裹是需要邮资的，每次王顺友都是一声不响地收下，回到县城后，再自己掏钱贴上邮票或付上邮费，把它们寄出去。

山里的居民，生活大都十分贫困，他们与外界的联系常常仅仅是买些盐巴、茶叶，而就这点东西也得在大山里往返三四天才能买到。看到这些情景，王顺友心里很难过，便在每次跑邮路时，装上几包盐巴、茶叶和药，山里人谁需要了，他就递上一包。看到他们接过包包时脸上绽放出的笑容，心头便有一种很幸福的感觉。

好事做多了，乡亲们都说王顺友是雷锋。他说："我比不上雷锋，但我要学雷锋。"

按照规定，乡邮员只要把信件送到每个乡的乡政府就算圆满完成任务。但王顺友总是坚持把信件直接送到农户。他说："乡里的干部忙，没时间送信，让乡亲们跑老远的路到乡上来取信，我不忍心。我多走几步，大家都方便了。"

有一年冬天，雪下得很大，王顺友从木里走到白碉乡已经是第三天了，他的手上有一封寄给白碉乡呷咪坪村陶老五家的信，猜想可能是陶家十多年没有音信的女儿写来的。他放下乡里的报纸，水没顾得上喝一口，又上路了，在雪地里走了10多公里，把信交到了陶老五的手上。信果然是陶家女儿写来的，说她已经在外面结婚生子，还附了一张孩子的照片。陶家人喜极而泣，王顺友也高兴地流泪了。

1997年，从木里县城到白碉乡的公路全线贯通，乘车只需要4个小时就可以到达。王顺友完全可以改道走公路直达白碉，既安全又省力。可他依然牵着马，翻山越岭步行两天到白碉。有人想不明白，说他傻。他却说："不是我傻。如果改道，我是方便省力气了，可雪山下那些托我带信、带包裹的乡亲们就不方便了。所以，我还要继续走这条路！"

2004年秋天，国家组织的为老少边穷地区白内障患者免费实施复明手术的"健康快车"驶进木甲。木里县残联的同志把通知书交到王顺友的手上，希望在"健康快车"离开木里之前能把它送到倮波乡，因为那里有因白内障而失明的老人。

当时王顺友正患胃痛，可他什么也没说，牵着马上路了。他几乎是一路急行军,没有吃过一顿安稳饭,没有睡过一个安稳觉,只要两条腿能动,他就不停歇地走,结果,7天的路,竟用4天赶到了。这时,他已经被病痛和过度的劳累折磨得不成样子,两手捂着胃,脸白得像纸,虚汗不停地往下淌,连说话的力气都没有了。他被送进了乡医院。

当天晚上,"健康快车"的消息传遍了倮波乡每一户人家,王顺友为送通知生病的消息也随之传开了。第二天一大早,乡亲们涌到了医院,一位双目失明的藏族老阿爸,拿着家里仅有的几个鸡蛋,让人搀扶着来到王顺友的病床前,拉着他的手,不停地抹泪,嘴里反复地念叨着:"我的儿子!我的儿子!"

一颗金子的心,换来的是金子的情。马班邮路沿途的乡亲们都把王顺友当成自家的亲人,每当他要来的日子,许多人家就会等在路边,拉他到家里喝茶吃饭,走时,他的口袋里会塞满鸡蛋、核桃、水果等各种好吃的东西。

2003年冬天,王顺友送邮途中胃病犯了,躺倒在倮波乡一户叫邱拉坡的人家。他歇了半天,坚持要继续上路。邱拉坡劝阻无效,又放心不下,于是就把手头上的活交代给家人,陪着生病的王顺友一起上了路,走了整整6天,直到把邮件送完,又把王顺友送回木里家中。

王顺友是幸福的,他的幸福来自他的工作。尽管他长年一个人默默地行走,但是他的胸膛间却激荡着大山内外的心声;尽管他身躯矮小,但是他却在党和人民之间托起了一条血脉相连的纽带;尽管他朴实如石,但是他又挺立如山。他就像高原上的一道脊梁,用无声的力量实践了自己心中一个朴素的信念:为党和政府做事了不起,为人民做事了不起!

如果说马班邮路是一个人的长征,这条长征路上凝结着他全家人崇高的奉献

一提到家,王顺友总是说:"我有三个家,一个在山上,一个在路上,一个在江边。"

江边的家是他住在雅砻江边白碉乡老家的父母的家。这个家厚载着对他的养育之恩,他本当在父母的膝前尽忠尽孝,然而,老父亲在把马缰绳交给他的那一天就告诉他:"你只有为政府和乡亲们把这件事做好了,做到底，才是我的好儿子！"一句话，交给了他如山的使命，也让他永远地负了一份做儿子的心债：是他的弟弟们在替他这个长子孝敬着老人，最疼他的老母亲活着没得到他一天的照料，临病逝前，喊着他的名字，见不到他的身影。那一刻，他正在邮路上翻越雪山。从此，顶着蓝天的雪山，成为他心中永远的痛！

　　山上的家是他和妻子儿女在木里城外一个叫绿音塘的山腰间建起的清贫小窝。他和妻子韩萨结婚那年，也正是他从父亲的手里接过马缰绳的那年。他们结婚20年，他在邮路上跑了20年，20年算下来在家的日子不到两年。三亩地，三头牛，十几只羊，四间土坯房，一双儿女——这个家全部是由妻子一个人苦苦撑起来的。韩萨说她自己是"进门门里没人，出门门外没人"，想得太苦了就拿出丈夫的照片看看。由于操劳过度，她的身体很坏，长年生病。而这样的时刻，王顺友总是在路上。

　　有一次，韩萨病了，因为没有钱，去不了医院。当时儿子在学校，女儿去了亲戚家，她只好一个人躺在家里苦熬着。不知道熬了几天几夜，当王顺友从邮路上回来时，她已经说不出话来，望着丈夫，只有眼泪一股股地往下流。王顺友向单位的工会借了1000元钱，把妻子送进了医院，服侍了她3天。3天后，妻子出院，他又要上路了。握着韩萨的手，他心头流泪，轻轻说："人家还等我送信呢！"善良的女人点点头。

　　这样的记忆，又何止一次两次。那一次，是邻居发现了几天不吃不喝、已经病得奄奄一息的韩萨，撒腿跑了两个多小时，赶到县邮政局报信，才保住了她一条命。而那时，王顺友离家还有3天的路程。

　　有人曾问韩萨，想不想让王顺友继续跑邮路？她的眼泪一下子出来了。"只要他天天在家，哪怕什么活也不干，我也高兴。可他送信送了20年，你要让他不送，他会受不了的。邮路是他的命，家是他的心哪！"

　　韩萨真的是最懂得王顺友的女人，这个家的确是他放不下的心。他有一本发了黄的皱巴巴的学生作业本，每一页上面都记满了他在邮路上唱的山歌，其中很大一部分是相思相盼的情歌。他说："那是唱给韩萨的。"说这话时，他眼里有泪。

　　高山起云遮住山，

马尾缠住钓鱼竿，
藤儿缠住青岗树，
哥心缠住你心肝。
獐子下山山重山，
岩间烧火不见烟，
三天不见你的面，
当得不见几十天。

优美哀婉的歌词里，蕴满了多少离别之苦。

幸福因为稀少而珍贵。王顺友对家人的每一点细微处，都流淌着这个情重意重的苗族汉子的挚爱。邮路上乡亲们塞给他的好吃的东西，哪怕是一个果子、一颗糖，他都从来舍不得吃一口，总是带回家，让妻子儿女品尝；每一趟出门，他总是把家里的事一件件安排好，把妻子要吃的药一片一片地数好，包好，千叮咛，万嘱咐。他对记者说："每次邮路上回来，当老远能看见半山腰的家时，心里就开始慌得不得了啦，巴不得一纵身就跳到家里，剩下的两个小时的路，几乎是一路小跑……"

扁担挑水两头搁，顾得了一头，顾不了另一头。王顺友对家人的愧疚或许是他一辈子都无法释怀的。他说："马班邮路总得有人去走，就像当年为了革命胜利总得有人去牺牲。为了能传达党和政府的声音，为了能让更多的乡亲们高兴，我这个小家舍了！"小家舍了，路上的家却让他付出了几乎生命的全部。在这个家，马是他的最爱。他说："这么多年，跟我度过最苦、最难、最多的日子都是马，我跟我妻子儿女在一起的日子还没有跟马在一起的多，我心里所有的话都跟马说过！"

20年里，王顺友先后有过30多匹马，他能说得出每一匹马的脾气性格，还都给它们起了好听的名字。其中有一匹叫青龙的马，一身雪白，跟上他的时候只有5岁，一直伴他走了13年。这匹特别有灵气的马，能记得王顺友在邮路上每一处习惯休息的地方，每当天色渐晚，看到主人因疲倦而放慢了脚步时，它就会用嘴咬咬他的肩头，意思是说快点走。然后，便会独自快步向前走去，等王顺友赶到休息的地方时，它早已安静地等候在那里了。

让王顺友最为刻骨铭心的是，这匹马救过他的命。

2005年1月6日，王顺友在倮波乡送完邮件后往回返，当他牵着马走到雅砻江边直奔吊桥时，不知怎的，青龙四个蹄子蹬地不肯走了。仅差十几米远，王顺友看到一队马帮上了吊桥，他想同他们搭个伴，便大声喊："等一等……"可他的青龙一步不动。正当他急得又拉又扯时，一个景象让他惊呆了：吊桥一侧手臂粗的钢缆突然断裂，桥身瞬间翻成九十度，走在桥上的3个人、6匹马全部掉到江中，转眼间就被打着漩涡的江水吞没了。半天，他才回过神来，抱住他的青龙哭了。

这匹马现在已经18岁，他把它寄养在了一个农户家，隔上一些日子就会去看看。他说，平原上的马一般寿命30年，而天天走山路的马只能活20年。像青龙这样的好马，他还有过几匹，但有的老了；有的伤了，也有的已经死了。县上和省里的电视台拍了不少他和马在邮路上的片子，他从来不看。因为一看到他的那些马，心头就会流泪。20年里，他给了马太多的爱。

在他每个月拿到手的800多元工资中，光买马料就要贴上200元。尽管单位每月发的70元马料费够吃草，可他还要给马吃很多苞谷。他常说，马只有吃得好，身上才有力气，走路才走得凶。

邮路上，即使走得再苦，他也从来舍不得骑马，甚至当看到马太累时，他会把邮包从马背上卸下来，扛在自己身上。

马给了王顺友太多的安慰。

他最愿看的电视节目是赛马；他最愿去的地方是马市；他最感激的人是北京密云邮政局职工哈东梅和凉山州委书记吴靖平，还有几位他叫不出名字的捐赠者，他现在的两匹马就是他们送的。记得他第一次接过吴书记送的那匹马时，来不及说一句感谢的话，一把拉过马头，双手扳开马嘴看牙口，连声道："好马！好马！"说完就流泪了。因为他没有想到，20年，他只是干了自己应该干的事，却得到了这样贴心的鼓励。他说："只要能走得动，我就一直走下去！"

真的无法想象没有马的日子王顺友该怎么过。前不久，他作为全国劳模去北京开会的那几天，每天晚上躺在宾馆松软的床上，就是睡不好。

他说，和马在一起睡惯了，有马在，心头就安稳，没马在，心头空落落的，即使眯一会儿，又梦见自己牵着马走邮路。

三个家，三重情，三份爱。王顺友因它们而流泪，也因它们而歌唱；因它们而痛苦，也因它们而幸福。有人问，这三个家哪个最重要？他说："哪个都放不下。"放不下，是因为连得紧。三个家，家家都连着同一颗心，一颗为了马班邮路而燃烧的心！

如果说马班邮路是高原上的彩虹，他就是绘织成这彩虹的索玛

王顺友牵着马一步一步专注地走着，从后面望过去，他的背驼得很厉害。

在一般的工作岗位上，40岁正是一个黄金年龄，但对马班邮路上的乡邮员来说，40岁已经老了。和其他的乡邮员一样，王顺友患有风湿、头痛、胃痛等各种病症，另外，他还患有癫痫病，现在每天要靠吃药控制病情。

这位在木里的马班邮路上走得年头最长的人，还能走多远呢？

他说："走到走不动为止。"

记者问："如果让你重新做一次选择，还会走马班邮路吗？"

"那不会变。"

"为什么？"

"马班邮路把我这一辈子的心打开了，为党和政府做事，为乡亲们做事，让我活得舒坦，敞亮！也让我觉得，自己在这个大山里是个少不得的人呢！"

"在一般人看来，一个牵着马送信的人能有多重要？"

"我们木里山太大，太穷，没有邮路，乡亲们就会觉得心头孤独了。现在我们有十几条马班邮路，十几个乡邮员，每个人跑一条路，不起眼，可所有这些路加起来，就把乡亲们和山外面的世界连在一起了，就把党与政府和木里连在一起了！"

记者的心被一种热辣辣的东西涨得满满的。

5月的凉山，漫山遍野盛开着一片一片火红的花儿，如彩虹洒落在高原，恣意烂漫。同行的一位藏族朋友告诉记者，这种花儿叫索玛，它只

生长在海拔3800米以上的高原，矮小，根深，生命力极强，即使到了冬天，花儿没了，它紫红的枝干在太阳的照耀下，依然会像炭火一样通红。

噢，索玛花儿……（新华社2005年6月2日）

这篇文章报道了马班邮路乡邮员王顺友默默无闻、甘心奉献的感人事迹，报道选取了很多平凡的故事，通过人性化情节与细节的选择，为读者呈现出一个既有喜怒哀乐，又有坚定理想的平凡人物的伟大形象，真实可信，血肉丰满，令人可亲可敬。例如：

"我太高兴了！我太高兴了！"他嘴里不停地说着。"今晚真像做梦，20年里，我在这条路上从没有见过这么多的人！如果天天有这么多人，我愿走到老死，我愿……"忽然，他用手捂住脸，哭了，泪水从黝黑的手指间淌落下来……

他摔得头破血流，眼睛和半边脸肿得没了形。当时他真想大哭一场，盼望着有个人来帮一下多好啊！

家中操劳的妻子、年迈的父母、幼小的儿女……此刻就会像走马灯一样在他的脑子里转，泪水落下一行，又落下一行。于是他便喝酒，让自己的神经因麻木而昏睡过去，因为明天还要赶路。

事后有人送他一个绰号"王大胆"，他说："其实我心里也怕得很，是这身邮政制服给我壮了胆。"

路边等候着一群乡亲，见到他，都围了上来。有人给他递茶，有人往他门袋里塞鸡蛋，还有一个乡亲竟抱来一只活生生的老母鸡捆到了他的马背上。

但是当年接到通知书的布依族女孩海旭燕和藏族女孩益争拉初的家

人至今都清楚地记得，当他们在连日的绝望中打开家门，看到一身水、一身泥、腿上流着血的王顺友，从怀里掏出那封用塑料袋裹得严严实实、滴水未沾的大学录取通知书时，全家都哭了。

这些细节展示了人物的真实情感，具有人性化，读者很容易产生共鸣。

小贴士 人性化情节和细节的选择，可以让新闻人物走近读者，并能相互交流。

四、以特别的事报道普通的人

普通人物的身份不会具有新闻价值，但普通的人依然会有故事，普通的人物读者最可感知、理解，平凡的人物的故事对读者也更加接近。因此日常生活中普通的人物做了不同寻常的事情，是人物报道的一个取材点。例如：在每年的高考结束后，各地方媒体都会有一些高考人物故事，这些学生都是普通人，他们的故事每年都会有读者。

小贴士 典型人物中的人性化细节，容易引起读者共鸣，产生认同感。

五、具有普遍意义的人物或者人物经历

人类有很多情感是相通的，失败、成功、落寞、高兴等，具有普遍意义的人物和人物经历因此也就具有了报道价值，也能引起读者的阅读欲望。例如：公众人物也有作为儿女和父母的一面；任何人物都有失败的时候，这些片段和角度都具有一定的普遍意义。此外关于大学生创业的人物报道，关于各行业有杰出贡献的人物报道等皆具有一定普遍意义；即使人物为重要人物或者名人，人物报道中也需要挖掘他们身上的普遍意义和具有普遍意义的经历。

小贴士 人物报道的选材需要考虑新闻价值，同时也要挖掘人物经历和人物故事的普遍意义。

第三节　如何写人物报道

一、首先确定报道的主题

人物报道相对比较复杂，记者想让读者获知一个什么样的人物，这个人物的哪一面？这个人物最打动人的地方是什么？这个人物最具新闻价值的点在哪里？这些都是人物报道主题可考虑的切入点。确定人物报道的主题是第一步，主题确定了就为报道定下了基调，也为报道的展开铺下了线索，同时主题也是选材的标准之一。

二、组合事实细节，表现人物

确定了报道主题之后，所做的是如何展现人物。人物报道展现人物的一个重要技巧就是选择、组合事实、故事、细节，表现人物，从而表现主题。

与小说等文学作品的人物和展现人物技巧不同，人物报道的人物和报道所使用的所有情节、故事、行为、表情等细节，必须是新闻事实。记者所要做的是选择、组合事实，而不是设置场景、构思情节。

人物报道的主角是什么样的一个人，是他的事情和行为表现出来的。记者要做的是采访、收集这些事情，然后选择、组织，用他们表现人物和人物的性格特征。

采访和写作中选择的这些事实细节包括直接引语、外貌描写、背景信息、逸闻趣事，与新闻人物相关的其他人提供的此类事实等。

请看获得第六届中国新闻奖特别奖的经典人物报道《领导干部的楷模：孔繁森》，体会它是如何展现主题、表现人物的。

领导干部的楷模：孔繁森

也许，岁月能改变山河，但历史将不断证明，有一种精神永远不会失落。崇高、忠诚和无私，将超越时空，成为人类永恒的追求。

也许，时间会冲淡记忆，但人们绝不会忘记，20世纪90年代，有这样一位共产党员，他的理想，他的信念，他的人格，他的情操，使千万人的心灵为之震撼。

他，就是原中共阿里地委书记孔繁森。他把自己的一腔热血洒在西藏高原。

两次进藏，历时十载。在党的召唤面前，在人生的选择中，他的精神境界一次次得到升华

1993年4月4日，孔繁森告别拉萨赴阿里上任。

越野车载着他，向西疾驶而去。车窗外，油画般的高原景色一幕幕掠过：清澈的拉萨河，奔腾的雅鲁藏布江，高耸的雪山，明镜般的湖水……孔繁森热爱西藏的山山水水，但此时却顾不上欣赏这高原美景。伸向远方的莽莽苍苍的路，多么像人生之路。回顾过去的路，思谋未来的路，他的心早已飞向了阿里。

孔繁森先后两次进藏，这时已在高原工作6年。按说，他现在应该东进返乡。然而，他却接受了一项更艰巨的任务，驱车向西，奔赴自然条件更恶劣的地区，挑起阿里地委书记的重担。

号称"世界屋脊"的西藏高原，高寒缺氧，气候恶劣，而阿里又是西藏最艰苦的地区。那里平均海拔4500米，空气中的含氧量不足海平面的一半，最低气温零下40多摄氏度。民主改革前，野蛮的封建农奴制严重束缚了当地生产力的发展，藏族群众的生产与生活长期处于原始状态。民主改革后特别是党的十一届三中全会以来，阿里发生了巨大变化，但由于历史和自然的原因，当地的经济发展仍比其他地区缓慢，群众生活仍比较贫困。那里更需要像孔繁森这样年富力强的优秀干部。自治区领导同志征求孔繁森的意见时，他坚决而干脆地回答："我是党的干部，服从组织安排。"

孔繁森同志是在新的历史时期成长起来的千千万万个领导干部中的优秀代表。全党同志，特别是各级领导干部，要着重学习他顾全大局、无私奉献的坚强党性；热爱人民、服务人民的公仆情怀；清正廉洁、克己奉公的高尚品德；艰苦奋斗、知难而进的拼搏精神；开拓进取、求真务实的优良作风。

像这样的工作调动,孔繁森经历过多次。每一次,他都把党和人民的需要作为自己的唯一选择。

孔繁森1944年出生在山东聊城一个贫苦的农民家庭。在党的培养教育下,他参军、入党,后来转业到地方工作。1979年,国家要从内地抽调一批干部到西藏工作,当时担任中共聊城地委宣传部副部长的孔繁森欣然赴藏。他并非不知道西藏天高地远,并非不知道那里生活艰苦,并非不知道远离家乡和亲人意味着什么。但他更清楚地知道,这是祖国和人民的需要,这是党的召唤。

从踏上西藏高原那天起,孔繁森就暗下决心:把自己的一切献给祖国这块神圣的土地,献给勤劳、勇敢的藏族人民。孔繁森进藏本来是作为日喀则地委宣传部副部长选调的,报到后,区党委见他年轻体壮、意气风发,决定改派他到海拔4700多米的岗巴县担任县委副书记。征询他的意见,回答仍很痛快:"我年纪轻,没问题,大不了多喘几口粗气。"那时,党的十一届三中全会刚刚开过,为了在农牧区推广家庭联产承包责任制,带领群众脱贫致富,他亲自到一个乡试点,又把经验在全县推广。在岗巴3年,他几乎跑遍了全县的乡村牧区,每到一地就访贫问苦,宣传党的政策,和群众一起收割、打场、挖泥塘,与当地群众结下了深厚的情谊。有一次,他骑马下乡,从马背上摔下来,昏迷不醒。当地的藏族群众抬着他走了30里山路,把他送到医院抢救。当他从昏迷中醒来时,看到很多藏族群众守护在身边。1988年,孔繁森奉调回山东离开岗巴时,藏族同胞依依不舍地含泪为他送行。

首次援藏孔繁森就表达了"青山处处埋忠骨,一腔热血洒高原"的坚定决心。

在西藏工作3年,孔繁森深深爱上了这片壮丽、神奇的高原,深深爱上了这里的藏族人民。同时,他也深深感受到当地群众要求改变贫穷面貌的迫切愿望。回到山东后,他曾表示:"我这条命,是藏族老百姓给捡回来的。如果有机会,我愿再次踏上那片令人终生难忘的土地,去工作,去奋斗!"

光阴似箭。1988年,工作几经调动的孔繁森已担任聊城地区行署副专员。这时,又一次严峻的考验摆在他面前。

这一年,山东省在选派进藏干部时,认为孔繁森政治上成熟,又有在西藏工作的经验,便准备让他带队。组织上问他有什么困难,他还是那句话:"我是党的干部,服从组织安排。"其实,孔繁森心里很清楚,家里确有不少困难:自己的身体状况不如从前了;年近九旬的老母,生活已不能自理;三个孩子尚未成年,需要有人照看;妻子动过几次大手术,体弱多病。自己一走,全家的生活重担又要压在妻子一人肩上。他不会忘记第一次进藏时家里的情景,里里外外都是妻子操劳。有一次,她去刨地瓜,五岁的儿子没人照看,掉进地窖里爬不上来……孔繁森觉得对不起妻子,对不起孩子。

一天,孔繁森对妻子王庆芝说:"我带你和孩子们到北京玩几天吧!"妻子感到很奇怪:别说是去北京,就是在聊城,繁森也从来没闲空陪自己和孩子们出过门,这一次是怎么了?带着疑惑的心情,王庆芝和孩子们跟着他到了北京,游览了天安门和长城。途中,孔繁森话里有话地对妻子说:"到了北京,就等于走遍了全国。以后我无论走到哪里就像到北京一样,你和孩子们别牵挂。"听了这番话,王庆芝似乎有了某种预感。从北京回到聊城后,孔繁森一直在想怎样对妻子开口。一天夜里,他终于鼓起勇气说:"庆芝,组织上又安排我进藏了……"话还没说完,王庆芝的眼泪已像断了线的珠子滚落下来。看着妻子难过的样子,孔繁森的心里也一阵阵发酸。他动情地说:

"庆芝,我欠你的太多太多了!等从西藏回来,我一定会加倍地补偿。"

"你就放心去吧,"王庆芝抽泣着说,"一个人出门在外,好好保重身子。"在那些日子里,王庆芝一边为丈夫收拾行装,一边悄悄地抹泪。要走了,孔繁森默默地站在母亲面前,用手轻轻梳理着母亲那稀疏的白发,然后贴在老人的耳朵旁,声音颤抖地说:

"娘,儿又要出远门了,到很远很远的地方去,要翻好几座山,过好多条河。"

"不去不行吗?"年迈的母亲抚摸着他的头舍不得地问。

"不行啊,娘,咱是党的人。"孔繁森的声音哽咽了。

"那就去吧，公家的事误了不行。多带些衣服、干粮，路上可别喝冷水……"

想到也许这是同年迈多病的老母亲的最后一面，孔繁森再也抑制不住内心的感情，"扑通"跪在母亲面前："自古忠孝不能两全，娘，您要多保重！"说完，流着眼泪给母亲深深磕了一个头。

无情未必真豪杰。为了党的事业，孔繁森把对家乡、对亲人的爱深深地埋在心底，把博大无私的爱献给了祖国和人民。

1988年，孔繁森第二次进藏后任拉萨市副市长，分管文教、卫生和民政工作。任职期间，他跑遍了全市8个县区的所有公办学校和一半以上乡办、村办小学，为发展少数民族教育事业殚精竭虑。1991年，一次车祸把他摔成了严重的脑震荡，颅骨骨折，高烧昏迷。住院治疗期间，一天，他得知一所学校发生了问题时，便不顾高烧未退、眼睛充血，骑着自行车赶到学校现场处理。在他和全市教育工作者的共同努力下，拉萨的适龄儿童入学率从45%提高到80%。这一次，听说孔繁森要延长在藏时间到阿里工作，有的同志劝他：你是山东的干部，已经先后两次进藏，该吃的苦也吃了。凭你的政绩和能力，回去一定可以干得更好、进步得更快。听了这话，孔繁森的神情顿时严肃起来："怎么能说我是山东的干部呢？我们共产党员无论在哪里工作都是党的干部。越是边远贫穷的地方，越需要我们为之去拼搏、奋斗、付出，否则，就有愧于党，有愧于群众。"

从拉萨到阿里地委、行署所在地狮泉河镇，将近2000公里坎坷不平的路程。孔繁森离开拉萨两天后，进入阿里地区措勤县境。藏北大草原那雄浑、壮美的景色展现在他面前：远方，绵延起伏的雪山在蓝天的映衬下格外壮丽，广袤无垠的草原一直伸展到遥远的天际。近旁，一座座用石块垒成的玛尼堆披挂着祈祷吉祥的五彩经幡，一堆堆高寒地带特有的红柳丛在阳光下像火一样耀眼。天空，时而白云朵朵，时而乌云密布；原野，时而大雪纷飞，时而风沙弥漫……

孔繁森是一个感情丰富、兴趣广泛的人，喜爱读书、写诗和摄影。眼前这一切，使他激动不已。为了祖国西南边陲这神圣的土地，多少先辈曾在这里奋斗拼搏、流血牺牲。如今，党把自己派到这里，这是多么光荣而又艰巨的使命。一种崇高的责任感和神圣的使命感在他心中油然而生。

进入阿里地界，孔繁森的调查研究也开始了。当天夜里，他风尘仆仆地到达措勤县委所在地。第二天上午，他不顾旅途劳累，召集县委、县政府的干部开会，听取汇报，并结合贯彻党的十四大会议精神，商讨如何发挥当地优势，探索适应社会主义市场经济体制的发展途径。随后，他又去看望和慰问驻当地的武警部队官兵。

经过对沿途措勤、改则和革吉三个县的实地调查，孔繁森透过这些地方贫困落后的现状，看到了当地蕴藏的巨大优势，即丰富的畜产品和矿产品资源。他兴奋地对同行的同志说："随着社会主义市场经济体制的建立，我国的经济必将进入一个新的快速发展时期，对原材料的需求将进一步增长。这对有着丰富资源的阿里来说，无疑是一个极好的发展契机。我们一定要抓住这个有利时机，加快阿里经济发展的步伐。"

为了寻找阿里的发展优势，全地区 106 个乡，他跑了 98 个，雪域高原上留下了他的深深足迹。风雪中，他把自己的毛衣脱给一位藏族老阿妈……

孔繁森到阿里后，40 多封请求调离的报告摆在了他面前。这对人才奇缺的阿里来说，无疑是雪上加霜。

重重心事加上高山反应，使孔繁森彻夜难眠。他索性把住在近旁的地委秘书长叫了过来。没有电，两人就借着手电筒微弱的光亮聊了起来。

孔繁森说："要求调走的那些同志在阿里工作了多年，这本身就是一种奉献。现在，他们申请调离，主要是对阿里的前途缺乏信心。我看，问题的关键是要找到阿里发展的突破口。小平同志说过，发展是硬道理。只要我们用发展这个硬道理来凝聚人心，调动干部们的积极性，为他们提供施展才干的舞台，就一定能把阿里的经济和各项事业搞上去。"

这一夜，他俩谈地区的工作，谈当地的优势，谈阿里的未来，越谈越兴奋。电池用完了再换上一节，炉火不旺了再添上几块焦炭，一直到曙光初露。

4月25日，孔繁森主持召开地委、行署联席会议。他给大家布置的第一项工作就是：解放思想，转变观念，在原有基础上进一步寻找阿里发展的优势，从困难中寻找光明的前途。

会后，孔繁森和地委、行署其他领导成员分头带队到基层调查研究。

到阿里赴任前，孔繁森已把自治区的各有关部门跑了个遍，将阿里地区的自然概况和历年来经济统计数字都抄在笔记本上。为了进一步摸清阿里的情况，他一个县、一个区、一个乡地跑。从措勤到札达，从普兰到日土，实地考察，求计问策，寻找带领群众脱贫致富的路子。在阿里不到两年的时间里，从南方的边境口岸到藏北大草原，从班公湖到喜马拉雅山谷地，全地区106个乡，他跑了98个，行程8万多公里。

阿里地广人稀，面积30.5万平方公里，相当于两个山东省，而人口只有6万多。有时，开着越野车在空旷的荒野上奔波一天也看不到一户人家、一顶帐篷。饿了，他们就吃口风干的牛羊肉；渴了，就喝口山上流下来的雪水。旅途虽然艰苦，但孔繁森却风趣地对随行的同志说："高原上的水绝对没有污染，是世界上最优质的矿泉水，等开发出来得用美元来买呢！"他那乐观的情绪，常常感染着周围的同志。

有经验的人都知道，在高原生活，一场严重的感冒有时也会夺去一个人的生命。而孔繁森恰恰一到阿里就感冒了，咳嗽不止。为了不耽误工作，他就大剂量地服药。病情重了，就一边输液，一边工作。一个多月下来，体重减轻了14公斤。由于过度劳累，他的直肠纤维瘤复发，鲜血浸透内裤，可他一直瞒着别人。等大家都入睡后，他才把内裤换下，悄悄洗干净。

在广泛深入调查研究的基础上，阿里经济发展的思路在孔繁森的脑海中渐渐清晰起来。在地委、行署联席会议上，孔繁森列举了阿里发展的六大优势：畜产品优势、矿产品优势、旅游优势、边贸优势、政策优势、人口少的优势。

"率领群众致富，是我们的天职。每一个党员干部，都应当与人民同甘苦、共命运。这样，我们党才有威信，国家才有希望。阿里虽说偏僻落后，但发展潜力也很大。关键是要带领群众真抓实干。我有信心和全地区人民同舟共济、艰苦创业，共同建设一个文明、富裕的新阿里。"

孔繁森激情满怀的讲话，使在场的干部热血沸腾。

艰难困苦，对于弱者来说是可怕的，而对于坚强的共产党人来说，则往往是一种无声的召唤。沧海横流，方显英雄本色。

1994年年初，正当孔繁森带领全地区人民为实现阿里发展的宏伟蓝图而奋斗时，一场罕见的特大暴风雪席卷了阿里高原。

漫天大雪，吞没了农田、牧场和村庄。凛冽的寒风，把各县受灾的消息传到狮泉河。

"立即行动起来！到灾区去，到群众中去，组织抗灾，恢复生产，重建家园。"在孔繁森的带领下，地委、行署迅速组织了十多个工作组分赴各灾区。厚厚的积雪封死了道路，他们就用铁锹挖，用汽车碾。大家只有一个信念：尽快把党和政府的关怀送到灾区。

在革吉县和改则县，孔繁森目睹了暴风雪给牧民造成的严重危害：大片大片的牧草被冰雪覆盖，成群成群的牲畜因冻饿而死，许多群众陷入缺衣少粮的困境。

孔繁森的心在颤抖！

在拉萨工作期间，孔繁森高度重视科学技术推广。这是他和科研人员在田间研究科学种田。

他挨家挨户地走访灾民，分发救济粮和救济款。风雪中，他高声地鼓励大家："有党和政府在，再大的灾害也压不垮我们。我们一定能帮助大家渡过难关！"

2月26日，孔繁森来到受灾最严重的革吉县亚热区曲仓乡。这里海拔5800米，是阿里最高的一个牧业点。乡党委书记嘎玛钦尧愁眉不展地说："大雪连续下了一个星期，最深的地方没到膝盖。全乡有8人被冻伤，牲畜大部分死亡。"

孔繁森心情沉重地把全乡每户牧民的损失情况一一记在笔记本上，然后用坚定的语气对嘎玛钦尧说："现在的首要任务是保护人。先保人，再保畜，一定要把群众的情绪稳住，团结起来同灾害作斗争，尽量把损失减少到最低限度。"

雪花在凛冽的寒风中狂飞乱舞。一会儿工夫，大家都变成了雪人。人们穿着大衣，还是感到阵阵发冷。脸、手和脚都被冻得失去了知觉。孔繁森看到一位藏族老阿妈把外衣脱给了在风雪中哀嚎的小羊羔，自己却在零下20多摄氏度的严寒中冻得瑟瑟发抖，他的眼睛湿润了。他用手捂住脸，强忍着不让泪水流出来，猛地转身回到越野车上脱下自己的一套毛衣毛裤，递给那位老阿妈。老阿妈伸出已经冻僵的双手，接过那还带着体温的毛衣，嘴唇颤抖着久久说不出一句话。

顶风冒雪，孔繁森背着他每次下乡都随身携带的小药箱，走村串户，慰问受灾群众，给被冻伤的牧民们看病。他早年在部队医院当过兵，粗通医术。来西藏工作后，为了解决当地缺医少药的困难，他做了大量工作。每次下乡前，他都要买上几百块钱的药，为农牧民看病治病。一次，有位70多岁的藏族老人肺病发作，浓痰堵塞了咽喉，危在旦夕。当时，没有其他医疗器械可用，孔繁森就将听诊器的胶管伸进老人嘴里，又对着胶管将痰一口一口地吸出来，然后又为老人打针服药，直到转危为安。

每次下乡前孔繁森都用自己的钱购置药品装满小药箱，工作结束后，他的身边总是围着一群等候看病的群众。

雪越下越大，风越刮越紧。长时间的高山反应，持续不断的超负荷工作，使孔繁森本来就带病的身体更加虚弱。他感到眼前阵阵发黑，身上不住地冒虚汗，但还是坚持着给冻伤的牧民一一做了检查。尔后，又把解决曲仓乡受灾牧民的搬迁、转场和买牛的资金及口粮、油料等问题一一研究落实，直忙到凌晨2点多钟，才躺下休息。

夜，很深很深了。狂风仍在不停地呼啸。奔波劳累了一天的孔繁森躺在帐篷里，剧烈的头疼使他怎么也睡不着。凌晨3时许，他感到心跳加快，胸闷气短，天旋地转。有高原生活经验和医学常识的孔繁森，预感到死神正向自己逼近……

对孔繁森来说，生与死早已置之度外。在赴藏前，他就请人写过"是七尺男儿生能舍己，做千秋鬼雄死不还乡"的条幅。进西藏后，他又写下了"青山处处埋忠骨，一腔热血洒高原"的豪迈誓言。让他放心不下的，是那远在家乡的老母亲和妻子、儿女。昏昏沉沉中，他默念着亲人的名字……想着，想着，泪水挂满了脸颊。他强支起虚弱的身体，打开手电筒，在笔记本上给同行的小梁写下了这样的交代：

小梁：

不知为什么我头痛得怎么也睡不着。人有旦夕祸福。万一我发生了不幸，千万不能让我母亲和家属、孩子知道。请你每月以我的名义给我家写一封平安信。我在哪里发生不幸，就把我埋在哪里……

这一夜，孔繁森终于挺过来了。他，没有倒下。

经过两个月的艰苦奋战，阿里地区的各族干部群众在地委和行署的领导下，终于战胜了雪灾，全地区没有冻死、饿死一个人。但这场雪灾毕竟也给阿里造成了严重的经济损失。雪灾和连续几年的旱灾、风灾，使孔繁森深深感到：光靠救济不能从根本上消除自然灾害的威胁，只有尽快建立起抗灾防灾基地，才能使群众具有抵御自然灾害的能力。他在地委、行署联席会议上提出了这一想法，得到大家一致赞同。

这一年7月，孔繁森在北京参加中央召开的第三次西藏工作会议后，没有立即返回，他要利用这个机会当面向中央有关部门的负责同志陈述想法，争取支持。当时，他母亲正卧病在床，水米不进，家里几次催他回去，可为了阿里地区6万多群众，他只好在心里默默地为母亲祈祷、祝福。

7、8月份的北京，正是酷暑季节，孔繁森顶着似火的烈日，一个部委一个部委地汇报灾情。中午实在热得不行，就到有空调的商店里避一避。饿了，就在附近的小摊上吃碗面条。次数多了，随行的同志难免有些抱怨：在摊上吃，既不卫生，也太简单，而且有失地委书记的身份。孔繁森很动情地说："想想灾区那些还在饿肚子的群众，大鱼大肉咱能吃得下吗？！"

在北京的20多天里，孔繁森先后跑了十多个部门，每到一处，他都把记录阿里灾情的录像带放给有关同志看，一边放一边讲灾区群众的困难，说那里条件的艰苦，谈建设防灾抗灾基地对阿里的特殊意义，人们无不为他的一片赤诚所感动。

阿里的灾情引起有关负责同志的重视，破例为阿里解决了一大笔救灾款和项目资金。资金落实后，孔繁森的心情却久久不能平静。他知道，西藏和平解放40多年来，中央对西藏的财政补贴和基本建设投资累计达200多亿元。这次西藏工作会议上，又确定了总投资23.8亿元的62个援藏项目。他感到肩上的担子更重了：中央对西藏这样关心和支持，如果自己做不好工作，怎能对得起党，对得起藏族群众？

返回阿里后，孔繁森向地委和行署干部迅速传达了中央第三次西藏工作会议和自治区党委四届六次全会的精神。他说："中央关心西藏，全国人民支援西藏，我们怎么办？"他和地委、行署一班人提出，要以"新的精神面貌，新的思维方式，新的工作思路，新的行动姿态，抓住机遇，加快发展，努力开创阿里工作新局面"。

在孔繁森等地委、行署一班人的带领下，阿里的经济有了较快发展。1994年，全地区国民生产总值超过1.8亿元，比1993年增长37.5%；国民收入超1.1亿元，比上年增长6.87%。一幅全面振兴阿里经济的宏伟蓝图，正在这雪城高原上成为现实：

——2000千瓦的朗久地热电厂重新发电，高原的夜晚不再漆黑，明亮的灯光同天上的星星交相辉映；

——年产值可达上亿元的山羊绒梳绒厂和鱼骨粉加工厂、硼矿脱水厂、水泥厂等相继在空旷的荒原上拔地而起，隆隆的机器轰鸣声打破了千年的沉寂；

——随着普兰、什布奇口岸的开通，至边境强拉山口公路的竣工，阿里高原向世界进一步敞开了开放的门……

三个藏族孤儿，900毫升鲜血。他向人民奉献的是比血还浓的炽热情感，是博大、深沉和无私的爱

摆在记者面前的，是解放军西藏军区总医院血库一张献血证明，上面写着：

兹有孔繁森同志于1993年曾先后三次来我库自愿献血900毫升，已按医院规定付给献血营养费900元整。

在这张献血证明的背后，是一个催人泪下的故事——

1992年，拉萨市墨竹工卡等县发生地震。当时在拉萨任副市长的孔繁森立即赶赴灾区。在羊日岗乡的地震废墟上，三个失去父母、无家可归的藏族孤儿曲尼、曲印和贡桑哭喊着扑到他的怀里。孔繁森抚慰着三个孩子：党，就是你们的亲人。一定会让你们有饭吃，有衣穿，有房子住，还要送你们上学。他嘱咐当地干部务必要安置好这三个孩子。孔繁森紧张地忙于救灾，也一直牵挂着三个孩子。不久，他再次来到羊日岗乡，决定亲自承担起抚养这三个孤儿的责任。

一个人孤身在外，又要工作，又要带孩子，辛苦和劳累可想而知。晚上，工作了一天的孔繁森回到家，先要给孩子们做好饭菜，然后再教他们读书认字。夜里，就和孩子们挤在同一张床上。那时，曲尼12岁，曲印7岁，贡桑只有5岁，睡觉时经常把尿撒在床上，他就不厌其烦地换洗床单。节假日，只要有空，他总要带孩子们去商店、逛公园，给他们买衣物，陪他们玩，就像对待他自己的亲生儿女一样。

一天深夜，曲印突然肚子疼得"哎哟，哎哟"叫个不停。孔繁森从睡梦中被吵醒，他爬起来给曲印吃了药，可还是不行。孔繁森着急了，背起孩子直奔医院，整整忙了一夜，直到第二天早上才疲惫不堪地回来。

看到孔繁森一人抚养三个孩子负担太重，拉萨市市长洛桑顿珠领走了曲尼。

生活条件变了，曲印和贡桑吃东西也开始挑剔起来。孔繁森觉察到孩子的这一细微变化，就对办公室的小崔说：

"我想请你把孩子们带回羊日岗乡去看一看。"

"他们的父母都不在了，看个啥呀？"小崔不解地问。

"让孩子们走一走家乡的土路，看一看家乡的山水，再过几天家乡父老乡亲的生活。"说着，孔繁森把曲印和贡桑喊了过来，他抚摸着兄妹俩的头语重心长地说："记住，永远别忘了自己的家乡，将来长大了，好好建设自己的家乡。"

兄妹俩回家乡生活了5天，回来后好像长大了许多。

尽管孔繁森自己的家庭负担比较重，但每次下乡，他总要把钱分给那些生活贫困的藏族群众，往往刚过半个月，工资就花得所剩无几，有时连交伙食费的钱都不够了。收养孤儿后，经济上更加拮据。过去他一个人，生活上能凑合就凑合，可他不能让孩子们受委屈。

1993年春的一天，孔繁森悄悄来到西藏军区总医院血库，要求献血。护士看着他那已经斑白的鬓角，婉言劝道："您这么大年纪了，不适合献血。"

孔繁森连忙恳求道："我家里孩子多，负担重，急需要钱。请帮个忙吧！"护士见孔繁森如此恳切，只好同意他的请求。

殷红的鲜血，从孔繁森的体内缓缓流进针管。这是一位共产党员的鲜血，是从一位日夜操劳的领导干部的血管里流出来的血！

孔繁森生活极其节俭，经常吃的是白饭就榨菜，工作一忙，开水泡馒头和方便面也是常有的事。他穿的许多内衣打着补丁，连块香皂都舍不得买。每次去拉萨回阿里，他总要买上一些价格低廉的生活日用品，因为有地区差价，这样可以省点钱。孔繁森对自己，就是这样节俭、吝啬，而对他人、对藏族同胞，却是那么慷慨大方。在西藏工作的近10年时间，他几乎没有往家里寄过钱，省下的工资，大部分花在藏族群众身上。为此，他曾多次流露出对家人的内疚之情。但为了帮助那些有困难的藏族同胞，他只好委屈自己的家人。

孔繁森是清贫的，同时也是富有的。他拥有人世间最美好的心灵，最丰富的情感，最高尚的精神境界。

"太阳和月亮有着同一个母亲，她的名字叫光明；汉族和藏族拥有同一个母亲，她的名字叫中国"——这是孔繁森非常喜爱的一首歌。他曾多次对人这样讲，每当看到藏族的老人，就会想到自己的父母；每当看到藏族的孩子，就仿佛见到自己的儿女。在拉萨当副市长期间，全市56所敬老院和社会福利院，他走访过48所，把党和政府的关怀、温暖送到孤寡老人和孩子们的心田。

在拉萨市堆龙德庆县桑达乡敬老院里，有个叫琼宗的老人，至今保存着孔繁森送给她的一双棉鞋。老人永远不会忘记那个隆冬的早晨，孔繁森副市长冒着寒风来到敬老院，发现老人的鞋子破了，脚被冻得又红又肿，便心疼地把老人的双脚抱在自己的怀里。第二天，他又托人给老人送去了一双新棉鞋。不久，他又给敬老院的老人们送去了半导体收音机。接过孔繁森自己掏钱买的收音机，老人们的眼睛湿润了。一个叫旺姆的老人激动地对孔繁森说:"还是新社会好哇!要是在解放前,像您这样的崩布拉(当官的)连见都见不到呀!"离开敬老院时,老人们自动站成一排,依依不舍地为他送行。

有一次,孔繁森到拉萨市林周县阿朗乡敬老院看望孤寡老人。走进一个房间,他看到一位藏族老阿爸的脚因烫伤溃烂发炎了,便打开随身携带的药箱,为老人擦洗涂药,然后用纱布把脚裹好,还把自己穿的灰色风衣脱下来披在老人身上。临走时,他又掏出身上仅有的30多块钱塞到老人手里。老人感动得直掉眼泪,口中不住地念叨:"活菩萨,活菩萨!"

孔繁森在阿里工作时,一天,他到噶尔县门士区检查工作,看到草滩上有几间土坯房,听说那儿住着两位孤寡老人,便走了过去。他推开门,借着火塘的光亮,看见一位藏族老阿妈有气无力地靠在墙上。"阿妈啦,党派我看您老人家来了!"说着,他随手摸了摸放在地上的口袋,糌粑不多了;又摇了摇一旁的酥油茶壶,也快空了。原来,政府给老人的这个月的生活费已经花光了。孔繁森马上掏出200元钱给随行的同志:"快去给老人买些茶叶、食盐、酥油和大米来。"说着,他又转身走进另一位孤寡老人的家,只见老人病着躺在一张破羊皮上。孔繁森心情沉重地对区里的干部说:"马上请医生来给老人看看病,另外再买块床垫来,要厚,要暖和。"从那以后,只要有人去噶尔县,孔繁森必定要托人给这两位孤寡老人捎些钱、粮食和衣物。

没人能说得清,像这样的事孔繁森做了多少件。有人说,他做的好事就像盛开的邦锦花,洒满草原。也许在有些人看来,这些事太普通、太平凡了。然而,就像那奔腾浩荡的雅鲁藏布江,最初的源头不过是阿里高原上的一条小溪,正是这点点滴滴的平凡小事,铸就了一个共产党员品格的崇高和伟大。

"冰山愈冷情愈热,耿耿忠心照雪山。"正如孔繁森在一首诗中所写,他把自己一颗火热的心献给了西藏高原,献给了党的事业。他对藏族同胞的爱、对祖国人民的爱,就像高原上的蓝天一样,那样纯洁,那样深沉,那样博大。他始终在努力实践着自己最喜爱的那句名言:"一个人爱的最高境界是爱别人，一个共产党员爱的最高境界是爱人民。"

令人痛惜的意外事情发生了。

1994年11月29日，孔繁森在去新疆塔城考察边贸的途中，在一场车祸中不幸殉职，时年50岁。噩耗传到阿里，传到拉萨，传到山东，人们简直不敢相信。

"出师未捷身先死，长使英雄泪满襟。"

人们在料理孔繁森的后事时，看到两件令人心碎的遗物：一是他仅有的钱款——8.6元；一是他的"绝笔"——去世前4天写的关于发展阿里经济的12条建议。

这就是孔繁森留下的遗产，这就是一个共产党员的高尚情怀！

雪山含悲，江河呜咽。

许多人站在孔繁森的遗像前泣不成声，泪如雨下。数不清的哈达敬献在他的灵前，堆得像洁白的雪山。

在阿里，在拉萨，在聊城……成千上万的人在呼唤着同一个名字——孔繁森。

"波拉，波拉（爷爷）！您不能走，我们舍不得您哪！"孔繁森收养的两个藏族孤儿，捧着他的遗像哭干了眼泪，哭哑了喉咙。

"孔书记，我的好书记，让我替您去死吧！"孔繁森身边的一位工作人员双膝跪地，两手深深插进墓穴的黄土，号啕大哭，悲痛欲绝。

一位藏族老人匍匐在孔繁森的灵前，大声哭喊："孔书记，您不该去呀！您对阿里恩重如山，我们不能没有您啊！"

阿里的一个画家虔诚地跪在孔繁森的遗像前，一边落泪，一边为他画像。画了一夜，也哭了一夜。当画稿完成后，他将画笔折成两截……

"一尘不染，两袖清风，视名利安危淡似狮泉河水。二离桑梓，独恋雪域，置民族团结重如冈底斯山。"

——一幅幅低垂的挽联，诉说着人们的巨大悲痛，倾吐着人们的无限哀思和崇敬之情。

就像那许许多多把自己的青春、热血和生命都献给了西藏高原的先辈那样，党和人民的好儿子孔繁森，也把他那高大的身躯融入这片壮丽、

神奇的土地，在无数人的心中树起一座不朽的丰碑。(《人民日报》1995年4月7日）

> **小贴士** 人物报道，是选择、组织引语、场景、外貌描写、背景资料、逸闻趣事等，表现人物的性情特征的过程。

三、人物报道主体部分的结构形式

人物报道属于特稿的体裁范围，它的开头、结尾适用特稿的开头结尾方式，开头也适用于在前面章节中提到的故事性导语。

人物报道常用的主体结构形式有以下四种。

1. "现在—过去—现在—将来"的报道结构

开始先把人物的现状、最新情况告诉读者；接着叙述人物的经历等展开人物报道，让读者了解人物的过去和性格发展过程；然后报道很自然地过渡到了现在，更深入地报道当前的情况，揭示报道的主题；最后按照人们的认识规律而说到未来。

2. 时间顺序结构

时间顺序是人类认知世界的规律之一，在人物报道中记录人物的人生经历，或者大事件中的人物经历，经常会使用时间顺序结构。

3. 片段、转换结构

例如，片段一、片段二、片段三；场景一、场景二、场景三。

4. 分类板块结构

即大标题为主题，然后正文按类别分为几个相关的小标题。

第十一章

连续报道和系列报道写作

第一节　如何写连续报道

一、连续报道

连续报道是深度报道的一种，是指在一定时间跨度内，对重大事件、重要问题或新闻人物进行同步跟踪的新闻报道，既有消息，也有深度报道和评论，还有三者的交错配合。连续报道与系列报道没有根本上的差异，有时是指同一报道形式的两种说法，只不过连续报道侧重事件性新闻，系列报道侧重非事件性新闻。这两种报道与调查性报道有较深的亲缘关系。

二、连续报道的写作要点

1. 报道关注最新的事态进展

重大的新闻事件有其发生、发展的过程，连续报道时时关注事件的最新进展，以最快的时间报道事件的最新进展。例如，2011年7月10日，一艘载有180余人的客轮在俄罗斯鞑靼斯坦共和国境内伏尔加河沉没。事故中有80人获救，100多人遇难。下面为事件发生后的小部分连续追踪报道的标题，随后的写作要点陈述中也将以此事件的新闻报道为例。

俄罗斯派直升机等赴沉船事故现场救援
俄罗斯客轮在伏尔加河沉没102人失踪85人获救
俄罗斯沉船事故已造成5人死亡
俄罗斯沉船事故已造成8人死亡约100人失踪

俄罗斯沉船上发现110具遗体包括30名儿童

俄罗斯沉没客船载有208人发动机事发前存故障

报道事件的最新动态是新闻报道的首要任务，撰写连续报道也要保证报道中有事态的最新进展和最新变化。

2. 报道更详细的事实细节和背景

在较重大的新闻事实发生时，为最迅速及时地将事件信息传递给受众，事件的细节和复杂背景可能是最初的新闻报道无法完成的，后续报道可提供翔实的细节和背景。

3. 报道事件的影响和各方反应

连续报道中需要关注事件对社会发生的影响，社会各领域或者各界人士也会对事件和事件的影响做出反应，连续报道需要关注这些影响和反应，并及时报道相关事实。

4. 分析事实深层次原因、意义，预测事实的发展

重大事件发生后，在事件进展之外，探寻事件的深层次原因，分析事件的影响、意义及发展趋势，是受众对新闻事实的信息需求，也是连续报道的一个重要内容，记者需要在连续报道里采访专业人士、相关的业内人士和当事人，在报道中呈现新闻事实发生的根本原因、意义和未来可能的发展等。

5. 连续报道需要适当回顾

每篇连续报道要适当简要回顾该事件的大致情况，以便读者更好地获知事件的发展过程。如上面一组连续报道中每篇新的报道都对事件的核心内容进行了回顾。

请看新华社关于"神舟"五号飞船与杨利伟的连续报道。

"神舟"五号飞船成功发射升空

新华网10月15日讯 今天上午，中国在酒泉卫星发射中心进行了我国首次载人航天发射。10月15日上午9时整，我国"神舟"五号载人宇宙飞船由"长征"二号F型火箭成功发射升空。乘坐"神舟"五号飞

船进入太空的是来自中国人民解放军的航天员杨利伟。(新华网2003年10月15日)

航天员杨利伟和家人通话:我看到咱们美丽的家了

19时58分,航天员杨利伟开始和家人通话。他对妻子说,在太空感觉很好,太空的景色非常美。杨利伟对儿子说,好儿子,我看到咱们美丽的家了!我把我看到的都记录下来了。(新华网2003年10月15日)

中国首位太空人的"非常"太空生活

"神舟"五号飞船正在环绕地球飞行。新华社记者通过北京航天指挥控制中心指挥大厅的大屏幕,目睹了中国第一位走进外太空的航天员杨利伟在飞船中的"非常"生活。

凌晨5时20分,在航天员出征仪式上,杨利伟表示,要聚精会神地做好每一个动作,决不辜负祖国和人民的期望。

5时30分,身着银灰色太空服的杨利伟向中国载人航天工程总指挥李继耐报告:请示出征。

6时15分,进入飞船返回舱的杨利伟坐到了用合成材料特制的座椅上,在起飞前他完成了100多个动作。

9时整,托举着"神舟"五号飞船的"长征"二号F型运载火箭在轰鸣中直刺蓝天,载着杨利伟开始了万众瞩目的太空之旅。

9时31分许,停泊在南太平洋的远望二号捕获飞船信息,"神舟"五号飞船的舱内图像清晰地显示在北京指控中心的大屏幕上,杨利伟的声音在大厅中响起。在与医学监督医生通话时,他显得相当沉稳:"我感觉良好!"

10时许,"神舟"五号飞船正在进行环绕地球的第一圈飞行,地面指挥人员报告舱内环境正常后,杨利伟得到指令,打开面罩,拿着书和笔,当他松开手时,笔在太空失重环境下立即飘浮起来。

10时31分,"神舟"五号飞船进入喀什测控站检测区域,在接到地面指令后,杨利伟摘下手套,并解开系在膝盖下方的束缚带,记者看到,杨利伟的动作非常轻松熟练。

大约 10 分钟后，飞船开始绕地球飞行第二圈，杨利伟由卧姿改为坐姿，并通过圆形舱窗向外观测。

11 时过后，杨利伟开始在太空中进餐，他一边看书，一边用捏挤包装袋的方式享用这顿不同寻常的午餐。据悉，杨利伟的食谱颇具中国特色，包括八宝饭、鱼香肉丝、宫保鸡丁和用中药及滋补品制成的饮料等。

12 时过后，杨利伟开始他在外太空的第一次休息。画面显示，仰面躺卧的杨利伟表情沉静，在环绕地球飞行的飞船中，他的这次酣眠持续了约 3 个小时。

17 时过后，杨利伟从"神舟"五号飞船舱窗向外拍摄到的地球画面显示在指挥大厅的大屏幕上，画面非常清晰。

17 时 26 分，一场"天地对话"在中央军委副主席、国防部长曹刚川和杨利伟之间开始进行。杨利伟浑厚的男中音清晰地回响在指挥大厅中："请首长放心，我一定努力工作，把后续工作完成好，向祖国和人民交一份满意的答卷。"

18 时 40 分许，"神舟"五号飞船运行到第七圈，杨利伟在太空中展示中国国旗和联合国旗。他在距地面 343 公里的太空中说：向世界各国人民问好，向在太空中工作的同行们问好，感谢全国人民的关怀。大屏幕上清晰地显示出，杨利伟精神状态良好，舱内工作状况正常。

19 时 58 分，杨利伟与家人通电话。他对妻子说：在太空感觉很好，太空的景色非常美。他对儿子说：好儿子，我看到咱们美丽的家了！

至此，中国第一位太空人在外层空间的"非常"生活已经过半。（新华网 2003 年 10 月 15 日）

杨利伟在太空发出问候：向世界各国人民问好

新华网北京 10 月 15 日电（记者田兆运、孙彦新） 北京时间 15 日 18 时 40 分许，中国航天员杨利伟在太空发出问候，向世界各国人民问好，感谢全国人民的关怀。

当"神舟"五号飞船运行到第七圈，在距地面 343 公里的太空时，杨利伟从飞船上发出问候，他说："向世界各国人民问好，向在太空中工作的同行们问好,向祖国人民、港澳同胞、台湾同胞、海外侨胞问好,感谢全国人民的关怀。"

杨利伟的亲切话语立即传送到参与首次载人航天飞行任务的一线岗位,并被记录下来。记者在北京航天指挥控制中心大屏幕上看到,杨利伟精神状态良好,舱内工作状况正常。(新华网2003年10月15日)

草原黎明迎接中国首位太空人

清晨的内蒙古四子王旗,明亮的阳光穿透云霞,普照着一望无垠的金色草场。"神舟"五号飞船返回舱前,数百人用自豪的欢呼和笑容,迎接中国首位太空人凯旋。

新华社记者在现场看到,六七百人围拢在飞船着陆点,其中有当地牧民、航天人员、公安人员以及上百名记者。

杨利伟出舱后面色很白,但精神十足,能够自主行走。现场迎接的群众向他献上鲜花和哈达。经过3分钟地面适应后,杨利伟被抬上停在距返回舱10米远的一辆医疗检查车进行体检。他面带微笑,不断向大家挥手。5架负责搜索的直升机静静地停在不远处。

激动的人群如潮水一般涌向杨利伟,使他周围的空地不足1平方米。人们边跑边喊"祖国万岁""航天人万岁",还有人打出了"欢迎航天员回家"的横幅。尽管现场气温只有零下2摄氏度,但人们的热情不断升温。许多身着民族服装的妇女、儿童载歌载舞,还有人激动落泪。

不少牧民骑着摩托车连夜赶到飞船着陆点。在当地气象局工作的王俊清,昨天夜里就开车载着同事来到了这里。"我们的气象工作也为航天飞行成功做了贡献,我为此感到自豪无比。"他说。(新华网2003年10月16日)

巡天骄子凯旋"神舟"五号飞船返回北京航天指挥控制中心目击记

一双双布满血丝的眼睛注视着北京航天指挥控制中心指挥大厅的大屏幕,10月16日清晨5时许,标示"神舟"五号飞船飞行轨迹的红色曲线,在地球赤道两边几乎对称地画出一个网状图案,这张"网"覆盖了超过三分之一的地球表面,这表明,中国第一个太空人杨利伟已经飞越了世界大部分国家和地区。

"主着陆场测站任务准备开始!"

"'神舟'五号,下面通报主着陆场天气预报……"

30岁的总调度申敬松声音洪亮,顿时,各测控站、船的报告声此起彼伏,指挥大厅里的气氛一下子紧张起来,飞船的返回准备开始了。

此时,15日9时从酒泉卫星发射中心起飞的飞船,在太空中飞行了14圈近21个小时,顺利完成了空间环境、空间天文物理等一系列空间科学实验。

5时34分,南大西洋上的远望三号测量船捕获飞船信息,北京航天指控中心迎来了此次载人航天飞行任务中最为紧张的时刻,从现在起,它对飞船发出的每一条指令都以秒计,容不得半点疏忽。

关键技术岗位上是一张张年轻而沉着的脸,虽然他们平均年龄才30岁左右,然而即使是最挑剔的老资格航天专家,也不得不对他们跷起大拇指。北京指控中心主任席政说:"我以欣赏和感激的心情面对这群孩子。他们不仅在专业上有所建树,而且反应敏捷、头脑冷静,是执行载人航天飞行控制任务的生力军。"

5时35分,北京指控中心向"神舟"五号发出返回指令。一分钟后,申敬松通报,一次调姿到位,大屏幕模拟显示,"神舟"五号轻轻地转了个身。紧接着,杨利伟报告:"仪表显示,轨返分离。"二次调姿开始并很快到位。随后,制动发动机点火,返回制动开始。

短短几分钟,飞船在太空中连续做出多个关键动作,每个动作只要有细小的不到位或异常,就会影响整个返回过程,甚至造成不可预计的后果。高度紧张的指挥调度人员,额头上已经渗出了细密的汗珠。

各种飞行控制的理论数据在120台显示终端上跳跃;左侧大屏幕上的图形、表格、曲线让人眼花缭乱;右侧大屏幕三维动画模拟,飞船已经脱离了原来的轨道,与轨道舱越来越远。申敬松不停地通报:"各点号,我是北京,根据测控数据,返回落点正常。"

5时59分,卡拉奇测控站传来信息,推进舱与返回舱分离,飞船返回进入不可逆状态。

6时许,活动在新疆和田的车载测控站捕获返回舱信息,返回舱进入中国国境,遨游太空60余万公里的杨利伟终于飞向祖国母亲的怀抱。北京指控中心的记者一片兴奋,然而,可以看出,指控人员已经把心提到了嗓子眼上。

"神舟"五号返回舱拖曳着一团火光,从青藏高原上空一掠而过,沿着黄河古道,按预定计划向内蒙古主着陆场飞来。6时11分,主着陆场报告:"雷达发现目标!"杨利伟报告:"身体良好,请放心。"

引导伞、减速伞、主伞在湛蓝的天空中依次打开,像一朵彩云从天边飘落。6时23分,"神舟"五号安全着陆!6时38分搜救队伍报告,航天员身体状况良好。稍后,北京指控中心宣布:我国首次载人航天飞行圆满成功。

指挥大厅顿时一片欢腾……(新华网2003年10月16日)

新华时评:中国迈向"太空文明"新时代

新华网北京10月16日电 2003年10月16日,中国首次载人航天飞行取得圆满成功。中国首位航天员杨利伟乘坐中国人自己研制的飞船在太空中绕地球飞行14圈后,安全着陆于内蒙古草原。

这是中国人迈向宇宙的历史性一步,这是中国航天事业划时代的伟大成就。

33年前的4月24日,一曲悠扬的《东方红》乐曲从深邃而神秘的太空传来,划破夜空,回荡大地。中国,成为世界上第五个发射人造地球卫星的国家;今天,当杨利伟走出"神舟"五号载人飞船返回舱的时候,中国,一跃成为国际"太空俱乐部"的第三位成员。

杨利伟60万公里的太空之旅,在浩瀚的太空中只是咫尺之遥。然而,它却是一个民族等待了几千年的梦想和期盼。

自古以来,人类就有飞出地球、探知太空奥秘、开发宇宙资源的愿望。经过千百年的努力,人类终于在20世纪飞出了自己的摇篮——地球,从而开辟了继陆地、海洋和大气层之后的第四疆域。

自1957年人类第一颗人造地球卫星上天，空间科学技术已成为当今世界最有影响的科学技术之一。如果说，电力和石油是工业革命的命脉，那么对通信、导航与授时、遥感、监测和气象有特殊贡献的航天事业，必将成为21世纪信息革命不可或缺的重要角色。

　　人类已经登上过月球，人类的航天器已经访问了太阳系的主要成员，对大部分行星进行了反复的勘测。目前，建立月球基地和登陆火星已进入具体研究阶段。但是，面对无穷的宇宙，我们的认识和利用才刚刚开始。太空，不仅为我们提供了高度资源、微重力资源、超高真空资源、无限的能源和物质资源，而且还为我们提供了广袤无垠的空间资源。科学家们预言，在太空中，可能发现地球上没有的物质，可以进行全新的物理、化学过程实验，能够以全新的角度认识生命起源、宇宙起源，并能够开拓出无穷的生存空间和创造新的生活方式……

　　在这个全新的"太空文明"时代，地球是人类生存之本和一切物质财富之源的断言似乎已显得过时，浩瀚宇宙正以其无穷无尽的宝贵资源，吸引着越来越多的人去开发、去利用。人类进入外层空间，向宇宙的广度和深度进军，这是历史的必然，也是人类文明继续发展的重要条件。

　　与人类探索脚步的每一次延伸一样，通向太空的每一步都伴随着巨大的风险和牺牲。正是这种风险和牺牲，引领着人类前进的步伐，造就了一批被称为民族英雄和人类英雄的勇士。作为造访太空的中国第一人，杨利伟无疑就是我们这个民族的又一位英雄。他独上九霄，只身面对未知世界的勇气和精神，必将会给人类探索未知领域的行动涂抹上新的亮彩。

　　今天是未来的前奏。今天正在进行的基础研究，就是明天的技术，就是后天的生活方式，这一点已经成为越来越多的人的共识。从设计制造运载火箭、宇宙飞船到建立完善的发射场地和测控网络，载人航天工程几乎涉及所有的国民经济部门，是一个国家综合国力的集中体现。实施载人航天工程，不仅可以带动一大批高新技术领域的水平提高，而且必将会对一个国家经济社会的持续发展带来巨大的影响。

　　今天，如果我们错失了"太空文明"时代，就会像500年前错失大航海时代一样失去相应的技术、社会发展机遇。

著名的航天先驱齐奥科夫斯基说过:"地球是人类的摇篮,但没有人能永远留在摇篮里。"

自从昨天杨利伟走向太空的那一刻起,中国人就开始走出自己的摇篮,蹒跚学步了。杨利伟勇敢迈向太空的这一小步,是中华民族的一大步。因为,它标志着:中国,已经揭开了迈向"太空文明"新时代的序幕。(新华网2003年10月16日)

杨妈妈说我相信儿子的实力

据新华社南京10月16日电 据现代快报报道,"神舟"五号飞船成功发射进入预定轨道后,15日中午,航天员杨利伟的母亲在接受现代快报记者采访时说:"我相信儿子的实力,相信国家的科技实力。"

15日一大早,杨妈妈、杨爸爸和杨利伟的妻子、儿子,就赶到航天城航天指挥控制中心观看火箭发射。这时候,杨妈妈和杨爸爸刚刚回家,而利伟的妻子张玉梅仍然在控制中心通过大屏幕关注着自己丈夫在飞船上的一举一动。

儿行千里母担忧,何况这次是远行太空。所以,杨妈妈说,担心是难免的。但儿子自信和镇定的表现,让妈妈放心了许多。在杨利伟奉命前往酒泉发射基地之前,被获准放假在家休息3天。3天里,杨利伟和平时一样,"该吃的吃,该喝的喝,该睡的睡,一点也看不出紧张来。"他爱吃肉,爱吃海鲜,离家赶往酒泉基地之前的一顿饭,妻子做了他最爱吃的鱼,他吃得很香,"但没敢多吃,因为他要控制体重。"杨妈妈说。

"为了载人航天,国家那么多人花了那么大的力气,能考虑到的都考虑到了,而且,我训练了5年,该掌握的也掌握了,你们不要为我担心。"儿子这样对妈妈和家人说。杨妈妈说,这孩子从来就这样,碰到什么事都不紧张。在杨妈妈和家里人的印象里,杨利伟还特别要强,爱琢磨。选上飞行员后,每次学飞行,换机种,都学得挺好,"每次放单飞,他都是第一个上。"训练之余,还要反复揣摩练习,连回家休息时也不放过,有时竟不由自主地在客厅转圈,家里人觉得奇怪,一问才知道,杨利伟正在体会转椅训练呢。

不久前，在辽宁绥中老家的杨妈妈和杨爸爸来到北京，和儿子杨利伟一家三口人住在一起。两位老人有三个孩子，杨利伟排行老二，姐姐和弟弟都在辽宁绥中。自从当上飞行员，杨利伟很少回家探亲，年近70的杨家父母想念儿子，每年来儿子家里住上一段时间，以解念儿之苦。杨妈妈告诉记者，杨利伟小的时候，和别的男孩子一样，也爱玩、淘气，而且好奇心还特强。

在指挥控制中心的大屏幕上，杨妈妈看到儿子身穿航天服，在飞船里半坐半躺，不时在本子上写写画画。当地面指挥控制中心询问他在飞船上的状态时，杨利伟大声回答："感觉良好。"一派镇定自若。谈起这些，杨妈妈对记者说："我们为他感到骄傲。"（新华网2003年10月16日）

中国载人航天工程办公室主任谢名苞介绍载人航天

新华网北京10月16日电　中国载人航天工程办公室主任谢名苞说，此次执行飞行任务的"神舟"五号飞船总长9.2米，入轨质量7790公斤，为三舱结构，上部轨道舱、中间返回舱、下部为推进舱。运载火箭全长58.4米，起飞质量480吨。起飞时，8台发动机同时点火，总推力600吨，是我国在长征系列运载火箭的基础上自行研制的高可靠、高安全的载人火箭。

他说，此次执行任务的测控网，是由北京、东风、西安三个指挥控制中心，东风、渭南、青岛、喀什等7个国内测控站，纳米比亚、马林迪、卡拉奇3个国外测控站，以及位于太平洋、印度洋、大西洋的4艘远望号测量船组成的陆海基全球测控通信网，在卫星的支持下，对火箭、飞船完成测控通信任务。（新华网2003年10月16日）

杨利伟是我们的骄傲

新华网沈阳10月16日电　10月16日早6时40分，辽宁省绥中县文化局家属宿舍。

"在那里！在那里！"当电视画面上出现"神舟"五号返回舱安全着

陆时，一夜未眠的杨利伟的家人，一下子兴奋起来。杨利伟8岁的小侄子眼睛盯着电视，努力地寻找着伯父成功着陆后的身影。

"杨利伟成功了，这是我们全家人的骄傲，是中国人的骄傲，也是全世界的骄傲。"杨利伟的弟妹贾迎雪抑制不住内心的激动。

从15日得知"神舟"五号顺利升空那一时刻起，杨利伟的家乡辽宁省绥中县，这个位于山海关外的小县城便一下子沸腾了。当晚，这里成了一个地地道道的不夜城。

15日晚7时许，烟花照亮了天空，群众扭起了大秧歌、耍起了狮子舞，整个绥中县城沉浸在一片节日的欢乐气氛之中。年近八旬的居民孙大爷早早地来到了绥中县政府广场，他一边挥舞手中的五星红旗一边告诉记者："杨利伟圆了中国人几千年的飞天梦，是我们中国人的骄傲。"

辽宁省委书记闻世震、省长薄熙来特意向杨利伟的父母、妻子发来了贺电，祝贺杨利伟为国争光，号召辽宁人民以杨利伟为榜样，弘扬杨利伟不畏艰险、勇攀高峰的精神，全面振兴东北老工业基地。葫芦岛市委、市政府15日晚授予杨利伟的弟弟杨俊伟"光荣之家"牌匾。

"杨利伟一个人在太空会孤独，家乡人会一直陪着他。我们希望他能够看到家乡人为他燃放的烟花。"杨利伟家乡人以独特的方式表达着对"神舟"五号的祝福。

杨利伟高中就读于绥中县第二高级中学，1983年他从高二三班入伍。为了庆祝"神舟"五号飞天成功，这所学校把高二三班命名为"杨利伟班"，并号召学生向杨利伟学习。16日早上6时30分，全校40个班2700多名师生聚集在电视机前，期待英雄的凯旋。当"神舟"五号顺利着陆后，全校一片欢腾。

葫芦岛市市长刘铭16日早上赶来参加庆祝活动。他说，"神舟"五号顺利升空，安全返回，我们高兴、振奋、激动，英雄的壮举将激发我们以更大的工作热情和干劲，投入到东北老工业基地的腾飞和振兴事业之中。（新华网2003年10月16日）

航天英雄凯旋
——西郊机场欢迎仪式侧记

新华社北京 10 月 16 日电 16日上午9时，灿烂的阳光洒满了北京西郊机场，远处的西山苍茫如黛。在宽阔的停机坪上，站满了等着迎接中国首位航天勇士凯旋的人。

9时52分，随着从空中传来的由远而近的飞机轰鸣声，一架波音737客机出现在人们的视野里。飞机平稳降落后，经过短暂的滑行，稳稳停靠在红地毯的一侧。

在众人期待的目光里，实现了中华民族千年飞天梦想的航天勇士杨利伟出现在机舱门口。虽然经过20多个小时的太空飞行，身着蓝色训练服，留着平头短发的杨利伟看上去精神饱满，没有丝毫倦态。

杨利伟稳步走下舷梯，以洪亮的声音向前来迎接的中共中央政治局委员、中央军委副主席、国务委员兼国防部长曹刚川报告："中国航天员大队航天员杨利伟乘坐中华人民共和国第一艘载人飞船'神舟'五号，经过14圈太空飞行，胜利返航。在太空飞行期间，飞船工作正常，我感觉良好。我为我的祖国感到骄傲！"

曹刚川紧握着杨利伟的手说："我代表党中央、国务院、中央军委，代表江主席，向你表示欢迎。你为祖国和人民立了一大功，祖国和人民感谢你……"

中央军委委员、总装备部部长、中国载人航天工程总指挥李继耐和总装备部政委迟万春也先后对杨利伟的凯旋表示热烈欢迎和祝贺。

在喧天的锣鼓声中，杨利伟的妻子张玉梅和儿子杨宁康怀抱鲜花迎上前去。

杨利伟一手将妻子拥在怀里，一手将儿子抱在胸前，脸上挂满着幸福的笑容。

现场爆发出一片欢呼声。众多的摄影、摄像记者将这动人的一幕摄入镜头。

军乐队演奏出高亢嘹亮的迎宾曲，杨利伟与前来迎接的人们一一握手。从中国载人航天工程总指挥、副总指挥到7大系统的总设计师，一张张熟悉的面孔都洋溢着由衷的喜悦。

航天员系统总设计师兼总指挥宿双宁难抑心中的激动,与杨利伟紧紧地拥抱在一起。

身着民族服装的学生手持彩旗和气球,热烈欢迎胜利归来的杨利伟。5位身强力壮的小伙子跑上前来,将杨利伟一次又一次地抛向空中。

现场的热烈气氛达到了顶峰。欢迎的人群簇拥着杨利伟走向停在机场上的迎接车队。

在人们的欢呼声中,已经上车的杨利伟,不由得又走下车来,再一次向人们挥手致意。随后,在工作人员的一再催促下,他坐上副驾驶席,将手伸出窗外,不停地向人们挥手告别。

车队载着杨利伟,载着人们对这位航天勇士的敬佩之情,向北京航天城驶去。(新华网2003年10月16日)

杨利伟返京后全面体检身体状况良好

中国第一位航天员杨利伟返京后接受了全面体检。体检结果证明,他的身体状况良好,各项指标正常,与出发前没有明显差异。(新华网2003年10月16日)

"神舟"五号飞船使中国实现了首次载人航天,杨利伟是中国太空第一人,关于两者的所有情况,全国人民都充满了深深的好奇与浓厚的兴趣。新华社通过消息、深度报道、评论三种新闻体裁组织连续报道,真实而有效地让受众及时了解方方面面的情况,受众关于载人航天的信息需求得到了极大满足。

第二节 如何写系列报道

一、系列报道

系列报道是从不同角度对新闻进行采访,反映事件不同侧面、不同层次的报道组合。系列报道由多篇相对独立的稿件组成，它们作为一个整体共同报道、呈现一个报道中心。系列报道主要用于非事件新闻，也比较常用于重大活动的组合报道。

二、系列报道的制作要点

1. 明确报道主题

系列报道一般不是由记者个人完成的，而是集体的力量组合，分工协作，所以主题的明确尤显重要。报道主题的确定需要在采访、研究的基础上，集体讨论决定，报道主题统率所有报道组成部分，同时也需要各个稿件的通力合作才能得以展现，因此需要所有参与人员明确并认可。

2. 确定报道单元和角度

主题确立后，需要确定报道从哪些角度切入，从而确定报道的组成部分，避免报道单元的重复，同时要确认报道的组成部分全面反映事实，体现报道主题。

3. 确定报道形式

在一个系列报道中，不同的稿件可以根据报道内容采取不同的报道形式。

4. 组合报道

将形成的报道分类组合，这里可能会出现连续报道与系列报道的综合运用，即将系列报道分批次在连续的一段时间内刊出。

系列报道的长处和力量在于不同角度、类别稿件的组合，从而多角度、多层面地展现新闻事实，达到深度解释和分析的报道效果。

在系列报道中，报道策划是一个重要的环节，也就是确定报道主题、报道角度、报道方式的过程，尤其是非事件新闻的系列报道。

> **小贴士** 连续报道和系列报道的报道过程，其实是以时间演进和空间拓展方式分别将报道不断深入的过程。

第十二章
调查性报道写作

第一节　调查性报道及线索来源

一、何为调查性报道

调查性报道，是一种以较为系统、深入地揭露问题为主旨的报道形式，致力于查明并披露与公众利益密切相关却由于各种复杂原因而被掩盖起来的深层事实真相，调查性报道的第一目的是揭露丑闻或问题，当然，调查性报道随着时代发展外延也相应拓展了，把一个事件或问题的来龙去脉搞清楚也可归为调查性报道。因此，调查性报道可分为调研式调查性报道、追踪式调查性报道与揭露式调查性报道。调查性报道属于深度报道，因其特殊性，所以在采访方面相对更独立、采访更需科学专业、人财物的投入更大、过程更为复杂。

二、调查性报道的线索来源

1. 来源于新闻事件

普通新闻事件、突发事件和灾难中人为因素常常成为调查性报道的线索和开端。记者意识到新闻事件背后可能存在问题或者黑幕后，策划调查方式和过程，搜集证据，推进事件进展，揭露问题。例如，2004年，华商报的西安"宝马彩票作假案"系列报道，此事件是2004年我国的重大新闻事件之一，是全国媒体一度持续关注的焦点，华商报对该事件持续追踪百余日，锲而不舍，通过对诸多细节的严谨调查、求证，揭开了西安宝马彩票作假事件的黑幕，并从公证业、彩票业立法的角度，对事件进行大量深层次、延伸性报道。此深度报道的起点是在，2004年3月25日抽到大奖的小伙刘亮爬上广告牌的新闻事件。因此，有时发生在与公众利益密切相关的领域的小的新闻事件，经过深入、细致的挖掘可能会深刻反映社会变动或者社会运行的重大缺陷和弊端等。

2. **匿名电话、匿名信件、热线电话等**

3. **与同行或采访对象闲谈**

4. **不确切的小道消息**

5. **媒体的新闻报道**

6. **记者的日常观察、积累**

并非所有调查性报道都是有明显、具体的新闻线索的，很多报道是在记者体验、观察和日常积累的基础上，采访调查揭露重大的社会问题和不公正现象。

例如获第二十九届中国新闻奖三等奖的《过度兜底　一些贫困地区医保基金被花"秃噜"》。

"赖床"不走小病大治　住院不花钱反"赚钱"

过度兜底　一些贫困地区医保基金被花"秃噜"

农村贫困人口大病兜底工作是推进并落实健康扶贫工程的重要内容，是实施精准扶贫、确保到2020年农村贫困人口脱贫的重要举措。《经济参考报》记者调研发现，强有力的大病兜底政策切实降低了贫困人口的看病负担，很多贫困患者从中受益。

按照中央政策要求，有条件的地方，可以结合实际需求和医疗服务及保障水平，扩大专项救治的人群及病种范围。但是，记者近期在西部一些省区采访了解到，个别并不充分具备条件的地方，"超能力"实施救助政策。过度兜底导致怪相频出，贫困患者住院"赖床"不走、小病大治，儿女想办法与父母脱离关系，甩包袱给政府……

医保基金突破警戒线

由于看病住院的贫困人口激增，加之报销比例大幅提高，医保基金支出的增速明显快于筹资的增速，许多贫困县医保基金突破了警戒线，

"兜底"吃力。

为解决好因病致贫返贫问题，近年来我国大力推进健康扶贫工作，不断完善大病兜底保障机制，各省区市有效拓展了大病集中救治病种范围，提高了贫困人口医疗费用报销水平。

《经济参考报》记者在西部贫困区调研时了解到，政府对建档立卡的贫困患者采取了慢病送药、免费体检、免费缴纳基本医疗保险和商业保险、先诊疗后付费等政策，并采取基本医保、商业补充保险、民政大病救助、政府健康扶贫基金的多项组合政策，2017年当地建档立卡贫困人口医疗费用实际报销比例达到90%，达到国家的要求。

为更大力度实现对贫困患者的救助，有的贫困县克服困难力争比90%还要高一些，提出建档立卡贫困人口医疗费用年自付部分不超出3000元或5000元的规定，还有的地方制定了全兜底的免费医疗政策。记者在采访中明显感受到，这些初衷很好的政策切实帮助贫困患者减轻了负担。一位食道癌患者告诉记者，他在镇卫生院手术和住院花费近六万元，得益于"大病患者救治全兜底"政策，没花一分钱就出院了。

然而，脱离实际能力竞相比"力度"的做法，难以长久维系。一位贫困县副县长忧虑地说，2017年医保基金收入8000多万元，支出7600多万元，突破了结余率不低于15%的警戒线。在另外一个贫困县，2017年医保基金花超1600万元，严重收不抵支。《经济参考报》记者发现，医保基金触底的贫困县不在少数，有的县需要靠市里调剂才得以收支平衡。

医保基金压力加大的原因还包括，基层对大病病种没有统一的认定，有的地方大幅增加大病兜底病种，有的地方干脆将医保范围内的疾病都当作大病对待。加上一些基础药物价格不降反升，如西地兰价格上涨十多倍，医保基金开支直线上升。不仅医保基金面临风险，地方政府兜底基金也捉襟见肘。随着慢病送药、免费体检、免费保险等工作启动，本来财政就很困难的贫困县"压力山大"。

住院不花钱反"赚钱"

"大病兜底"的利好信号释放出来后，贫困人口就医需求出现爆发式释放。不少贫困县医院门诊量和住院人次翻番增长，出现床位满、加病床、患者不出院等情况，小病大治现象十分普遍。

《经济参考报》记者走访了十多家医院发现，大多数医院的心内科病房已经住满患者，很多医院设立了贫困患者专门的病房和结算专用窗口，窗口上贴着"先诊疗后付费""一站式结算"等提示语。在一家县人民医院大厅，记者看到，尽管临近中午，结算窗口还是排着长队。2017年该医院住院3000多人次，2018年仅前四个月就接近这个数字，医院方面表示，增长部分主要为贫困人口，贫困患者看的病种主要是消化、心脑血管、腰酸腿疼等慢病和小病。

记者调研了一个比较典型的贫困县，该县报销比例实现百分之百。按照当地出台的规定，贫困患者在县级人民医院，个人自付费用及政策外费用都由政府兜底，不分大小病全部实行免费治疗。当地县医院计算，医疗费全免后，2018年贫困人口住院人数增长五倍，存在贫困患者达到出院标准却不出院，达不到住院标准却坚持要住院的情形，医务工作者私下称为"伪患者"。

"不管看啥病就掏那么点钱，甚至不掏一分钱，贫困户小病也想大治。一些患者赖床不走，导致真正需要医疗资源的人进不去。说实话，医院希望有这种病人，现在药钱挣不了，医院只能靠床位费和服务费，但是政府不希望这样。"一位县卫计局局长说。

个别地方的兜底政策"关怀过度"，已经暴露出问题。2017年，一贫困县对建档立卡的贫困患者启动了"住院补贴制度"，贫困户根据住院等级不同，享受每天50元至200元不等的补贴。一位干部透露："有的贫困户在家没事干，一算账住院不花钱反赚钱，至少能省下电钱、煤钱，还够一天吃饭用的，导致县医院内科住院的人多得住不进来，住进来的又不走。政府发现这事办坏了，2018年立即叫停。"

小病大治不仅造成医疗资源浪费，也使保险公司陷入艰难维系的状态。《经济参考报》记者采访了三家保险公司，2017年全部亏损。有一家保险公司保费是154万元，赔付165万元。另一家保费是533万元，亏损100多万元。多地社保局局长认为，目前来看商业保险公司还有积极性，主要是寄希望于政府投保额持续加大。

子女想尽办法"甩包袱"

在脱贫攻坚的过程中，一些地方不顾实际情况，"超能力"大病兜底，导致怪相频出，譬如子女想尽办法"甩包袱"，把赡养父母的义务全"推"给政府。

尽管一些地方认为，当地建档立卡的贫困患者人数并不多，2020年前的两三年内采取的高标准救助所带来的压力尚能承受。然而，如此短期救急政策，很可能导致好事没办好，一定程度上破坏了公序良俗，其产生的后遗症不可小觑。

在我国的传统文化中，给老人看病是子女应尽的义务，有赡养能力的子女更是不在话下。《经济参考报》记者在采访中发现，与竭尽全力为老人看病截然不同，一些子女想尽办法与父母脱离关系，让老人符合贫困户标准。另外，一些地方政府通过"大包大揽"，一味地给政府加砝码，忽略了贫困家庭、贫困人口子女的自主能动性。74岁的王美荣是建档立卡贫困人口，严重的心脑血管疾病影响着健康。她有五个子女，其中四个子女在外成家立业，可四个子女不仅不回来照看她，更不给老人一点看病钱。面对采访，四位子女态度冷淡地表示，他们连自己都管不过来，再说贫困户不是有政府管嘛。

非贫困户也患上"心病"，贫困边缘人群怨声不断。大病兜底政策令贫困户拍手叫好，而非贫困人口，尤其是生活在农村的贫困边缘人群抱怨声音大，认为谁还没个大病小病，利好政策一边倒不公平。75岁的王二虎是哮喘晚期病人，老伴患有高血压，现投靠城里的女儿，在街边卖矿泉水为生。"我为啥不能享受看病兜底，就因我的女儿孝顺？就因我还坚持卖矿泉水？"对此，一位县委书记深有感触。他说，随着脱贫攻坚走向深入，非贫困户对贫困户的攀比心理在加重，影响着村里的和谐。

一些贫困人口"被惯坏"，能"赖"政府一点是一点。一位扶贫干部无奈地讲，按照大病兜底政策，政府想尽办法让贫困患者年个人自付部分不超过三五千元，可县里却有几十户人连这点钱也不愿出，恶意拖欠医疗费用，需要动用各种方法来催款。一些基层干部群众认为，政府想办法让贫困患者看得起病，这是得民心的好事，但兜底不能兜得没了底线，制定政策不可只为解决眼下问题而不考虑长远，建议尽快研究形成符合实际、可持续的长效机制。（《经济参考报》2018年6月11日）

2018年全国两会上，习近平总书记在参加内蒙古代表团审议时强调，要完善大病兜底保障机制，解决好因病致贫问题。记者就此专题展开调研后发现，不少地方脱离实际，"超能力"对贫困户进行大病兜底，不管大病小病全部实施免费医疗，有的地方还给住院贫困户发放生活补贴，导致住院不花钱反"赚钱"，贫困户"赖床"不走，子女想尽办法"甩包袱"，医保基金突破警戒线等问题。

这篇报道问题抓得准，板子打得实，在全国率先揭开大病兜底过度福利化问题。超过200家网站转载稿件，新华社客户端5小时内浏览量突破100万，中央电视台、人民日报等约20家媒体就此配发评论，掀起了舆论对扶贫领域脱离实际现象的热议。

小贴士 判断一线索是否具有调查的价值，一要靠日常的新闻积累，二是对某些领域的知识积累和熟悉程度。

第二节　调查性报道如何进行调查

一、调查性报道使用的主要调查手段

1. 采访

从事调查性报道的采访需要注意合理安排采访的顺序，因为采访顺序可能会影响采访结果。调查性报道一般需要先采访客观中立的对象，如专家等与当事人没有直接关系的人，辅以查阅相关资料了解事件的背景；然后采访当事者或者受害者；尽量多地采访事件各方的意见、观点。

多方面核实任何采访对象提供的消息。

采访要有录音、录像，或者经过被采访人签字确认的书面文字采访

记录和文件资料。

> **小贴士** 调查性报道的访前准备要非常充分,所有的信息均需找第三方核实,并作为证据记录,报道结束后将这些资料归类整理、存档。

2. 公共档案、记录等书面信息

记者主要是通过正常渠道,从各种公共档案与记录中去寻找信息与数据,作为报道的主要材料与内容,使新闻报道具有说服力。

3. 日常观察

调查性报道需要深入调查、了解、核实事实细节,有些软新闻的调查性报道需要记者经过日常采访和社会生活中一段时间的观察、积累,而后组织报道。

4. 社会调查方法,如随机调查、抽样调查等

例如,假设记者在日常生活中体验、观察到所在区域的银行服务情况不标准,想做这样一期报道以督促银行改进服务,更好地服务市民。那么记者可以在采访市民和商户的同时,有目的性地分类选择不同区域和不同规模的银行,进行抽样调查。

二、设计调查报道策划书

在进行调查性报道的采访制作前,可以先制作一个调查报道策划书,以便协调人力和物力,使采访调查更好地进行。一起看看下面这条较容易实施的软新闻的调查报道策划书。

标题:你信任我吗
主题:在我所在的区域人与人之间的信任度大致有多高?
调查原因:我们每个人都被教育要讲诚信,我们自己却觉得社会的信任度越来越低,我们想知道在我们生活的这个城市人与人之间的信任度到底如何?
调查范围:所在地区不相识的人。
调查方法:随机抽样调查、暗访。
调查渠道:借用手机等。

调查成品：形成一篇 2000 字左右的特稿，并尽量有采访现场的图片。我们会使用调查数据，制作图表，来显示信任度，并寻找专家对调查和原因进行解析。

根据调查项目的不同，策划书的手段和投入，以及成品的要求也会有差别。

小贴士 制作调查性报道不是每次都需要有书面的策划书，但制作前明确各项事宜是必备的。

三、调查流程

下面是一个大致的调查性报道的调查流程，具体的报道中需要在此基础上有更加详细的计划和设计。

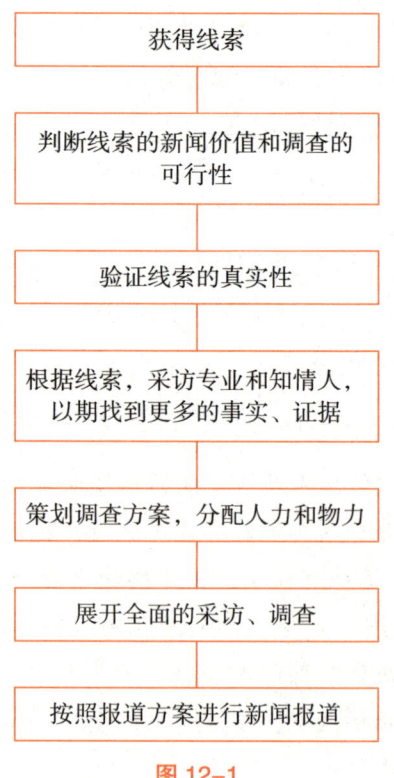

图 12-1

调查流程中，调查方案需要详细设计，并合理分配人力和物力，此时也需要大致确定报道的形式。一起来看 2004 年华商报社"西安宝马彩票作假案"记者的采访调查和报道过程。

1. 精心安排，记者住到刘亮家，预先对事态发展做出判断——刘亮不可能造假。

2004 年 3 月 25 日刘亮爬上广告牌的次日起，报社便安排记者李克住到了刘亮家。这一住就是 4 天 3 夜，每日与刘亮家同吃同住，对刘家人有了基本的判断："这家人不可能造假。"住在采访对象家中这一举动，不仅使记者采回了大量独家动态报道，还给后期的采访资源掌握以及预先对事态发展的判断提供了扎实的前期准备。刘亮不可能造假，那么造假的是谁呢？

2. 大胆质疑，通过对大量细节的调查分析，在国内媒体中率先撕开了突破口，将问题和矛头指向活动主办方——西安市体彩中心。

事发初期，当几乎所有媒体的报道都停留在"究竟是彩票主办方作假，还是刘亮作假？"这样真相扑朔迷离的阶段，华商报记者谢正罡通过对大量细节的调查分析，在国内媒体中率先撕开了突破口：4 月 12 日，第三版刊登了调查《另三宝马得主疑点重重》，立即引起轰动，打响了媒体直接将问题和矛头指向活动主办方的第一炮，这为接下来的报道和公安部门的调查找到了突破口和方向。

3. 小心求证，率先揭开更大黑幕——彩票发行过程中存在"官商勾结"的现象。

在强大的报道攻势下，杨永明终于坐不住了，要和记者谢正罡"好好聊聊心里话"。在对杨永明长达 3 个半小时独家采访中，经过一番周旋，记者终于得到了想求证的内容——杨永明的确是承包商，而且根本不具备财政部规定的承包资质，但却离奇地承包过陕西几十场即开彩票的发售工作，有"丰富的"操作经验。这样就使体彩官员和杨永明勾结的黑幕浮出水面，实质性地推进了事件的进展。

4. 紧追不放，制造了一个出乎意料的戏剧效果——"拿人头担保体彩没作假"的陕西省体彩中心主任贾安庆最后却因受贿被逮捕。

陕西省体彩中心主任贾安庆对华商报的报道很愤怒，面对记者的采访，他没有直接回答问题，而是提高嗓门开始发泄媒体带给他的压力。"你们《华商报》整天在报纸上质疑，质疑个屁！我真是怀疑你的智商，体彩怎么能作假呢！"接着他又信誓旦旦地说，"彩票的信誉就是我们的生命，我们不可能拿生命开玩笑。我们在这个问题上没有弄虚作假，我拿我的头担保！"

3月28日，华商报头版刊发了《我拿人头担保体彩没作假》一文。然而正是这位信誓旦旦"拿人头担保"的省体彩中心主任贾安庆，最后却因收了发行商杨永明13万元贿赂而被逮捕。事件的戏剧性效果成为此次报道一个独特的亮点，"拿人头担保"也成了2004年的流行语。

5. 精心策划，周密安排，在"高压"之下，自始至终没有放弃采访，报道前后持续3个多月，发稿100多篇。

华商报社针对事件的特殊性，成立"宝马假票事件报道组"，组内各成员分工协作，既有自己的采访重点，又相互合作。

根据事情的进展，先后拿出两套成熟的方案，对整组报道进行全局性的把握，找准了揭黑性报道的关键突破口，为报道组最终揭开事实真相奠定了扎实的基础。

在此系列报道中，各种形式的报道方式组合运用得当，动态报道与揭黑性深度报道相结合，达到由细节到真相的良好报道效果。

6. 配发大量评论，正确引导彩民情绪，维护了社会的稳定。"宝马彩票案"的真相大白之后，广大群众特别是众彩民的情绪极不稳定，一种上当受骗的感觉在他们心中滋长。稍有不慎，可能就会点燃他们的怒火。为了正确引导，该报道先后配发十余篇言论，积极引导，化解了彩民的情绪，维护了社会的稳定。

第三节 调查性报道写作步骤

一、找好角度、确定报道中心

调查性报道是所有新闻报道中写作难度最大的一类，与特稿写作中提到的写作步骤一样，首先要做的是确定报道的主题。记者经常在调查的过程中就已经基本确定了报道主题。

比如我们要做上面调查项目策划书中提到的软新闻的调查性报道，且只能做一篇独立的报道。经过在街头、居民区等地的采访和调查，记者搜集了大量的材料，可能包括场面、故事等，那记者可能首先会考虑，是以我调查过程中遇到的故事和情节，或者场面为主题，还是我将调查结果分类、分析，总结出调查结果，哪一部分人在这个区域比较值得信赖或者容易相信别人？还是根据调查结果再进行采访分析人与人之间信任程度变化的原因呢？报道中心确立了，才容易找出对展示中心有帮助的材料和信息。

二、权衡和取舍采访到的材料

考虑到本区域的读者，若以报道这个区域哪一类人或者哪个地方的人更容易相信别人或者值得信赖为主题，可能更容易吸引读者的注意力。做出这样的决定，也就意味着要对采访过程中的材料进行权衡和取舍，采访过程的精彩细节和故事可能要删减、调查解读也可能要稍显简略。

在取舍具体材料时，注意材料的平衡，特别是涉及事件的不同方面，或者争论双方，或者持不同意见的各方，或者不同的区域，在展现新闻事实时，需要考虑平衡，不可厚此薄彼，否则可能会再造成技术性失实。

三、组合信息

将采访、调查到的信息进行组合、整理并准备撰写，这时需要找到能支持报道中心的所有的事实资料信息，特别是比较重大的调查性报道，不能忽略任何一个可能会出现漏洞的环节，核实到的确切信息才可以在报道中使用。

四、确定报道形式

调查性报道是一种报道方式，不是报道体裁。在经过以上的步骤后，需要选择合适的报道体裁，需要确定是用消息、特稿还是连续报道、系列报道等其他形式。

五、确定报道基调

调查性报道的基调一般都是客观地讲述事实，即用客观、冷静的态度，讲述新闻事实，揭露问题，摒弃记者有感情色彩的字眼。当然一些特殊的调查性报道需要记者根据具体情况确定报道的笔触和基调，如上面提到的关于人与人之间信任度的调查，就可以考虑使用稍显活泼的笔触。

六、文件资料的引用穿插

在一些调查性报道中，可能会涉及重要的证据性的文件资料，将它们穿插引用在事件讲述过程中时，当然要对其准确程度进行核实和辨别。

七、保证文字通俗、易懂

不管使用何种形式的报道方式，最后都要用通俗的文字，将调查性报道表现出来，避免出现严肃、干巴和枯燥的文字现象。要做到这一点，除了注意报道的准确性和可读性，用事实说话，避免个人情绪、观点和偏见的支配外，需要多用调查的事实细节、情节、小故事等来呈现新闻，写作调查性报道的目的不是证明结论，而是采访、发现并呈现全面、准确的新闻事实。

第十三章
分类新闻写作

第十三章 分类新闻写作

第一节 会议新闻写作

各种机构的会议和各种公众人物的演说往往会涉及与公众利益直接相关的问题，会议与演说往往成为重要的新闻信息资源。但连篇累牍，占据太多媒体空间的会议新闻，又惹人厌烦。因此记者在报道会议的过程中，应该能够提炼会议新闻要点和演讲人的发言主旨，把其中与公众关系最为密切的新闻要素报道出来，把公众最为关心的问题报道出来。

一、会议新闻写作要点

1. 工作会议新闻报道要点

会议的主要内容：投票、决议、采纳政策的情况；

会议的目的、涉及的事件、会议地点、会期长度；

会议议程；

评论和辩论的情况；

与会者和专家的评论；

会议旁观者、权威人士和那些受决议、投票情况或政策影响的人的相关反应；

会议的相关背景；

与议程不符的内容；

下次会议的议程。

2. 新闻发布会新闻报道要点

发言人讲话的要点；

发言人的姓名和身份；

发布会的目的、时间、地点和长度；

新闻发布会所涉及的核心内容的背景情况；

声明的要点，问答阶段的要点；

声明的结果。

二、会议新闻写作技巧

1. 从纷繁的会议内容中，挑出读者最关心的新闻信息

一般来说，每个会议都有一个或几个中心内容，记者在报道会议新闻时，应该从其中心内容入手，挑出读者最关心的新闻信息，突出地写入报道。对于议题较多，又都有报道价值的会议，可以采取化整为零的方法，分门别类，分成几篇进行报道，这样中心突出，内容精练，易取得好的报道效果。

2. 不求面面俱到，抓住一个方面写出新意

同一个会议的内容，很多方面可能已经被相关媒体报道，这时应该忽略或减少这些方面的报道比重，或仅将其作为背景资料，重点对相关媒体未曾提到或尚未引起关注的内容或话题予以报道。

3. 淡化会议形式，挖掘会议背后的新闻

除了部分大型会议需要注重声势和气氛的描写外，有些会议本身的形式和程序所具备的新闻价值较小，报道意义不大，记者就不要把眼光盯在会议上，而应该从会议圈子里跳出来，通过会议所提供的新闻线索去挖掘会议新闻背后的新闻。比如会议的召开背景、领导活动的意图、政策出台的缘起等，如果能够巧妙选择其中的典型事例，将会议新闻采取组合式或深挖背景式进行报道，把"角落"里的新闻都挖出来，就能在报道的深度上占据优势。同时，由于幕后新闻往往具有可读性强的特点，更能激起读者的阅读欲望，从而使读者更为深刻地理解会议主旨、政策法规的意义。

4. 突破传统会议报道套路，创新新闻写作的形式

多数会议报道往往运用会议新闻报道的固定套路：会议程序＋人员名单＋领导人讲话＋会议总结。一篇动辄上千字的会议报道，充斥其中的

尽是"指出""要求""强调",让人一时间找不到实质内容,往往给人"生硬""沉闷"的印象。创新会议新闻写作的形式,使会议新闻火起来,成为改变会议新闻报道刻板沉闷的良方。除了消息这一会议和领导活动报道最常用的体裁外,记者还可尝试运用侧记、特写、花絮、目击等体裁写作。写作时,可以采取引题或副题提示式、内容板块式、背景链接式等多种手法创新形式,改变以"指出""要求""强调"分段的传统做法。

5. 注重会场外新闻的采写

会前会后的活动有时也可成为新闻;或会场内得到的某些新闻信息比较单薄,不足以构成一篇报道,可以以它为线索,通过深入采访,写出报道。

6. 抓取会场上富有人情味的事件或镜头

会场上某些富有人情味的事件或镜头一旦被记者抓住,这样的报道往往会成为会议报道的"鲜货"。

小贴士 成功采写会议新闻报道的几大原则:

保证所报道的会议内容准确无误;

报道会议的相关背景及环境要素;

披露与会者的相关背景;

注意会议现场出现的其他问题;

注意展示会议所涉及的问题中蕴含的矛盾与冲突。

第二节　科技新闻写作

随着科学技术的发展、社会的进步,社会各界人士对科技领域的成就越来越感兴趣,"科学技术是第一生产力"的道理越来越深入人心。人们对于科技进步的兴趣除了因为科技成果本身的科技含量以及给人们带来的生活与工作上的便利,更重要的是日新月异的科学技术发展给人们的社会生活乃至思维方式带来全新的改变。科技新闻就是对新近发生或发现的科技事实、科技现象所进行的科学性、知识性的报道。科学技术报道的目的是促进生产力的发展，提高民族的科学文化水平。

一、科技新闻写作要点

科技成果的名称及解释；

科技发明基本原理；

科技成果的意义说明；

科技成果的取得过程；

科技成果的创新之处（与国际同类成果的比较）；

科技成果的缺陷或待改良之处；

科技成果可能带来的负面效应；

科技成果的普及方式及可能性；

科技成果的发展趋势。

二、科技新闻写作技巧

1. 将专业知识转化为视觉化的直观体验

为了能让受众真正了解并理解一项科学成果，记者需要借助视觉印象进行通俗化的解读，比如对于宇宙飞船的发射报道，多数记者往往通过对发射现场的每一个环节进行见闻式的报道，运用通俗化的语言尽力去表述专业性很强的航天知识和术语。

2. 增添背景

为了使科技新闻集知识性与通俗性于一体，记者在采写新闻的过程中，可适当穿插科学技术相关研究背景，进行必要的对比解释，同时背景的使用也可以增加整个报道的可读性和趣味性。

3. 巧妙使用数字

科技报道离不开数字，因为数字是最能说明问题、最能准确反映情况的根据，但是，大量数据的出现，常常会让文章显得枯燥乏味，受众难以理解。对于普通受众来说，科学成果中非常具体的数字并没有实质性的意义，一种形象化的记忆更有助于他们对新鲜事物的理解。因此，需要把这些数字转换为普通受众易于理解的图像和概念。

将数字形象化的方法有很多，包括对比（在对比中显出差异）或借用某种受众较为熟悉的物体进行比较。

4. 恰当展示人的力量

科技新闻不应该是冰凉凉的数据与术语，而应该是在新发明或新发现中体现科技对人类的意义，体现出科研人员为人为学为研究的品质。让科技新闻充分体现人的力量，意味着新闻报道应该尽可能地从普通人的视角切入，让重大的科技成果不仅仅是一种"成就"，更要对普通人的生活产生重要的影响，这就要求记者能够挖掘出具体的人物故事，让枯燥的数字、沉默的化石、无语的图画为讲述栩栩如生的故事服务。

小贴士 杜绝科技新闻写作不科学：

切勿将偶然的成功和局部经验说成普遍规律和科学成果；

切勿将阶段性成果说成最终成果；

切勿将一般性成果拔高为"重大突破"；

切勿滥用"最""国内首创""国际先进水平""国内首次""国内最……""填补国内空白"等。

请看关于"嫦娥四号"的新闻报道。

完成人类史航天史上的一项壮举，"嫦娥四号"成功着落月球背面！

在经过26天的"长途跋涉"并"养精蓄锐"之后，1月3日上午10点26分，低调得似乎都有些淡出公众视野的"嫦娥四号"月球探测器厚积薄发，完成了人类史航天史上的一项壮举——成功软着陆在月球背面的南极——艾特肯盆地冯卡门撞击坑，并通过"鹊桥"中继星传回了世界第一张近距离拍摄的月背影像图，揭开了古老月背的神秘面纱。至此，这项略显"隐忍不发"色彩的"月球远征计划"终于度过了最困难和最惊险的时刻。

与六年前那次牵动亿万人神经的"嫦娥三号"月球正面软着陆任务相比，今天成功着陆在月球背面的"嫦娥四号"既"默默无闻"，同时也要"孤勇"许多。六年前的"嫦娥三号"探测器是在先前"嫦娥二号"探月卫星所获取的超高分辨率图像的引导下迈出了中国人在月球上的第一步,而今日的"嫦娥四号"则是在没有精确地形成像做参考的情况下踏出了全人类的在月球背面的第一步。

此外,由于月球独特的形貌构造,"嫦娥四号"所去往的月球背面南极——艾特肯盆地地形状况要比月球正面复杂许多。与月球正面的"千里平畴"相比,月球背面遍布着大量高山、撞击坑和环形山,地势十分陡峭,难以找到大片的平坦区域用于着陆。

2013年"嫦娥三号"在软着陆于月球雨海西北部虹湾地区时,整个着陆过程所经区域地形起伏变化小,整体呈现为一个由南向北的缓坡,据了解,"嫦娥三号"月球正面着陆区地形起伏仅800米。而此次"嫦娥四号"着陆的月球背面南极——艾特肯盆地高山峡谷交错,整体地形忽高忽低,着陆区地形起伏达到了6000米。因此,此次月球背面软着陆任务中,真正适合"嫦娥四号"着陆的区域大概相当于"嫦娥三号"的二十分之一,这势必要求"嫦娥四号"必须有更高的着陆精度,从"粗放型"的着陆方式向"精细化"升级。

据航天科技五院"嫦娥四号"总设计师孙泽洲介绍,如果说"嫦娥三号"是以一个抛物线的形式着陆,那么"嫦娥四号"就近乎垂直着陆。这种着陆方式,将先前着陆器在主减速段结束后由斜向前运动的轨迹改为垂直向下定点运动的轨迹,与之相应的是"嫦娥四号"的着陆导航敏感器的性能就必须进一步提升,需要增加着陆导航敏感器的作用距离,使得"嫦娥四号"能够看得更远、飞得更稳、落得更准。

1月3日上午10点15分左右,行至月球背面人类"目力不及之地"的"嫦娥四号"开始自主执行我国第一座深空测控站——佳木斯站为它"精心准备"的预定指令,着陆器上7500N空间变推力发动机开机,以大约每秒钟1.7公里的速度环月飞行的"嫦娥四号"在月球背面离月表15km高处的近月点开始实施动力下降。5分钟后,着陆器上的降落相机开机,此时,"嫦娥四号"已经可以看见它即将踏足的那片人类未至之地了。

随后,"嫦娥四号"通过"鹊桥"中继卫星传回了实时画面。荒凉的月面上，密布着陨石坑，这块地形奇特到充满科幻色彩的土地，反衬出人类探索未知的勇气。

在进行快速姿态调整，完成光学粗避障之后，离月面仅"一步之遥"的"嫦娥四号"暂缓脚步，悬停在距月面约 100 米的空中。接下来它只有不到 30 秒的时间，用自身的三维成像敏感器对着陆区进行精障碍检测，最终在这片怪石嶙峋之地选出一方最安全的着陆点。

10 点 26 分，"嫦娥四号"的着陆腿稳稳地"站"上月面，"嫦娥四号"成功着陆！中国的"嫦娥四号"成为人类历史上第一个在月球背面成功实施软着陆的人类探测器！

这也是 2013 年"嫦娥三号"成功着陆月球正面之后，中国探测器再度造访月球，中国也因此成为世界上第一个在月球正面与背面均完成探测器软着陆的国家！

作为中国探月工程实现最终月球采样返回之前承前启后的关键一步，"嫦娥四号"实现人类探测器首次在月球背面软着陆的实际意义要远大于象征意义。它不远万里，突破重重险阻来到月之暗面，必然要走走看看，有一番作为。接下来，它将不负重托，利用携带的荷兰研制的低频射电探测仪聆听遥远宇宙的声音；利用德国研制的月表中子与辐射剂量探测仪，"勘探"深埋月下的"矿藏"；还将利用瑞典研制的中性原子探测仪，测量太阳风粒子在月表的作用。此外，"嫦娥四号"还搭载有一项由重庆大学牵头研制的科普载荷——"月面微型生态圈"，在荒凉月表上培育唯一的生命。

这些通过国际合作的形式，以技术指标先进性、科学目标创新性为原则，面向全球征集产生的科学载荷，不仅体现了各国在相关领域的技术优势，还凸显了我国探月工程开放合作的理念。

今年恰逢人类探索月球 60 周年，同时也是人类实现首次载人登月 30 周年，几十年前，完成人类一系列载人登月飞行任务的阿波罗计划以美国总统肯尼迪的那句"我们选择去月球，不是因为它很容易，而是因为它很难"为开端，然而在这番豪言壮语的背后，却是人类首个载人登月任务是源自美苏争霸的事实。

与人类过往的疯狂不同的是，中国人的探月工程始终都怀揣着人类命运共同体的梦想，践行着开放合作的理念。在我国探月工程之初，我们所获得的全月球影像与数据，都是以开放的姿态面向国际，供全球的科学家使用。

此次，我们更进一步，选择去往更加艰难的月球背面并与全球致力于和平开发太空的国家一同展开探索，更是有别于过往的国际权力观、共同利益观、可持续发展观，我们选择去往月球背面，不是因为它带来的那份独一无二的荣耀，而是因为这艰难的一步注定也是人类文明前行的一步！（《环球时报》2019年1月3日）

第三节　财经新闻写作

随着我国经济的快速发展和全球经济一体化的推进，财经新闻逐渐成为大众获取经济信息的重要来源。目前业界对于财经新闻的认识存在广义与狭义之分，广义的财经新闻，覆盖全部社会经济生活和与经济有关的领域，包括从生产到消费，从城市到农村，从宏观到微观，从安全生产到服务质量，从经济工作到政治、社会生活中的相关领域。狭义的财经新闻，则重点关注资本市场、金融市场以及与投资相关的要素市场，并用金融资本市场的视角看中国经济生活的现状与发展。无论是哪一种形式的理解，作为富有特色的专业化报道，财经新闻都需以"利益"视角切入，报道各种经济行为、事件和现象的同时，发挥传播经济信息，监督市场，提高公司运作效率，维护、提升公民经济利益等基本职能。

一、财经新闻写作要点

政策性信息的具体内容；
政策性信息的发布单位、发布时间；
市场信息引发的利益相关人的反应（利益获得者、利益受损方）；
市场各方的力量博弈；

相关经济数据及经济数据的变化（数据需注明出处）；

市场未来趋势研判；

市场经济主体的经营决策活动。

二、财经新闻写作技巧

1. 解释，解释，再解释

让人看不懂的财经报道，内容再好也不会取得理想的传播效果。为了让更多的读者读懂财经新闻，消除理解障碍，记者不仅要像采写其他新闻那样将新闻的核心事实交代解释清楚，而且需要对报道所涉及的专业名词做尽可能通俗易懂的诠释。美国报界有一个约定俗称的规定，就是报纸的文章要让八年级（相当于中国的初中二年级）的学生看得懂。解释，解释，再解释的更高一层要求则是告人以事，迪人以意。财经新闻写作的水平表面上需要通过灵活自如的文笔技巧和章法来体现，但其写作思路形成的过程则取决于记者的认知结构、洞察能力和思维高度。一个有使命感的记者，应该目光远大，站在时代的前端，胸怀全球，将"宏观形势""中观思路""微观案例"深入浅出地融合在一起，因事论理，加深新闻报道的思想深度。

2. 善用人物讲故事

财经领域的任何变动都离不开人的作用和对相关利益人的影响，善用人物讲故事，从人的角度来报道财经新闻，把写人与写企业共同融于财经新闻中，往往能使读者感觉到在与新闻人物对话，和新闻人物一起经历所处环境的变动，告别单纯读数字和政策条文的情况。作为全球最有影响力的财经日报《华尔街日报》，其刊登的很多稿件往往都注意从人物故事入手，将人性化的情怀与经济规律的理性很好地结合起来。《华尔街日报》资深头版撰稿人布隆代尔曾举过这样一个非常直观的例子。美国有114.3万退休金领取者，今年能够拿到的退休金总额比去年少63亿美元。显然，这条讯息反映出社会保障制度的巨大变化。然而，"114.3万"和"63亿万"只是抽象的数字概念，无法解释更深层次的含义。如果把读者带到某个城市一个上了年头的小酒馆前，把那些月收入不到40美元，因无力购买食品、支付账单而在绝望中生活的几位老人介绍给读者,人们就会深刻感受到减少退休金对社会的具体影响。他们会因为记住某一个普通人的故事而记住社会的某一重大变化。

3. 回归新闻第一线,体现信息服务性

财经新闻的本质是新闻,是财经领域新近发生事实的报道,需要传递事实变动的信息。人们通过借助财经信息了解经济生活的变动,从而进行相关的工作与生活决策,做好信息服务是财经新闻的重要职能。回归新闻第一线,要求记者既能敏锐观察经济环境的变动,开发优秀的财经新闻选题,深入财经事件发生的第一现场,把读者最关注、最新鲜的东西写出来,把最有趣的东西传达给读者,在让他们获得阅读兴趣的同时,增进对于财经政策、财经事件的了解,进而有所悟、有所知。

4. 善用消息体裁,及时准确传递信息

对于需要大量采写"动态新闻"的通讯社与日报的记者而言,"消息"是使用得最多的文体。如果说华尔街日报中大量"特写"像一顿正餐,"消息"则更像是盒饭,上得快,方便吃,营养搭配也齐全。消息的结构相对简单,虽然各个媒体有各自的特点,但基本结构大致相同。路透社的一位资深编辑曾介绍过一种最简单的"三段式"的消息写作方式:第一段,导语;第二段,解释;第三段,引语。接下来是次重要的内容,然后再是解释,再引语,如此反复。

5. 注重数据精确性,善用新闻图表

财经新闻报道所提供的数据在客观反映和度量经济环境变动状况的同时,很可能成为众多经济体进行决策的重要参考。这些数据要么是记者通过调查汇总得出的,要么直接引自相关机构和统计部门的公告报表。无论是哪种来源的数据,记者都应仔细核查,并注明相应的数据出处或推算依据。此外,为了使数据体现其可比性,直观反映相应的经济发展趋势,记者应善于在文章中将重要的数字用图表等其他的方式表现出来。

6. 语词章法简洁明快

简洁明快的语词章法往往能够凸显财经新闻报道的动态及时与冲击

力,为此报道中应尽可能多地使用动词,并且最好选择更具动感的动词。比如可以用"某某公司的公告透露"来代替"某某公司的宣布",用"某某公司去年赚了100亿元"来代替"某某公司去年盈利100亿元"。除了动词的变换使用,财经新闻写作还应尽可能地减少使用华而不实的形容词、副词,以使报道显得严谨准确。例如,利润指标不要"胜利完成",而应该告诉读者,这家公司去年刚刚换了首席执行官(CEO),并下调了盈利预期。此外,文章应多使用短句、多有逗号,每一段文字最好控制在两到三句话,方便读者快速阅读与理解。

小贴士《华尔街日报》是怎样讲故事的?

《华尔街日报》式的文章,在结构上一般由四个部分组成:

第一部分,人性化的开头,即与新闻主题有关的人物故事;

第二部分,过渡,即从人物与新闻主题的交叉点切入,将新闻推到读者眼前;

第三部分,展开,即集中而有层次地阐述新闻主题;

第四部分,回归人物,即重新将人物引入新闻,交代此人与新闻主题的深层关系。

请看获第三十届中国新闻奖二等奖的作品《关于猪肉的通讯——"稳猪价"背后的农业供给侧改革》。

关于猪肉的通讯——"稳猪价"背后的农业供给侧改革

猪年,猪价牵动着各方神经。猪肉是重要的民生产品,党中央、国务院对于保持重要

民生商品价格基本稳定高度重视。为确保老百姓"菜篮子"供得上、供得稳,近几个月,从部委到地方再到企业,一场关于生猪稳产保供的攻坚战全面打响。

受非洲猪瘟疫情影响,2018年四季度以来,生猪和能繁母猪产能持续下降,猪肉市场供给偏紧。今年3月特别是6月以来,猪肉价格持续上涨的效应开始集中显现。

进入11月,生猪价格一路上涨的走势开始发生改变。农业农村部数

据显示，自11日至21日，全国农产品市场猪肉平均价格从49.61元/公斤持续回落至43.7元/公斤。26日来自商务部数据显示，猪肉批发价连续三周回落，降幅超16%。国家发改委和国家统计局最新数据也表明，商品母猪和能繁母猪的价格都在回落。"生猪产能下滑已基本见底""生猪生产整体进入止降回升转折期""猪价暂时停涨"……稳产保供"大动员"成效渐显。

值得关注的是，此轮"稳猪价"也成为加速农业供给侧改革的新契机，在推动解决猪瘟疫情问题的过程中，科学养殖、规模化养殖和现代化养殖上升到更为重要的地位，生猪产业转型升级新空间加速开启。

失衡——猪价上涨之核心诱因

今年3月特别是6月以来，猪价上涨势头明显。10月31日，全国农产品批发市场猪肉平均价格为52.33元/公斤，相比9月末的36.34元/公斤，环比上涨了44%。10月，猪肉价格同比上涨101.3%，影响CPI上涨约2.43个百分点，占CPI同比总涨幅的近三分之二。受此影响,10月份，全国居民消费价格（CPI）同比上涨3.8%。超出市场预期。

猪价为何进入上涨通道，生猪生产怎么了？

事实上，本轮猪价上涨有必然因素也有偶然因素。"缺供"是关键词。非洲猪瘟疫情与周期性因素叠加成为核心症结。

众所周知，猪周期一直是扰动猪价变动的关键变量，猪周期的本质是供需关系，需求端总体稳定，关键在供给端。猪肉供给端主要受养殖利润、政策干预等因素影响，这是人所共知的"灰犀牛"。非洲猪瘟是影响此轮猪价的偶然因素，成为意外出现的"黑天鹅"。正如农业农村部市场与信息化司运行调控处负责人所说，本轮生猪价格于2018年5月跌至周期低点后步入新一轮上涨通道，之后受非洲猪瘟疫情影响，生猪产能下降明显。

"灰犀牛"和"黑天鹅"同时发力，让生猪供给雪上加霜。

农业农村部畜牧兽医局提供的最新数据显示，10月全国规模以上生猪定点屠宰企业屠宰量1053.10万头，环比前月下降14.64%，同比下降46.02%。

而供需错配的背后有更为深层次的矛盾——我国以散户养殖为主体的环境放大了价格的波动性。当前，我国生猪养殖业行业集中度较低，数据显示，2018年前十大进军养猪行业的上市企业生猪出栏量共4731.67万头，市场份额占比仅6.82%。生产者同质程度较高，行业集中度低，单个生产者对市场价格的影响力较弱，更容易"追涨杀跌"，且防疫技术、资金不足，更容易大起大落。

防疫成本等上升也令部分养殖户望而却步。"以前猪场每周消一次毒，从4月开始则是每天一次。消毒成本就比过去增加了七倍。而除了给猪场值守的员工正常加班工资外，还要额外给予每人每月600元的补贴。初步算下来，一头猪大概会增加50元的成本。"湖南鑫广安农牧股份有限公司董秘成霞林称。

"由于需要大量补栏和种猪数量短缺，种猪价格比去年已经上涨了50%以上。"成霞林说。此外，记者调研了解到，猪瘟疫情阴霾带来的风险担忧，能繁母猪奇缺导致的无猪可养，补栏成本资金压力之下的拒而远之，用地环保难过审批的多重障碍……也令中小养猪户补栏意愿一度受到冲击。

转折——"大动员"合力之效彰显

猪价牵动民心，党中央、国务院高度重视生猪稳产保供工作。

为加强非洲猪瘟防控工作，全面提升动物疫病防控能力，7月，国务院办公厅发布《关于加强非洲猪瘟防控工作的意见》，在加强养猪场（户）防疫监管，加强餐厨废弃物管理，规范生猪产地检疫管理，加强生猪及生猪产品调运管理，加强生猪屠宰监管，加强生猪产品加工经营环节监管，加强区域化和进出境管理，加强动物防疫体系建设，加强动物防疫责任落实等方面做出具体部署。

8月召开的国务院常务会议指出，稳定生猪生产，保障猪肉供应，事关"三农"发展、群众生活和物价稳定。9月，国务院办公厅印发《关于稳定生猪生产促进转型升级的意见》，明确了一揽子支持生猪生产发展的政策措施。

此后，各部门纷纷出招，合力打出稳产保供"组合拳"。

生态环境部、农业农村部联合发文，明确提出除饮用水水源保护区、风景名胜区、自然保护区的核心区和缓冲区、城镇居民区、文化教育科学研究区等人口集中区域及法律法规规定的其他禁止养殖区域之外，不得划定禁养区。

自然资源部要求取消生猪养殖附属设施用地15亩上限规定，推出在不占用永久基本农田的前提下生猪养殖可用一般耕地等多项保障用地需求的措施。

财政部、农业农村部联合发文，通过进一步完善临时贷款贴息、加大奖励力度、提高保险保额等政策，促进生猪生产、保障市场供应、维护经济稳定。

交通运输部、农业农村部明确，2019年9月1日至2020年6月30日期间，对整车合法运输种猪及冷冻猪肉的车辆，免收车辆通行费。

商务部表示，会同相关部门适时投放中央储备冻猪肉和牛羊肉，增加肉类市场的供应。同时，将按照市场化原则，继续鼓励扩大猪肉进口。

……

地方层面，截至11月22日，28个省（区、市）先后出台扶持生猪生产的政策文件，一些省份大力支持龙头企业扩产增养，建设高标准规模养殖场，增加产能的同时推动产业升级。不少地市级也出台了生猪稳产保供的政策措施，通过一系列措施全力支持生猪生产恢复和发展。

积极因素加快累积——10月，全国能繁母猪存栏首次止降回升；全国规模养猪场生猪生产持续较快恢复；全国生猪存栏降幅进一步收窄；全国生猪生产恢复面不断扩大。

"全国生猪产能下滑已基本见底，年底前存栏有望止降回升。"农业农村部畜牧兽医局局长杨振海指出，全国生猪生产整体上进入止降回升的转折期。

进入11月，猪价持续上涨的情况也在发生改变。11日，全国农产品批发市场猪肉平均价格降至49.61元/公斤；12日降至49.51元；13日降至49.02元；14日降至48.56元；15日降至48.13元；18日降至45.31元；19日降至44.70元；20日降至44.14元；21日降至43.70元。

而从非洲猪瘟疫情防控来看，从2018年8月3日我国报告第一例疫情起，截至今年11月21日，全国共报告发生160起非洲猪瘟疫情，扑杀生猪119.3万头，除了两个省3起疫情目前还没有解除封锁，其余29个省份疫区已解除封锁。

杨振海指出，目前能繁母猪存栏量已经止降回升，照此趋势发展，在疫情防控持续推进和疫情稳定的情况下，明年上半年生猪生产总体来说将进一步好转。

在稳定猪价的同时，实现牛羊肉、鸡蛋等替代品的充分供应，也在确保物价总体稳定。大动员下的"菜篮子"保卫战初见成效。此外，为保障低收入群体生活水平，绝大多数省份还启动价格临时补贴，目前至少累计发放价格临时补贴55.1亿，惠及困难群众达2.22亿人次。

契机——供给侧改革提速

中国是第一养猪大国，猪肉消费占了全世界一半左右。生猪产业健康发展路在何方？

"稳猪价"的前行路，正成为加速农业供给侧结构性改革的新契机。在加强联防联控、提升防疫能力水平的同时，不少地方正在加快推动现代化养殖，并进一步提升猪肉品质。

在湖南省益阳市资阳区郊外的一家养猪场，养殖场老板曾建波去年和省里一家大型养殖集团合作，不仅引入了更加严密的管理模式，还投入600多万元升级添置了洗消中心、熏蒸房、自动投料机、防虫网等先进设备。曾建波告诉记者，曾经用最粗放传统的方式养了七八年猪，环保要求和非洲猪瘟，让他意识到那种模式已难以为继。

如今，曾建波的养殖场相比以前面积并未扩大，但产能却从年出栏6万头增加到10万头，"现代化的规模养殖拥有更强的产能。加上通过技术手段，还能实现产仔率和出肉率的提高，以及病死率的降低。"他说。

在更多业内人士看来，非洲猪瘟还将带来新一轮行业洗牌，产业集中度将进一步提高。规模化养殖、产业转型升级已成为共识。《关于稳定生猪生产促进转型升级的意见》明确提出，到2022年，生猪产业转型升级取得重要进展，养殖规模化率达到58%左右；到2025年，产业素质明显提升，养殖规模化率达到 65% 以上。

记者了解到，不少企业已经在生猪养殖领域加大布局。11 月 18 日，上市公司康达尔与海南文昌签署养猪项目投资框架协议，计划总投资约 10 亿元人民币，年出栏 30 万头生猪。而此前康达尔已经与广东省内四个地方政府签署了养猪项目投资框架协议，涉及金额近 90 亿元。

一些抗风险能力强的农业企业态度更加积极。"面对当前猪肉供应的新形势，我们将建设 5 个大型生猪养殖产业链项目，总投资将超过 300 亿，新建设生猪养殖产能加起来将超过 1200 万头。"新希望集团董事长刘永好表达了在生猪规模化养殖上的信心。近日，新希望董事会还通过了收购两家生猪养殖公司的议案。

事实上，近期已经有多家上市公司公告，扩大生猪养殖规模。从已披露 10 月销售业绩的生猪养殖上市公司看，多数公司营收出现大幅增长。

生猪行业转型升级也在提速。刘永好指出，中国养猪业比发达国家落后近 20 年，不管从经济效益、环保以及市场需求来看，必须推广新式养猪。"养猪产业正面临新的发展机遇，通过数字化、智能化的新式养猪法，将推动养猪行业转型升级。"

不少专家指出，从长远来看，解决肉价周期性涨跌问题，就是要在供给侧改革上做文章。一方面，引入市场资本，发展规模化养殖，稳定生猪存栏量，增强企业抗风险能力；另一方面，加快生猪品种改良，改善养殖条件，由增产导向转向提质导向，实现猪肉多样化优质化变革。以"稳猪价"为契机的养猪行业转型升级正在提速，而这也将成为中国农业供给侧结构性改革的一次生动实践。（《经济参考报》2019 年 11 月 29 日）

2019 年，受猪肉价格持续上升影响，CPI 一路走高，牵动万千神经。该报道及时回应舆论关注，秉持专业的财经视角和彰显温度的民生情怀，通过深入调研，精准的政策研读和全方位的市场分析，深刻揭示了猪肉供求失衡的深刻背景，真实反映政策落地效果和市场预期变化，并指出未来畜牧业高质量发展的路径和方向。

第四节　体育新闻写作

体育运动的竞争性、超越自我性、审美性以及广泛兴趣性、普及性等，使体育新闻报道成为人民群众的重要精神食粮之一。体育新闻报道需要记者有专业领域的知识、有对新闻的敏锐感受力，有一丝不苟的工作习惯，有在短时间内合成报道的写作能力。由于体育新闻的受众面非常广泛，它们不受教育程度、年龄大小、收入水平、职业差别的限制，体育新闻价值的大小往往直接决定着信息的传播效果。

一、体育新闻写作要点

赛事的名称及背景；
参赛队名称及主要运动员姓名；
运动类型和级别；
比赛的时间、地点；
比赛结果；
比赛过程：局势的转折点、取胜的关键策略、出人意料的变化；
比赛中的重要情节；
表现突出的队员；
对名次、排名、个人纪录的影响；
个人或参赛队的连胜和连败纪录；
得分与失误的细节；
对比赛过程中其他情况的描述；
参赛队或运动员的相关背景；
外部因素：天气、场地、观众；
观众的情况：上座率、倾向、行为方式；
运动员的伤病情况及后果；
相关统计数据；
赛后评论。

二、体育新闻写作技巧

1. 写出比赛的精彩竞技场面和赛场气氛，增强报道的现场感

体育比赛中的竞技场面最扣人心弦、引人注目，体育新闻报道必须在刻画赛场比赛场景和过程上下功夫，写出紧张激烈的赛场争夺状况和气氛，使报道具有现场感。

2. 挖掘比赛背后的故事

在激烈的媒体竞争之下，越来越多的电视直播将比赛的现场动态传达给受众，这也将新闻报道的空间压缩至赛事直播无法传递的内容。但赛场外的故事也会有精彩之处，比赛背后的故事、针对赛事结果的原因分析，赛事的其他影响都是可以进一步挖掘的新闻写作素材。

3. 注重体育人文精神的拓展，帮助读者挖掘人生的意蕴

体育赛事精彩激烈，常常带有强烈的感染力，让观众兴奋、激动；但体育运动让人们喜爱，却不仅仅是因为赛事本身，还有其包含的拼搏、苦难、振作、成长等，都会让观看的人充分地感受到其中的精神和力量。体育新闻报道通过对运动员的人生经历、参赛历程的描述往往能更好地使读者领悟出运动员顽强体育精神和运动生涯中的人生意蕴。

4. 谨慎预测比赛结果，预留写作空间

记者在详细了解各队的实力、临场发挥的水平和队员心理素质的基础上，进行合理的推测，从而得出比较切合实际的结论，往往会增加新闻报道本身的价值和吸引力。但同时体育竞技的魅力也在于不可预知性，"黑马"和"冷门"既能牵动受众的观赛心情，也往往成为重要的新闻素材，这就要求记者在预测比赛结果的同时，预留一定的写作空间。

第五节　事故与灾难新闻写作

事故和灾难一旦发生就牵动着很多受众的心。灾难意味着人们的生存环境顷刻间发生的重大变化，对于新闻工作者来说，则需要及时、重

点报道受众所处环境的变化，而更多的受众则寄希望于从记者的新闻报道中获取有关事故、灾难的知识，尽力避免事故、灾难的再次发生可能造成的危害，或对受难人提供相应的社会救助。

一、事故灾难新闻写作要点

伤亡人数；
死者和伤者的情况；
财产损失程度和折合金额；
事故发生的时间、地点和原因；
目击者和当局的评论；
救援和救济工作。

二、事故灾难新闻写作技巧

1. 将冷冰冰的数字瞬间变成了一个个有血有泪的故事

灾难新闻中首先报道的都会是伤亡人数，但很少有记者将关注点从数字转移到具体的人身上，如果记者能多想一想：这些人是谁？他们为什么在这里出现？当灾难发生的时候，他们在做什么？他们离开人世后，留下了什么人？……冷冰冰的数字瞬间变成了一个个有血有泪的故事，无疑会强烈地打动受众。围绕灾难中的"人"来做文章，往往能使灾难新闻报道更具警示意义，也能体现出记者应有的人文关怀。

2. 拓展灾难新闻写作的广度

当灾难发生后，除了紧密围绕灾难救援、难后重建等主要工作进行写作外，还有很多相关事宜需要关注。比如，灾难发生时的情景、有没有目击人？逃生的人是如何逃生的？别的人为什么没有能逃生？附近有没有什么特殊的现象或情况？这里是第一次发生类似事件还是经常发生？相比其他地方，这里为什么会发生这样的事？这样的灾难事件是否具有普遍性？如果再碰到类似事件，人们应该如何逃生？

3. 剖析灾难新闻发生的原因

剖析灾难新闻发生的原因是灾难新闻报道的"最终目的"。灾难的发生常常是瞬间的，但原因的探寻却往往是漫长的，甚至有可能越挖越发现其背后的东西，因此，灾难新闻的原因解释，不能是在救援工作和重建工作完成后即告结束的，其后续报道往往更强调关注的持续性和报道的艰巨性，在这样的持续关注间，一个单一的事件新闻常常会发展为某一个重大问题的深度报道。

4. 恰当运用新闻图表

恰当运用相关配图，如地图、插图、曲线图等，往往能更好地帮助读者形象地理解事故灾难的地点、时间和发展过程。

5. 做好后续新闻报道与写作

灾难新闻的后续报道一般包括：评估与精神的损失，讲述有关勇敢与坚韧的故事，通过对灾难事件及时而详细的持续报道，使人们了解事件的真相，增加透明度，从而避免猜疑、恐慌和谣言。

小贴士 事故与灾难新闻写作的基本行文程序：灾害事故——人员伤亡——现场搜救——伤员救治——死者善后——调查处理——亡羊补牢。

第六节　刑事犯罪新闻写作

刑事犯罪新闻是对具有严重社会危害性的触犯刑法应受刑罚处罚的犯罪行为及其相关现象和事实的报道。因其对社会的影响较大，对新闻工作者的采写报道就有了更为严格的要求。记者在采写犯罪新闻时，要正确把握采写要点以及相关的注意事项。

一、刑事犯罪新闻写作要点

受害者的身份说明；

犯罪行为发生的时间和地点；

对受害者造成的伤害；

犯罪行为对受害者家庭和其他人产生的影响；

犯罪使用的凶器和工具；
犯罪动机；
犯罪的过程及部分细节；
受害者或证人的陈述；
权威机构提供的案情；
犯罪嫌疑人的犯罪记录。

二、刑事犯罪新闻写作技巧

1. 避免把刑事犯罪新闻写成"犯罪教科书"，慎用刑事犯罪的关键性情节

从报道的大量犯罪新闻事件来看，事件的制造者在作案、违法乱纪或在其他非正常活动中，为达到不可告人的目的而实施了一些手段。在这些手段中，有一种具有可操作性而在整个事件中起到重要作用的环节，没有它，就没有犯罪新闻事件的主体做出的于情于理或于法不容的事件，像这样的环节就是犯罪性新闻的关键性情节。刑事犯罪新闻披露关键性情节，对多数人来说，只是更为具体地获知信息；而对于不法分子来说，无疑是极好的"犯罪教科书"。此外，这些报道对模仿能力强、个人价值观尚未完全确立、容易受诱导的广大青少年影响很大。有一个典型案例：13岁少年小林残忍地杀害9岁男童，"杀人灵感"竟是源于电视。我国台湾地区的"报业道德规范"中，关于"犯罪新闻"有六条规定。其中第三条明确写道：报道犯罪、色情及自杀新闻，不得详述方法及细节。

2. 避免将刑事犯罪新闻写成"犯罪实录"，谨慎披露公安部门破案的方法和步骤

新闻报道的基本目的是满足受众的信息需求，而侦查机关则需要在工作进行的每一个环节，对相关信息进行保密，以保证工作顺利进行。有的犯罪新闻为了增强新闻的故事性、悬念性和趣味性，对公安部门破案手段、过程和方法淋漓尽致地暴露无遗。如某法制报在《打假护"酒鬼"》一文中，将检察院如何"布下罗网""引蛇出洞""追捕逃犯"的过程，写得非常具体详尽，甚至将检察官怎样"乔装打扮""秘密查访"，也和盘托出。这样的报道不仅起不到对罪犯的威慑作用，相反，可能会从反

面为伺机作案者提供作案办法和逍遥法外的对策，甚至提高了犯罪分子的反侦查能力，为破案带来困难。因此在披露公安部门破案的手法、过程和方法时，应该用简约的文字加以概括，点到为止，不必细化，更不能炒作，以免引起负面效应。

3. 避免渲染凶杀、暴力以及格调低下的色情信息

刑事犯罪新闻报道对于案发过程和场面的描写应把握尺度，不要过量、过重。报道中的文字、照片和录像画面，都应该主动进行过滤，避免出现过于血腥或色情的内容，造成对受众的心理刺激，对凶杀暴力过多过量报道会让人产生社会缺乏阳光和安全感，甚至产生悲观厌世、对抗社会的消极情绪，造成不良的社会影响。以案说法，以案明理才是刑事犯罪新闻传播的主旨。美国报纸主编协会曾做出规范："报纸如果一方面进行道德说教，一方面又刺激只在犯罪和恶习的细节中才会出现的低级行为，刊登不能为大众带来普遍益处的东西。这样的报纸就不能逃脱虚伪的罪名。由于缺乏新闻道德规范需要的依据，这里所代表的新闻界只能表达这样的希望，即故意贩卖邪恶的行为将遭到公众的坚决反对，并会受到同行最严厉的谴责。"犯罪新闻报道的作用在于"作为维护社会秩序的一种手段，在报纸上曝光对于那些有犯罪倾向的人来说，一直像条鞭子高悬在他们的头顶"。

4. 注意对敏感事实进行保密，避免违规侵权

犯罪新闻的公开报道，会给相关对象带来一些负面影响，因此在报道时，要注意保密，小心"触雷"，避免新闻纠纷或新闻官司。具体要求包括：（1）对于未成年人犯罪的事实一般不做公开报道；（2）对于司法机关正在侦破的案件，记者要有保密的意识，不能随意将情况泄露，干扰司法机关的正常活动；（3）对于性犯罪案件，要特别注意对受害人的姓名、地址、工作单位等个人信息予以保密，避免造成对受害人的二次伤害；（4）对于犯罪新闻中涉及的相关人员的隐私权和名誉权要注意保护。

> **小贴士** 刑事犯罪新闻可突破的写作重点包括，恰当适度选择犯罪过程、侦破过程、审判过程、犯罪特点、犯罪后果以及案件背后的深层原因。

第七节　司法新闻写作

司法公正是法制社会的共同期盼。要实现司法公正，就要保证司法权严格依法进行。法制新闻舆论监督的目的也是维护司法公正。人们通过司法新闻，可以了解当前社会法治的状况、特征和发展动态。司法新闻的报道客体既涉及公安、检察、法院等机构，也涉及所有单位和所有社会成员。因此记者在司法新闻写作过程中一方面要以身作则遵循新闻报道写作客观公正的一般性要求，另一方面要以报道具体新闻事件的特殊方法来阐释法律、宣传法律和维护法律。

一、司法新闻写作要点

原告和被告双方的背景；
诉讼的内容及核心冲突（原告的指控与被告的陈述）；
原告提出的补偿或赔偿条件；
受理案件的法院；
起诉、审理、判决的时间；
双方律师的情况；
法官的陈述；
原告与被告是否存在冲突历史；
是否具有庭外和解的可能性；
诉讼案件之外对其他人和社会秩序的影响；
判决赔偿的金额（同索赔数额的比较）。

二、司法新闻写作技巧

1. 通过司法新闻事件，阐释司法精神与要义

记者在司法新闻的写作过程中，应以阐释法律、宣传法律、维护法律为原则，对遵纪守法的好人好事给予褒扬，对违法乱纪的行为予以揭露，对复杂的案情进行分析，对种种有关法律的疑问给以解答，这一切都要以国家的种种法律条文为依托，为准绳。

2. 在庭审之前，尽量多做事实性描述，少做评论

记者不是法官，在法庭没有做出审判之前，记者不能妄加评论案件当事人的言行，更不能确定罪名。

3. 善用"系列报道""追踪报道"等题材

一些法制案件，由于案情复杂，法律界人士看法也并不一致，即便在案情审理过程中，判决也会出现变化，还有一些法制案件，其侦破、审理的时间有时很长，而且中间常有反复。对于这样的法制新闻题材，可采用"系列报道"或"追踪报道"等题材，将案件的来龙去脉交代清楚。

小贴士 尊重司法独立，反对"媒介审判"。"媒介审判"意指对某一案件或事件，在未进入司法程序或法院未做出最终判决之前，媒体根据检察机关起诉或出于记者个人判断为事件定性或做出有罪无罪认定，并据此进行议论评说。"媒介审判"是违反法律的行为。

第八节　医疗卫生新闻写作

随着公众生活水平和健康意识的提高，医疗卫生报道成为各家媒体竞争的焦点之一，很多媒体加强了医疗卫生方面的新闻报道，医疗卫生报道逐渐成为公众了解医疗常识，关注社会公共卫生事件的重要窗口。

一、医疗卫生新闻写作要点

患者病情介绍（患者或亲友愿意介绍）；

医生诊断结果（患者愿意公开）；

医疗卫生诊断救治技术；

医疗卫生事故的救治单位；

医疗卫生事故的成因（记者调查、政府和疫情发布部门的口径）；

医疗卫生事故主管部门的态度；

医疗卫生事故责任人的认定情况；

医疗卫生事故的处理结果；

以往是否发生过类似事故；

医疗卫生事故对于今后类似问题的启示。

二、医疗卫生新闻写作技巧

1. 让患者当报道主角，以叙述医疗经历的方法贴近读者

无论是公共卫生还是基本卫生保健，都直接关系到百姓的切身利益。为了让新闻作品更贴近百姓生活，记者不妨让患者充当新闻报道的主角，以叙述医疗经历的方式介绍医疗卫生知识。久病成医的道理就在于部分患者因为是亲身经历，所以他们对治疗过程中容易走的弯路、心理的起伏、成功的体验等都有着深刻记忆，对于他们的关注也间接传播了很多医疗知识。作为新闻报道来讲，恰当选择患者为报道主体，会使读者觉得更为亲切。当然叙事只是一种表现手法，新闻事件本身讲究客观和真实，为了解释故事中的部分医学疑问，记者也应以让医生的专业解析做辅助说明。

2. 尊重患者隐私，彰显人文关怀

疾病是一个人的隐私，记者不能为了自己的版面精彩不顾患者的想法，肆意报道患者病情。记者在写作中可采用化名等方式保护患者隐私，不要报道患者不愿意公开的病情。另外很多医疗卫生报道也将目光投注于疾病对于患者家属、朋友等社会关系的影响，这时的写作也应尽量以呼吁关爱和更多的社会救助为出发点。

3. 对热点问题不要过度炒作，重大疫情报道以政府和疫情发布部门的口径为准

一些媒体为了追求新闻的轰动效应，在标题或导语中甚至使用夸张或简化的手法，给公众造成错觉，使其认知出现偏差、失实，有的甚至违背医学常识进行炒作。医疗卫生报道应以正面宣传、正面引导为主，除了对热点问题不要过度炒作外，更不能一味报道负面新闻。面对重大疫情，要以政府和疫情发布部门的口径为准，避免造成不必要的人心慌乱。

4. 注重相关医疗术语的解释，深入浅出地介绍医疗卫生知识

关于医疗卫生报道中，为了减少医学知识性差错，记者往往依赖于引用医护人员的专业介绍，但医护人员的措辞往往离不开专业医学名词，而通俗易懂有情趣的内容才能被公众更好地理解和运用。这就要求记者能够借助类比、暗喻等描述手法，将复杂的医疗问题深入浅出地传达给广大受众，同时也要尽可能多地普及基本的医疗卫生常识。

5. 认真核实医疗知识，力求新闻报道与医疗知识的真实、准确

医疗卫生报道不同于一般的新闻报道，它事关人民群众的生命与健康，事关整个社会的稳定，因而记者在写作医疗卫生新闻时，不仅要认真采访与核实新闻事件本身，对自己不明白的医学问题一定要不耻下问，要多向专家和相关部门请教和求证。为避免报道出错，发稿前最好与被采访的专家或部门进行沟通，把差错消灭在文章发表前。